本书为北京市社会科学基金规划项目（《民法典》保理合同章实施中的疑难问题研究 21FXC016）的阶段性研究成果，本书的出版获得“外交学院中央高校基本科研业务费出版资助项目”的支持。

民法典保理合同审判实务

何颖来 著

中国法制出版社
CHINA LEGAL PUBLISHING HOUSE

序

为了尽快推进法治道路建设，建立健全我国的民商法律体系，第十三届全国人民代表大会第三次会议审议通过了《中华人民共和国民法典》（以下简称《民法典》）。但《民法典》的通过并不代表民商法治建设已达终点，编纂《民法典》只是“推进科学立法”的一个起点，正确实施《民法典》亦是依法治国中的重要任务。作为法律工作者，在研究中为实施《民法典》作出一份贡献是建设社会主义法治文化的应有之义。

自2020年后，我国以《民法典》为中心、各民商事单行法为辅助的社会主义民商事法律体系已建成，在该体系下，如何解释法律，从而正确适用法律，统一裁判尺度，成为当下的主要任务。而对法律问题的认识不能站在纯粹的理论视角空谈，脱离司法实践的研究是没有意义的，法律条款的解释结论必须基于裁判实务得出。

鉴于《民法典》首次将保理合同作为有名合同类型纳入合同编之中，与以往的民事单行法相比，保理合同章是全新的规定，该章新增九个条款对以往保理纠纷案件裁判分歧的解决具有重大意义。因此本书针对当前民商事审判实务保理纠纷案件中的疑难问题和已产生裁判分歧的重点问题进行了研究，以专题的形式对保理纠纷案件进行了类型化梳理，特别是对《民法典》颁布之前的审判思路，与《民法典》新增规则进行了对比，为司法实务中保理合同编的条款适用工作提供了新的解释进路。

本书是北京市社会科学基金规划项目（《民法典》保理合同章实施中的疑难问题研究　21FXC016）的阶段性研究成果。

何颖来

2023年12月4日

第四章 虚构应收账款的保理纠纷

第五章 债权让与限制性规定对保理合同的影响

第六章 保理中的债权让与通知争议

第七章 债务人对保理人的抗辩权和抵销权

第一章

保理纠纷案由与定性

一、《民法典》[①]实施前案由确认之观点

从2012年开展保理试点以来，全国保理纠纷总量不断增长，在《民法典》出台之前，各地法院在对保理纠纷进行案由确定和性质界定时，无法在制度层面上达成一致。案由的认定，实则是各地法院在对案件中原告诉求的法律关系予以厘清后所作的法律属性判断，可从侧面反映出各地法院对保理法律关系性质的看法。但因原《合同法》[②]并未规定保理合同这一有名合同的类型，我国最高人民法院出台的《民事案件案由规定》也并未直接规定保理合同纠纷这类案由，且各地法院对保理法律关系的性质认识不一，故而实践中法院在对这类案件确定案由时存有分歧。

（一）金融借款合同纠纷案由

《民法典》出台前，我国多数法院将保理纠纷案件的案由界定为金融借款合同纠纷。如在"某银行杭州保俶支行与某贸易公司、高某龙等金融借款合同纠纷案"[③]中，作为被告方的债权人和债务人在答辩中认为其与原告银行涉诉的纠纷不是基于金融借款合同关系所产生的，其之间并不存在金融借款合同，而是保理业务合同，本案应属债权转让纠纷而非金融借款合同纠纷。为此，审理法院认为：

① 为行文简洁，便于读者阅读，本书法律规范名称均使用简称，如《中华人民共和国民法典》简称为《民法典》。

② 注：《民法典》自2021年1月1日起施行。《婚姻法》《继承法》《民法通则》《收养法》《担保法》《合同法》《物权法》《侵权责任法》《民法总则》废止。

③ 浙江省杭州市西湖区人民法院（2012）杭西商初字第751号民事判决书。本书案例部分适用的法律法规等条文均为案件裁判当时有效，下文不再对此进行提示。本书案例除特别标注来源外，均来自中国裁判文书网。

本案中原告与被告某贸易公司之间签订的《国内保理业务合同》明确约定了合同的性质及双方的权利义务等内容，原告与被告N公司签订的《保证合同》、原告与被告高某龙、杨某娜之间签订的《最高额抵押合同》中均约定被告N公司及被告高某龙、杨某娜所担保的主债权为原告依据其与被告某贸易公司签订的《国内保理业务合同》而享有的对某贸易公司的债权，根据原告与被告某贸易公司签订的《国内保理业务合同》中的约定，被告某贸易公司系作为销货方以其与购货方即被告R公司之间形成的应收账款，向原告申请办理有追索权的国内保理业务。保理业务是一项以债权人转让其应收债权为前提，集融资、应收账款催收、管理及坏账担保于一体的综合性金融服务。有追索权的保理业务是指销货方（债权人）将其因向购货方（债务人）销售商品、提供服务或其他原因所产生的应收账款转让给银行，由银行为销货方提供应收账款融资及相关的综合性金融服务，若购货方在约定期限内不能足额偿付应收账款，银行有权按照合同约定向销货方追索未偿融资款。从以上有关保理业务的定义及性质可知，保理业务系金融业务的一种，因此本案案由确定为金融借款合同纠纷并无不妥，亦符合最高人民法院《民事案件案由规定》中的规定。

在“某银行南京雨花支行与J公司、刘某胜等金融借款合同纠纷案”[①]中，审理法院亦认为可将保理纠纷定性为金融借款合同纠纷，理由如下：

至于本案的案由，考虑到现阶段，融资性保理业务的主要功能是资金融通，而债权转让仅是实现资金融通的手段，可以将融资性保理纠纷的案由确定为借款合同纠纷，保理商为商业银行的，可确定为金融借款合同纠纷。案涉保理业务即为融资性保理纠纷，且保理商为某银行南京雨花支行，故确定本案案由为金融借款合同纠纷。

① 江苏省南京市中级人民法院（2018）苏01民终2485号民事裁定书。

（二）合同纠纷案由

虽然金融借款合同纠纷这一案由可涵盖保理合同金融借贷的本质，但其并未体现保理合同中的债权让与这一法律关系，于是在审判实践中便有被告债务人援引合同相对性原则，认为金融借款合同本身的主体并不包含被告债务人为由提出抗辩，部分法院为了更全面地反映当事人的诉讼请求，便将保理合同纠纷的案由定性为“合同纠纷”。

如在“上诉人某实业公司与被上诉人某银行文昌支行等合同纠纷案”[①]中，被告债务人上诉称：

> 原审法院没有按照《民事案件案由规定》准确确定案由，未能厘清本案当事人之间的法律关系，导致适用法律错误。根据原审法院查明的事实，本案存在多个合同法律关系，分别是国内保理合同、债权转让合同、质押登记合同以及购销合同。从某银行抚州文昌支行的诉讼主张来看，本案应为国内保理合同纠纷。我国《合同法》及《民事案件案由规定》中并没有保理合同的规定，而保理合同实际上是有条件的金融借款合同，所以本案应为金融借款合同纠纷。依据合同相对性原则，本案金融借款合同纠纷的责任主体应当是合同签约的当事人即某银行抚州文昌支行和Y公司，某实业公司并未在金融借款合同中签约，没有义务承担保理合同中约定的还款责任。即便以债权转让合同纠纷作为案由，原审法院也只能以购销合同作为基础合同，认定债权人和债务人在购销合同中的法律责任，而不能让购销合同中的债务人去承担保理合同中借款人的法律责任。

对此，本案二审法院认为：

① 江西省高级人民法院（2014）赣民二终字第32号民事判决书。

关于本案案由的确定问题。民事案件案由应当依据当事人主张的民事法律关系的性质来确定，某银行文昌分行提起本案诉讼的主要依据是其与Y公司订立的《国内保理业务合同》，我国《合同法》并未专门规定保理合同，最高人民法院《民事案件案由规定》中亦未规定保理合同纠纷的案由，因此，保理合同属于无名合同。《国内保理业务合同》约定了资金融通以及应收账款的转让等内容，在法律性质上兼具了借款合同与债权转让合同法律关系的主要特征，借款关系或者债权转让仅是保理合同的一个方面，均不足以概括保理合同的全部内容。某实业公司关于本案案由应确定为金融借款合同纠纷的上诉理由，与事实不符，本院不予采纳。原审法院在《民事案件案由规定》没有对保理合同纠纷作出规定的情况下，确定合同纠纷作为本案纠纷的案由，并无不当。

此外，也有法院以原《合同法》没有将保理合同定性为有名合同，而直接将由保理合同引发纠纷的案由定性为“其他合同纠纷”或“合同纠纷”。如在“某银行湛江分行、广东某物流发展公司合同纠纷案”[①]中，法院即认为：

本案系因保理合同而产生的纠纷，由于《合同法》未就保理合同作出专门规定，其为无名合同，故本案应属其他合同纠纷。二审法院依据涉案保理合同的约定和《合同法》有关规定审理本案，亦无不当。

在“C公司与某村镇银行、某贸易公司合同纠纷案”[②]中，法院亦认为：

在评析双方争议焦点之前，考虑到民事案件的案由是民事案

① 广东省高级人民法院（2018）粤民申6473号民事裁定书。

② 吉林省高级人民法院（2018）吉民再111号民事判决书。

件法律关系性质的集中体现，是对诉讼争议所包含法律关系的准确概括，正确确定民事案件的案由能够更加准确地适用相关法律，更加有针对性地解决当事人的纠纷，所以应当首先对一、二审法院确定的本案案由所存在的问题进行一下说明和论证。保理合同在《中华人民共和国合同法》中并没有相关规定，属于无名合同，在最高人民法院《民事案件案由规定》中也没有规定"保理合同纠纷"这一案由。《商业银行保理业务管理暂行办法》第六条规定："本办法所称保理业务是以债权人转让其应收账款为前提，集应收账款催收、管理、坏账担保及融资于一体的综合性金融服务。债权人将其应收账款转让给商业银行，由商业银行向其提供下列服务中至少一项的，即为保理业务：（一）应收账款催收：商业银行根据应收账款账期，主动或应债权人要求，采取电话、函件、上门等方式或运用法律手段等对债务人进行催收。（二）应收账款管理：商业银行根据债权人的要求，定期或不定期向其提供关于应收账款的回收情况、逾期账款情况、对账单等财务和统计报表，协助其进行应收账款管理。（三）坏账担保：商业银行与债权人签订保理协议后，为债务人核定信用额度，并在核准额度内，对债权人无商业纠纷的应收账款，提供约定的付款担保。（四）保理融资：以应收账款合法、有效转让为前提的银行融资服务。以应收账款为质押的贷款，不属于保理业务范围。"本案《国内保理业务合同》包含以下基本事实：某贸易公司将其在长春直属库销售粮食所得应收账款转让给某村镇银行，某村镇银行向某贸易公司提供500万元的保理融资款，某村镇银行不承担长春直属库信用风险担保。该《国内保理业务合同》同时包含了债权转让、金融借款、应收账款催收等多种法律关系，是同时包含多个有名合同和无名合同关系的混合合同，并非单一的债权转让合同，故案由应当确定为合同纠纷。原审确定本案为债权转让合同纠纷是只看到了保理合同中债权转让的单方面特征，对于保理合同的以商品销售为基础、以提供融资服务为合同目的的其他属性没有全面涵盖，应予纠正。

（三）债权转让合同纠纷案由

在相关行业规范和地方规范出台前，有的保理商经常举着保理合同的旗帜从事着应收账款质押放贷的业务，究竟何谓保理，实务界曾经实属困惑。因而被告方常对所涉纠纷究竟是属应收账款债权转让还是应收账款质押提出看法，针对此种争议，法院在审理时常会直接冠以债权转让合同纠纷这一案由来定分止争。如“邓某强与某银行南京大行宫支行、某建工公司债权转让合同纠纷案”[①]即是以债权转让合同纠纷为案由展开的审理，而法院更为经典的裁判说理，可见于“某银行杭州分行与某数据通信技术公司债权转让合同纠纷案”[②]。在该案件中，二审法院认为：

> 合同债权转让的构成要件主要包括“须有有效的合同债权存在，合同债权的转让人与受让人应达成转让协议，债权的转让应当通知债务人，转让的合同债权必须依法可以转让”等。本案F公司和某银行在保理协议中约定，将F公司因销售货物对某数据通讯公司所享有的应收账款转让给某银行，某数据通讯公司在《应收账款债权转让通知书》中确认欠款金额，且案涉债权转让并不属于我国《合同法》第七十九条规定的三种不得转让之情形。本案债权转让符合债权转让的构成要件，债权转让行为有效，本院将本案案由确定为债权转让合同纠纷。

对于应收账款保理和质押的区分，《商业银行保理业务管理暂行办法》第六条第二款规定：“以应收账款为质押的贷款，不属于保理业务范围”，随着商业保理试验区的地方性法律文件的出台，商业保理的业务范围更为明

---

① 江苏省高级人民法院（2016）苏民申780号民事裁定书。

② 浙江省杭州市中级人民法院（2015）浙杭商终字第502号民事判决书。

确，法院在审理涉保理纠纷的案件时可以依据这些文件认定保理合同的效力。但注意的是，关于商业保理的地方规范文件在适用上均只具有地方性效力，而国家层面上，在《民法典》颁布之前，仅有商务部发布了《商业保理企业管理办法（试行）（征求意见稿）》，对商业保理做了类似的界定，但此文件仅仅是征求意见稿，还不具有法律效力，因此，于当时而言，司法实践迫切需要国家层面的立法对保理合同进行统一界定，这也促使了《民法典》保理合同规定的出台。

此外，亦有法院以当事人仅起诉请求债务人履行相关义务为由，将案由确定为债权转让合同纠纷，比如“Z保理公司与G公司债权转让合同纠纷案”[①]中，法院认为：

> 案涉《保理合同》同时包含买卖、债权转让、融资借款、担保等多种法律关系，Z保理公司仅起诉G公司支付应收账款，故本案案由为债权转让合同纠纷。至于应收账款债权人未参加诉讼案件事实能否查清，属于当事人举证责任问题，且不追加债权人Y实业公司不影响本案的处理，故本院对G公司追加Y实业公司为第三人参加诉讼的申请不予准许。《担保法》第十八条第二款规定：“连带责任保证的债务人在主合同规定的债务履行期届满没有履行债务的，债权人可以要求债务人履行债务，也可以要求保证人在其保证范围内承担保证责任。”根据上述法律规定，Z保理公司有权起诉本案债务人G公司，要求其承担还款责任。至于Z保理公司是否起诉案涉债务保证人，系Z保理公司对自身权益处分的问题，与债务人G公司无关。G公司要求追加保证人参加诉讼没有法律依据，本院亦不予准许。

虽然对无追索权保理来说，债权转让合同纠纷案由的认定较为恰当。在

① 安徽省高级人民法院（2019）皖民初21号民事判决书。

无追索权保理中保理商和保理银行主要通过大幅折价买入良性应收账款的方式为原债权人提供融资，在回款上，保理商主要依据基础交易合同产生的应收账款向拥有良好信用基础的债务人进行请求，因而其本身更为贴近债权转让这一法律关系，虽不全然，但规定债权转让合同纠纷这一案由可体现其争议的本质特性。但是，对于有追索权保理来说，案由将其确定为债权让与合同是否准确，还需对其法律性质进行进一步的探索。

（四）借款合同纠纷案由

实践中，可能将保理合同纠纷的案由确定为借款合同纠纷，如当事人签订的国内保理业务合同约定销货方以与购货方之间形成的应收账款，向保理银行办理有追索权的国内保理业务，即销货方将应收账款转让给保理银行，保理银行为销货方提供金融融资服务。实践中有观点认为：

> 当事人签订的合同虽然名义上为国内保理业务合同，但实质上系当事人向银行进行了贷款融资，应属借款合同纠纷范畴。银行具有贷款业务经营权，其与公司之间的借款合同关系、抵押担保合同关系，与相关当事人之间的保证合同关系，有借款合同及借款借据、抵押合同、保证合同等证据证实；设立上述法律关系，是双方当事人真实、自愿的意思表示，所签订的合同内容合法，涉及的抵押物已经到法定部门办理了登记手续，所签合同均成立、生效，对当事人均有法律约束力。

相同的裁判理由，还可见于“某玻璃公司、某银行荆州支行金融借款合同纠纷案”[①]、“某生物科技公司、G保理公司借款合同纠纷案”[②]，等等。

---

① 湖北省荆州市中级人民法院（2018）鄂10民辖终53号民事裁定书。
② 广东省深圳市中级人民法院（2019）粤03民终7987号民事判决书。

（五）保理合同纠纷案由

部分法院虽在案由中选择“合同纠纷”，但在其裁判说理中，均认为涉诉纠纷属于保理合同纠纷。如在“某建设集团第二工程公司、某银行杭州保俶支行、某物产集团等合同纠纷案”中，审理法院即认为本案诉讼标的为保理融资关系，是保理融资纠纷：

> 原审被告某物产集团将其对上诉人某建设集团第二工程公司的应收账款转让给被上诉人某银行保俶支行后，某银行保俶支行向某物产集团提供融资业务。在某银行保俶支行的融资款未受偿时，某银行保俶支行向某建设集团第二工程公司请求支付应收账款，并向某物产集团主张回购应收账款的责任。某银行保俶支行和某物产集团之间的法律关系的性质为保理融资关系，某银行保俶支行为保理商，作为保理资金融入方的某物产集团和某建设集团第二工程公司分别为应收账款项下买卖合同的卖方和买方。故本案案由应定为保理融资纠纷。

又如在“刘某勇与J保理公司、S机械公司纠纷案”①和“F机械制造公司与J保理公司、K科技公司纠纷案”②中，江苏省苏州市中级人民法院均认为涉案纠纷系保理合同纠纷。

综上，在《民法典》颁布前的审判实务中，保理纠纷的案由无法统一的原因有二，一则保理是一个综合性的金融服务业务，其法律关系较为复杂，并非可用原《合同法》中任何一种有名合同予以涵盖；二则保理合同的性质一直没有得到法律的有效确认，当时仍属无名合同，各地法院对保理合同纠纷性质的认定仍大相径庭。当然，自《民法典》颁布后，此类裁判分歧已不复存在，通常而言，由保理合同所引发的纠纷，自2020年后，法院或以“合同纠纷”

---

① 江苏省苏州市中级人民法院（2019）苏05民辖终839号民事裁定书。

② 江苏省苏州市中级人民法院（2019）苏05民辖终837号民事裁定书。

作为其案由，或直接以“保理合同纠纷”作为其案由。裁判的关注点，更多地转向了保理合同本身是否有效，以及案涉纠纷是否属于“名为保理实为借贷”等法律关系的性质认定。

二、保理合同的性质与效力

对保理合同是否有效及其性质的认定，是判定各方当事人权利义务关系的基础，会直接影响到最后的裁判结果。对此问题的认定，在《民法典》实施前后，法院的关注焦点亦有发生移转，实施前法院更关注对保理合同本身有效性及其自身法律性质的认定，即关注保理合同的内涵问题；而在实施后法院的关注焦点更多转向保理合同与其他法律关系之间的性质界定，也即更为关注保理合同的外延问题。

（一）《民法典》实施前对保理合同效力的认定

自2012年部分地区开展保理试点以来，保理合同的有效性基本上得到多数法院的直接认可。但因《民法典》实施之前，保理合同的性质并未得到有关法律明文确认，许多法院在进行审理时只是在确认了合同有效的情况下，依据合同的有关约定对当事人之间的权利义务关系进行审理。如在“X保理公司、Z房地产开发公司合同纠纷案”[①]中，最高人民法院给出了较为经典的裁定理由：

> 保理合同作为无名合同，并无明文法律规定可供适用。《合同法》第一百二十四条规定：“本法分则或者其他法律没有明文规定的合同，适用本法总则的规定，并可以参照本法分则或者其他法律最相类似的规定。”故在判断各方当事人的权利义务时，原则上尊

① 最高人民法院（2018）最高法民申1513号民事裁定书。

重当事人在合同中约定的内容，但对有争议的合同内容，除直接适用《合同法》总则的相关规定外，应综合考虑保理制度价值、当事人利益状态及交易惯例，公平合理地确定当事人的权利义务。本案中，X保理公司、Z公司、Z房地产开发公司共同签订案涉《国内保理业务合同（有追索）》，根据该保理合同及其相关附件约定，X保理公司受让Z公司对Z房地产开发公司5000万元应收账款债权后，支付Z公司4000万元保理款，如Z房地产开发公司未能依约履行偿付应收账款等义务，X保理公司有权向Z公司追索。该合同系当事人真实意思表示，不违反法律、行政法规强制性规定，合法有效。X保理公司起诉要求Z房地产开发公司偿付应收账款，Z公司对Z房地产开发公司相关债务承担连带清偿责任，可见X保理公司的权利主张是基于债权转让法律关系。二审判决关于启动追索的保理合同的性质转换为借款合同以及按借款关系判令Z公司返还借款的认定，既不符合案涉保理合同约定，也缺乏法律依据，且与当事人诉讼请求不相对应。对此，应予纠正。

这一案例为经典案例的原因在于，最高人民法院明确指出了即使是有追索权保理，在其启动回购追索权后，合同的性质也不应当转变为借款合同，仍应将其认定为保理合同。但是因其并未对合同项下法律关系本身的属性作出判断，这样过于简单的“有效性认定”将会导致一些问题，如：在有追索权保理中，保理商申请回购时，应收账款与保理款差价部分的归属问题，在合同对此没有明确约定时，法院对保理合同法律性质的判断将会影响判决结果。所以，想要准确认定保理当事人之间的具体权利义务关系，注定绕不开对保理合同性质进行认定的难题。而实践中，对保理合同性质的认定，确实存有裁判分歧。

（二）《民法典》实施前对保理合同性质的认定

根据债务人未能付款时保理商是否享有对债权人的追索权，可将保理分为无追索权保理和有追索权保理。在供应链金融下，保理业务的展开主要是为了满足产业链中上下游企业的融资需求，而且保理商、保理银行为了降低风险、减少呆坏账数量，常采用有追索权保理这种保理类型。在《民法典》实施之前的审判实践中，各法院从目的出发常将有追索权保理合同的主要性质认定为借款合同。但因对追索权性质认定的不同，各判决对保理合同整体的性质认定仍大相径庭。有认为是辅之以债权让与担保这种非典型担保方式的借款合同，也有认为是辅之债权质押担保的借款合同，也有只认定其性质为借款合同的，具体如下：

1.辅之以非典型担保的借款合同

与上述“X保理公司、Z房地产开发公司合同纠纷案”[①]的再审裁定恰恰相反的是，在该案的二审过程中，二审法院曾因合同中有关追索权的约定，而将合同的性质判定为借款合同，并将转让应收账款债权视为其借贷合同的非典型担保方式，说理如下：

> 系争《国内保理业务合同（有追索）》主要约定了两个方向相反的交易。第一部分是应收账款的转让，即Z公司将其对Z房地产开发公司的债权转让给X保理公司，X保理公司支付Z公司转让款。当Z房地产开发公司未履行债务时，X保理公司有权向Z公司追索未足额清偿的债权。第二部分是，当Z房地产开发公司出现拒绝付款、Z公司停业等合同约定的情形时，X保理公司有权要求Z公司向其购买前述应收账款。上述两次转让的标的物都是Z公司对Z房地产开发公司的应收账款，一方出让，另一方受让，资金是作为转让标的物的对价，只是交易方向相反。上述交易的实质究竟属于真实的买卖（债权转让），还是以买卖方式移转标的物（债权），而以价金名义通融金钱，需综合考量如下因素：一是标的物（债权）在法律上、事实上是否具有可转让性；二是标的

① 最高人民法院（2018）最高法民申1513号民事裁定书。

物（债权）事实上是否已经转让；三是买受人是否实际承担标的物（债权）的风险；四是买受人对出卖人有无追索权；五是出卖人、买受人有无赎回标的物的权利、义务；六是出卖人对标的物（债权）有无剩余价值追索权；七是买卖的标的物之实际交易价格和市场公允价格比较；八是当标的物为未来应收账款时，买受人是否实际取得应收账款的管理和控制权。

本案中，双方约定转让的标的物是应收账款，即Z公司对Z房地产开发公司的债权。根据合同法有关债权转让的相关规定，债权具有法律上、事实上的可转让性。在合同履行过程中，出让人、受让人通知了债务人Z房地产开发公司债权转让的情况。所以，各方当事人已实际完成了债权的第一次转让。根据合同法有关买卖合同的相关规定，当标的物交付买受人后，其风险应当由买受人承担。以应收账款作为买卖之标的物的，其风险负担亦应适用上述规定。即买受人取得债权后，应承担债权能否实际清偿的风险，不论盈亏均不得要求出卖人承担补足义务。但根据系争合同的交易安排，当Z房地产开发公司未履行债务时，X保理公司有权向出卖人Z公司追偿，或者有权要求Z公司回购应收账款。这样的交易结构，使得X保理公司根本无须承担标的物（债权）的任何风险，即使债务人Z房地产开发公司未清偿债务，其亦可以通过追索权、回购权取得事先约定的固定收益。而且，为进一步降低风险，诸一审被告还为上述债务的履行向X保理公司提供了担保。2015年7月23日，X保理公司以出现违约情形为由，要求Z公司回购上述债权，即在事实上已要求出卖人进行回购，按事先的约定计收固定收益。综合上述因素考量后，本院可以认定X保理公司的真实交易目的并不在于通过买得应收账款而后获得债务人清偿以获取收益，而在于出借资金后获得固定收益；Z公司的真实交易目的也不在于通过出售标的物（债权）获得价款，而是以债权作为担保，向X保理公司取得融资，到期支付相应本息（扣除债务人Z房地产开发公司已经实际清偿部分）。根据权利义务相一致的原则，由于X保理公司牟取的是预先设定的固定收益，并不实际承担买入的应收账款任何风险，在性质上与合同法上的借款合同最相类似，且X保理公司不是金融机构，故应当比照《最高人民法院关于审理民间借贷案件适用法律若干问题的规定》的相关规定处理。

但必须指出，系争合同与借款合同仍存在一定差异。在借款合同中，借款人无须交付任何财产即可以取得资金。但在本案所涉的交易模式中，受让人标的债权对资金的安全收回具有重要的意义，属非典型担保方式。根据《最高人民法院关于审理民间借贷案件适用法律若干问题的规定》第二十四条的规定，并不能因为系争合同属借款合同，即否定双方当事人以买卖合同作为借款合同担保的效力。[①]

可见，上述案件中法院认为有追索权保理其本质就是以非典型担保方式进行担保的借款合同，持相同意见的判决还可见于“某银行福州城南支行与H纸业公司等金融借款合同纠纷案”[②]，但在该案中福建省福州市中级人民法院还指出金融借贷为主法律关系，而债权让与担保则为从法律关系，其二者间存在主从合同关系：

关于有追索权保理所涉法律关系，包含了金融借贷和债权转让关系。其一，有追索权保理的主法律关系为金融借贷。有追索权保理的融资方向保理银行获取融资款，并转让其对买方应收账款，当应收账款无法收回时，卖方负有回购义务并应向保理银行承担还本付息的责任，卖方对于保理融资款仍负有最终的还款责任，故保理融资本质上是卖方与商业银行之间的资金借贷。此外，银行通常还会要求卖方另行提供担保（如本案被告利B公司、陈某福、郑某芳、

① 上海市高级人民法院（2016）沪民终477号民事判决书。

② 福建省福州市中级人民法院（2014）榕民初字第376号民事判决书。

陈某富、谢某英、刘某清、陈某祥等为卖方X公司的保理融资提供连带责任保证），均符合借款及担保的法律特征。因此，有追索权国内保理合同的主法律关系应为金融借贷关系。其二，有追索权保理的从法律关系为债权让与担保。有追索权保理的保理银行虽受让了卖方对买方的应收账款债权，但保理银行受让应收账款后仅代为管理并收取应收账款，其与卖方内部之间形成信托关系。此外，保理银行收取款项若超过保理融资款及相应利息，余款亦应当退还卖方。当保理银行因应收账款无法收回而要求卖方承担还款责任，在卖方未偿清保理融资款前，保理银行仍有权向买方收取应收账款用以偿还主债权。综上，应收账款转让的目的在于清偿主债务或担保主债务得到清偿，故有追索权保理的从法律关系为债权让与担保关系。

综上，有追索权保理目的在于利用应收账款这一企业的沉淀资本，通过转让的方式发挥其担保功能，以利于企业从银行处获取融资款，故有追索权保理本质为担保贷款。本案纠纷应以有追索权保理的主法律关系即金融借贷关系确定其性质，即金融借款合同纠纷。同时，有追索权保理从法律关系即债权转让关系，系保理不可分割的组成内容，亦属本案审理范围。

虽然我国原《物权法》中并未明文规定让与担保，但在司法实践中，法院将有追索权保理中的债权转让认定为债权让与担保并非个例，福建省各法院对此的裁判意见较为统一，均认为有追索权保理是以金融借贷为主法律关系，以债权让与担保为从法律关系的一种融资贷款模式。如在“某煤炭运销公司、某银行福州城南支行金融借款合同纠纷案”[①]中，福建省高级人民法院认为：

在有追索权国内保理中，卖方将对买方的应收账款债权转让给保理银行，保理银行向卖方发放保理融资款。当保理银行向买方请

① 福建省高级人民法院（2016）闽民终579号民事判决书。

求给付应收账款受阻时，卖方负有偿还保理融资款本金并支付利息的责任。故卖方对于保理融资款负有最终偿还责任，其与保理银行实际上形成资金借贷关系。卖方将对买方的应收账款债权转让给保理银行，实际上是用以清偿保理融资款本息，当买方拒绝付款而卖方又未依约履行回购义务并足额清偿保理融资款本息时，保理银行依约仍保留对买方主张应收账款债权的权利，此时保理银行受让应收账款实际上起到担保作用。故有追索权保理中的应收账款转让实质上系债权让与担保。因此，在有追索权保理所涉法律关系中，保理银行与卖方的金融借贷系主法律关系，保理银行与卖方、买方之间形成的债权转让关系系从法律关系，并起到让与担保的作用。故卖方对保理融资款本息负有首要偿还责任，买方在应收账款金额范围内承担连带清偿责任。

又如在"某银行福建省分行与F贸易公司、H铜业公司等金融借款合同纠纷案"①中，福建省福州市中级人民法院也认为：

根据本案《授信额度协议》及其《补充协议》《国内商业发票贴现协议》《有追索权国内融信达业务申请书》的约定，被告F贸易公司通过将讼争"应收账款"转让给原告某银行福建省分行的方式获取融资款，符合《商业银行保理业务管理暂行办法》第六条第一款关于"保理业务是以债权人转让其应收账款为前提，集应收账款催收、管理、坏账担保及融资于一体的综合性金融服务"的规定，故原告与F贸易公司签订的相关协议，系保理业务合同。根据《商业银行保理业务管理暂行办法》第十条的规定，有追索权保理是指在应收账款到期无法从债务人处收回时，商业银行可以向应收账款原债权人反转让应收账款、要求原债权人回购应收账款或归还

① 福建省福州市中级人民法院（2013）榕民初字第1287号民事判决书。

融资。因本案讼争“应收账款”无法收回时，F贸易公司负有向原告偿还融资款并支付利息的责任，故本案讼争保理业务系有追索权保理。有追索权保理所涉及的当事人，主要包括商业银行（称为保理银行）、融资方（即应收账款债权人）、应收账款债务人。基于实践中应收账款的基础合同通常为赊销型的买卖合同（如本案被告F贸易公司与Z公司签订的经销合同），故应收账款的债权人和债务人通常表述为卖方和买方。本案中，保理银行即原告某银行福建省分行、卖方为F贸易公司、买方为Z公司。

关于有追索权保理所涉法律关系，包含了金融借贷和债权转让关系。其一，有追索权保理的主法律关系为金融借贷。有追索权保理的融资方向保理银行获取融资款，并转让其对买方应收账款，当应收账款无法收回时，卖方负有回购义务并应向保理银行承担还本付息的责任，卖方对于保理融资款仍负有最终的还款责任，故保理融资本质上是卖方与商业银行之间的资金借贷。此外，银行通常还会要求卖方另行提供担保（如本案被告H铜业公司、陈某云、陈某昌、陈某川等为卖方F贸易公司的保理融资提供连带责任保证），均符合借款及担保的法律特征。因此，有追索权国内保理合同的主法律关系应为金融借款合同关系。其二，有追索权保理从法律关系为债权让与担保。有追索权保理的保理银行虽受让了卖方对买方的应收账款债权，但保理银行受让应收账款后仅代为管理并收取应收账款，其与卖方内部之间形成信托关系。此外，保理银行收取款项若超过保理融资款及相应利息，余款亦应当退还卖方。当保理银行因应收账款无法收回而要求卖方承担还款责任，在卖方未偿清保理融资款前，保理银行仍有权向买方收取应收账款用以偿还主债权。综上，应收账款转让的目的在于清偿主债务或担保主债务得到清偿，故有追索权保理的从法律关系为债权让与担保关系。

此外，持相同意见的还有最高人民法院，最高人民法院对该意见有所表露[①]：

有观点认为，无追索权的保理是保理商有偿受让应收账款后，承担该应收账款无法收回的风险，本质上是债权买卖合同关系；而有追索权的保理是保理商首先从受让的债权中获得清偿，一旦无法收回时，保理商向债权人进行追索或者要求回购应收账款。债权人对于保理融资款负有最终的还款责任，本质上债权人与保理商之间是资金借贷。保理商通常还会要求债权人对保理预付款的偿付另行提供其他担保。也有观点认为，无追索权保理和有追索权保理实际上均是附条件的应收账款买卖。前者是指债务人发生信用风险未按照基础合同约定按时足额支付应收账款时，保理商放弃追索权，承担应收账款无法收回的风险；后者是指无论应收账款因何种原因不能收回，债权人承担返还保理融资款的合同义务，类似于附解除条件的债权买卖合同。

我们认为，第一，从保理定义来看，保理均是以债权人转让应收账款为前提，而保理商提供保付代理职能，侧重于金融机构的金融服务，而不是单纯的应收账款债权买卖。如中国银行业协会制定的《中国银行业保理业务规范》第二条规定，银行融资保理是指在保理业务基础上开展的以卖方转让应收账款为前提的银行融资服务。第二，从交易结构内容来看，债权人的目的在于减少国际贸易中进口商的信用风险，确保货款的及时回收，而保理商的主要目的是通过提供保理服务获得佣金收入或者利息收入，而不是获取应收账款。第三，从法律要件角度分析，在外部关系上保理商受让了应收账款的所有权，在内部关系上保理商只是代为管理应收账款，并

① 贺小荣主编：《最高人民法院民事审判第二庭法官会议纪要——追寻裁判背后的法理》，人民法院出版社2018年版，第227页。

将收回的款项优先清偿债权人所欠保理融资，保理商与债权人之间实为信托关系。保理商收取的应收账款若超过保理融资款的，应当将余款退还给债权人。实践中，有追索权保理合同均有类似规定。故有追索权的融资保理可界定为金融借贷+债权让与担保，而债权让与担保中包含了应收账款债权的转让。

2. 辅之债权质押担保的借款合同

除将追索权关系认定为债权让与担保之外，也有法院在早期将其认定为债权质押担保，如在“张某春与某银行太仓分行、K半导体材料公司、王某兵、骆某军、王某东、T半导体材料公司保理合同纠纷案”[①]中，二审法院认定：

> 某银行太仓分行与K半导体材料公司签订的保理合同与张某春、骆某军、王某兵、王某东签订的保证合同系当事人的真实意思表示，不违反法律禁止性规定，应认定为有效。保理合同签订后，某银行太仓分行按约向K半导体材料公司提供了相应金额的保理预付款。因为本案中的保理合同赋予了某银行太仓分行在符合相应条件下的追索权，即使K半导体材料公司已向某银行太仓分行出具转让海普公司应收账款的通知，在某银行太仓分行未获清偿的情况下，K半导体材料公司仍是海普公司的债权人，所以某银行太仓分行与K半导体材料公司之间有追索权的保理合同实质是以债权质押为担保的借款合同。因K半导体材料公司发生了违反保理合同约定的情形，其理应按照约定承担相应的违约责任。现K半导体材料公司对原审法院判决其承担的责任不持异议，本院予以确认。

① 江苏省苏州市中级人民法院（2013）苏中商终字第0574号民事判决书。

又如在“Y商贸公司与某银行贵阳分行、N贸易公司、简某刚、杨某平保理业务合同纠纷案”[①]中，二审法院认为追索回购权是对转让债权设定的质押，说理如下：

> 上诉人Y商贸公司主张某银行贵阳分行与N贸易公司之间的保理业务并不成立，双方只形成质押关系，N贸易公司在某银行贵阳分行所欠的债务已经结清，因此某银行贵阳分行对Y商贸公司不享有债权。根据某银行贵阳分行与N贸易公司签订的《国内保理业务合同（有追索权）》，该合同名称已界定为有追索权的保理业务合同，且合同签订后，某银行贵阳分行已于2013年8月21日向N贸易公司发放了3000万元贷款。保理业务合同约定某银行贵阳分行向N贸易公司提供最高金额不超过3000万元的应收账款转让额度，转让的应收账款系N贸易公司与Y商贸公司《2013年煤炭买卖（购销）合同》和《2013年煤炭买卖合同（购销）合同补充协议》项下的应收账款债权3000万元，以及在交易债权的全部或部分在预计到期日未获清偿或未获全部清偿时，乙方某银行贵阳分行享有对甲方N贸易公司的一切追索权利，即乙方有权要求甲方（N贸易公司）对销售合同项下已转让的交易债权中未获清偿部分进行回购，同时乙方亦有权要求债务人Y商贸公司履行债务。因此，某银行贵阳分行与N贸易公司之间的债权转让已经形成，并已告知了债务人Y商贸公司，Y商贸公司应向新的债权人某银行贵阳分行履行债务。同时根据合同约定某银行贵阳分行享有对N贸易公司的一切追索权利，即在销售合同到期之日未获清偿时，其有权要求债务人Y商贸公司履行债务，也有权要求N贸易公司对销售合同项下已转让的交易债权中未获清偿部分进行回购，其追索回购权即是对转让债权设定的质押。

① 贵州省高级人民法院（2015）黔高民商终字第17号民事判决书。

再如沧州市中级人民法院在“某银行沧州分行与F燃料公司、W石油产品公司合同纠纷案”[①]中，援引了质押规则对有追索权保理纠纷进行了审理，认为：

根据某银行沧州分行与F燃料公司订立的国内商业发票贴现协议，F燃料公司将其应收账款转让给某银行沧州分行，某银行沧州分行管理其销售分户账户、催收货款并在货款打入账户后优先扣款，对该应收账款未经某银行沧州分行书面同意，不得再进行处理。商业发票贴现不同于普通的银行贷款，真实有效的应收账款是银行实现其债权的基本保障，根据双方签订的贴现协议，某银行沧州分行有权主动收回L公司给付F燃料公司的相关货款。按双方协议及F燃料公司、L公司的声明承诺，买卖合同的相对方L公司履行了付款义务，将货款打入F燃料公司在某银行沧州分行开立的账户，该账户处于某银行沧州分行管理之下，其有权在贴现协议到期日后直接扣划该款用于偿还欠款。但因某银行沧州分行怠于行使管理的权利，对贴现协议所涉货款未及时扣划，致F燃料公司将该款全部取用，双方约定的账户已无余款可供扣划。在此情况下应认定某银行沧州分行放弃了通过扣划该货款实现其债权的权利。《物权法》第二百二十八条第一款规定“以应收账款出质的，当事人应当订立书面合同”。第二百二十九条规定“权利质权除适用本节规定外，适用本章第一节动产质权的规定”。第二百一十八条规定“质权人可以放弃质权。债务人以自己的财产出质，质权人放弃该质权的，其他担保人在质权人丧失优先受偿权益的范围内免除担保责任，但其他担保人承诺仍然提供担保的除外”。本案中F燃料公司与某银行沧州分行形成应收账款质押的法律关系，在买方付款到账后，某银行沧州分行通过扣划款实现其债权既是其权利，也是保理合同的

① 河北省高级人民法院（2014）冀民一终字第245号民事判决书。

> 基本特征。因某银行沧州分行放弃通过扣划已付货款实现其债权的权利，致使F燃料公司再次支配该款，F燃料公司违反了保理合同的约定、某银行沧州分行亦构成怠于行使权利，根据上述规定，保证人在某银行沧州分行放弃权利的范围内应当免除其保证责任。

此外，在“Z工贸公司、某银行安徽省分行金融借款合同纠纷案”[①]中，安徽省合肥市中级人民法院将“暗保理”也定性为以债权质押的金融借款合同：

> “保理”存在“明保理”和“暗保理”之分，“明保理”是指供货商在债权转让的时候应立即将保理情况告知购货商，并指示购货商将货款直接付给保理商。而“暗保理”则是将购货商排除在保理业务之外，由银行和供货商单独进行保理业务，在到期后供货商出面进行款项的催讨，收回之后再交给保理商。虽然我国合同法中规定供货商在对自有应收账款转让时，必须在购销合同中约定，且必须通知买方，但在实践中仍然存在供货商未将自有应收账款权利转让给保理商的情况告知买方的“暗保理”。本案中，某银行安徽省分行与B公司签订的《公开型有追索权国内保理合同》，但依法办理了应收账款转让登记后未将债权转让的情况告知购货方J公司，故本案的保理属于“暗保理”，即实为有债权质押的金融借款合同关系。该借款合同关系形成的债权债务关系受法律保护，合同约定的内容不违反法律规定，均为有效，缔约双方均应当按照约定履行各自的义务。

但不难发现的是，如此多的案例中，并无法院对为何将追索回购权认定为应收账款质押作出详细说理，法院都是仅凭有担保功能的追索权，就直接

① 安徽省合肥市中级人民法院（2018）皖01民终1303号民事判决书。

认定该合同为有债权质押的借款合同，而并未对质押的认定予以解释说明，实则令人困惑。毕竟当事人在合同中并未提及质押，也并未对应收账款进行质押登记，如果只是因为追索权具有担保功能，而将有追索权保理认定为有债权质押的借款合同，其合理性应打上一个问号。

3. 仅认定为借款合同

此外，还有法院仅从有追索权保理的具体结果效力与借款合同一致为由对具体保理合同的性质界定为借款合同。如在“某银行惠山支行与C自动化设备公司、R密封件公司、蒋某某、李某某借款合同纠纷案”[①]中，焦点之一便是保理合同如何界定的问题，对此法院说理如下：

> 保理业务是一项以债权人转让其对债务人的应收账款为前提，集融资、应收账款催收、管理及坏账担保于一体的综合性金融服务。而本案中因应收账款转让实际未通知到B公司，导致该转让对应收账款债务人B公司没有约束力，某银行惠山支行在保理合同约定的融资期限届满后，按照保理合同中回购条款的约定向应收账款债权人C自动化设备公司主张实现追索权，主债权债务关系最终还是固定在某银行惠山支行与C自动化设备公司之间，该保理合同所产生的实际法律后果与借款合同并无区别，且某银行惠山支行同时也出具借款借据，故本案所涉保理合同实际应为借款合同，C自动化设备公司应当承担相应的还款责任。

从具体的案件出发，在应收账款转让未对债务人生效的情况下，有追索权保理实则就从三方法律关系简化为保理商和应收账款债权人的双方法律关系，其之间的权利义务关系确实与借款合同项下的法律关系较为相似。本书作者认为，不可因债务人最终未能履行应收账款，而否认在保理法律关系中应收账款由原债权人向保理人转让的过程，也不能因合同最终未能实际履行

① 江苏省无锡市南长区人民法院（2013）南商初字第663号民事判决书。

而简化保理业务中三方当事人之间的法律关系。用最终呈现的结果来评判合同的性质，这种做法的妥适性值得思考。

但实践中却也存在，当事人之间虽然签订了《保理合同》但实际并未转让应收账款，从而法院在对该保理合同进行性质认定时仅将其界定为金融借款合同的案例，如在“某银行鄂州分行与E机械公司、管某等金融借款合同纠纷案”①中，即是如此：

> 原告某银行鄂州分行与被告E机械公司签订的有追索权的《国内保理业务合同》虽名为保理合同，但双方当事人在履行合同过程中，被告E机械公司并未转让其对被告S公司的应收账款所有权，而是以其对被告S公司的应收账款进行质押担保贷款，并先后办理了两次应收账款质押登记手续。依据《合同法》第八十条第一款之规定，该应收账款转让行为并未生效，原告某银行鄂州分行并未取得应收账款的所有权，保理合同缺乏生效的必要条件，而后原告某银行鄂州分行依约发放了贷款，双方当事人实际就合同主要约定履行了相关权利和义务，保理合同已转变为一般的金融借款合同，且被告E机械公司告知被告S公司办理的是涉案10张发票项下应收账款的质押贷款，被告S公司向原告某银行鄂州分行出具的《付款确认书》和《应付账款确认书》亦表明其知晓的是涉案10张发票项下应收账款办理质押，并承诺将货款支付至指定账户，故两份确认书是其真实意思表示，合法有效，具有法律约束力。原告某银行鄂州分行依据两份确认书与被告E机械公司办理第一次质押初始登记时虽未签订书面质押合同，但结合被告S公司出具的两份确认书确认的内容，原告某银行鄂州分行与被告E机械公司、S公司已就质押担保达成了合意，且应收账款所有权并未转让给原告某银行鄂州分行，被告E机械公司仍拥有应收账款的所有权，其有权将应收账

① 湖北省鄂州市中级人民法院（2014）鄂鄂州中民二初字第00008号民事判决书。

款作为质物进行处置，该质权自人民银行征信中心登记时已设立，被告E机械公司其后与原告某银行鄂州分行签订了《保理合同》与《质押合同》，其行为明确了质押初始登记的效力，其名为保理合同，实为借款合同提供质押担保，《质押合同》因质权已设立而生效，且质权设立时，被告S公司出具的确认书确认的应收账款数额与司法鉴定意见一致（司法鉴定时，被告S公司未提供全部发票，但其认可确认的应收账款数额），故质权设立后，质权人某银行鄂州分行与出质人E机械公司就质物没有其他约定的情况下，被告S公司明知被告E机械公司仅有10张应收账款发票金额，而未履行其付款承诺，应承担相应的民事责任。如前所述，本案《质押合同》为借款合同的从合同，被告E机械公司以其所有的应收账款提供质押担保符合法律规定，被告S公司作为应收账款的债务人，应当按其承诺履行付款义务，其辩称原告某银行鄂州分行的诉状描述的事实和其提供的证据不符、书面函件与本案主合同不具备关联性、本案保理合同成立并生效、应收账款所有权已转让导致质押合同无效、原告某银行鄂州分行对其的诉讼缺乏法律依据，请求依法予以驳回的抗辩理由均不能成立，本院依法不予支持。

综上，原告某银行鄂州分行与被告E机械公司签订的《国内保理业务合同》在合同履行过程中已转变为金融借款合同，其与各当事人签订的《质押合同》《抵押合同》《保证合同》均为主合同提供担保的从合同，前述合同及被告S公司向原告某银行鄂州分行出具的《付款确认书》和《应付账款确认书》均合法有效。被告E机械公司未依约偿还借款，是造成本次纠纷的责任方，应承担相应的民事责任，其他义务人均应依法和依约承担相应的民事责任。

4.直接认定为保理合同性质

与江苏省无锡市南长区人民法院将有追索权保理合同仅认定为借款合同性质完全相反的是，上海市虹口区人民法院在“L保理公司与C金属材料公司、Z建设工程公司等债权转让合同纠纷案”[①]中，将《保理合同》中约定的债权债务关系直接认定为保理法律关系，说理如下：

关于《保理合同》性质。各方当事人在《保理合同》上签字盖章合同即告成立，合同自成立时生效。被告C金属材料公司主张名为保理、实为借贷法律关系，本院认为应结合《保理合同》约定及各方履行行为判断合同性质。保理业务通常的定义为：以债权人让与其应收账款为前提，集应收账款催收、管理、坏账担保及融资于一体的综合金融服务。出让人通过将自己的债权转让给保理商取得资金，获得资本融通。从本案《保理合同》约定的内容来看，L保理公司为应收账款受让方，C金属材料公司为应收账款转让方，C金属材料公司将应收账款转让给L保理公司，L保理公司根据C金属材料公司的销售结算特点和需求，为其提供销售结算账户管理、贸易融资等相关保理服务。合同架构安排上符合保理合同性质。

从约定转让标的物C金属材料公司的应收账款来看，合同约定为C金属材料公司与采购商已经发生但尚未到期的应收账款以及截至2016年1月20日将发生的应收账款及相关权益。结合《应收账款转让核准明细表》和《应收账款债权转让通知书》及回执的记载，转让标的物可以明确为C金属材料公司对Z建设工程公司项目部截至2016年1月20日的5100万元应收账款。原告虽未能提交基础采购合同和发票，但从证人李某某证言、被告C金属材料公司和Z建设工程公司《对账单》可见，C金属材料公司和Z建设工程公司截至2016年1月20日的应收账款50462859.98元，与转让应收账款金额5100万元接近。因此，《保理合同》约定的转让债权在合同订立时已经基本明确，事后通过双方对账得以精确，故转让的应收账款具有确定性。被告Z建设工程公司认为《保理合同》无效所依据的法

① 上海金融法院（2019）沪74民终52号民事判决书。

律规范并非法律和行政法规，应收账款即使不符合该管理办法的认定，并不必然导致保理合同关系的无效。原告在《保理合同》签订后，至征信中心办理应收账款登记时，将基础合同登记为2012年度《采购合同》，属登记瑕疵，不影响合同双方应收账款的确定和《保理合同》的效力。

从债权转让通知来看，《合同法》规定债权转让未通知债务人的，该转让对债务人不发生效力。本案被告Z建设工程公司认可在《应收账款债权转让通知书》回执上加盖项目部印章，但主张系L保理公司的单方通知，且仅有L保理公司印章而无C金属材料公司印章，故债权转让通知未到达债务人。本院认为，原告提供的《应收账款债权转让通知书》原件上加盖L保理公司和C金属材料公司印章，被告Z建设工程公司留存的复印件无C金属材料公司印章，该复印件无其他证据印证，本院不予采纳。结合证人李某某证言，债权转让时由C金属材料公司的工作人员陪同L保理公司人员前来，故被告Z建设工程公司称未接到原债权人转让通知，与事实不符。况且，Z建设工程公司在杨浦案件中已自认C金属材料公司向L保理公司、R保理公司转让的应收账款为同一笔，并且确认L保理公司的债权在先。杨浦案件所涉应收账款转让发生在本案之后，不影响本案对转让行为的认定。综上，本院认定应收账款转让通知已经到达债务人Z建设工程公司，发生债权转让之效力。

从《保理合同》约定的保理融资款发放和保理费支付来看，2016年1月26日，原告向被告C金属材料公司打款5100万元，同日被告C金属材料公司支付原告保理费229.5万元，与合同约定的保理融资款、三个月保理费金额一致，形式相符。

综合上述《保理合同》中对保理融资款发放、保理费支付、债权转让的约定以及实际履行情况，本院认定《保理合同》约定的债权债务关系为保理法律关系，并非被告C金属材料公司主张的借贷法律关系。

应当注意的是，在《民法典》实施前，上海和天津作为商业保理的试点地区，其均有地方性的保理试点管理办法对保理法律关系作以细致规定，这些试点地区的法院对于保理合同的法律性质的认定也比其他地区更为超前。

5.冠以保理之形的其他合同

实践中，除确认系争合同属于保理合同对其性质进行认定外，也有观点对具体案例中系争合同本身是否属于保理合同范畴提出异议，并对仅有保理合同之形实属其他合同的性质进行认定。如以下案例[①]的裁判认为案涉保理合同并无保理之实，其实质为票据质押贷款法律关系：

> 银行保理业务是一项以债权人转让其应收账款为前提，集融资、应收账款催收、管理及坏账担保于一体的综合性金融服务，其最主要的特征为银行通过受让债权取得对基础合同债务人的直接请求权。然而，原债权人在《国内保理业务合同》第2.10条虽然约定了在银行设立保理账户，用于收取相应应收账款以及扣划保理融资本息。但由于银行采用的是隐蔽型保理，并未将应收账款转让的事实通知债务人，因此根据合同的相关规定，该转让对债务人不发生效力。事实上，银行没有在保理账户内扣划到《应收账款转让清单》中所涉及的款项，在获知基础合同的债务人向原债权人履行了全部付款义务后，银行也没有提出异议。从整个保理业务合同的履行情况来看，也无法看出银行提供了应收账款催收、应收账款管理、坏账担保中的任何一项服务。结合保理合同签订当天，原债权人与银行同时签订了《质押合同》，且原债权人将票面金额为1900万元的银行承兑汇票交付给了银行，只是因其中一张1000万元的票据在承兑时遭拒，才导致本案诉讼，故当事人签订的《国内保理业务合同》仅有保理业务之形，而无保理业务之实，当事人之间的关系实质是票据质押贷款。

① 本案例为作者根据工作、研究经验，为具体说明相关法律问题，编辑加工而得。

又如在“某银行水果湖支行与C工贸公司、朱某国票据纠纷案”[①]中，湖北省武汉市中级人民法院认为案涉保理合同是名为保理实为应收账款质押的协议：

> 其一，水果湖支行与C工贸公司、E钢铁公司三方签订的《保理业务合作协议》名为保理协议实为应收账款质押，且依法办理了应收账款质押登记手续。根据《物权法》第二百二十三条第一款、第二百二十八条第一款的规定：应收账款可以出质。以应收账款出质的，当事人应订立书面合同，然后办理质押登记。故，本案应收账款质押成立、有效。其二，《保理业务合作协议》约定了质押履行期限暂定为一年，自2013年5月1日起至2014年4月30日止。最高额质押担保金额为7000万元；在本案的《最高额权利质押合同》中，亦约定了C工贸公司以其对E钢铁公司享有的所有应收账款，对水果湖支行在从2013年5月16日至2014年5月16日的期间内，在人民币7000万元的最高融资余额限度内，连续向C工贸公司融资形成的债权，提供最高额权利质押担保。水果湖支行于2014年3月18日，依约对C工贸公司开具的汇票总金额共计人民币1550万元的5张银行承兑汇票作出了承兑，该债权的形成时间均未超过上述协议约定的质押有效期间，均在最高融资余额限度内。水果湖支行于2014年7月21日向本院起诉主张上述质押权利，亦未超过法律规定的两年期内诉讼时效。其三，法院查封与否不影响质权的权属，不能成为导致E钢铁公司不能付款的直接原因。其四，水果湖支行与E钢铁公司通过《保理合作协议对账函》确认：截至2014年6月30日，E钢铁公司应付C工贸公司货款余额为10134427.14元。综上，根据《物权法》第二百二十三条、第二百二十八条的规定，本案应收账款质押成立、有效。E钢铁公司认为本案应收账款质押

① 最高人民法院（2018）最高法民再102号民事判决书。

法律关系不成立、无效，其不应承担赔偿责任的抗辩，无事实和法律依据，本院不予支持。

再如在“Z保理公司与W机电公司合同纠纷案”[①]中，天津市滨海新区人民法院以应收账款债权具有不特定性（应收账款产生基础未特定化、应收账款债权本身未特定化）、不符合债权转让的要件为由，认为当事人之间的法律关系虽名为保理，但实际不构成保理法律关系，应当按照借贷法律关系处理，具体说理如下：

保理合同是指债权人与保理商之间签订的，约定将现在或将来的、基于债权人与债务人订立的销售商品、提供服务、出租资产等基础合同所产生的应收账款债权转让给保理商，由保理商向债权人提供融资、销售分户账管理、应收账款催收、资信调查与评估、信用风险控制及坏账担保等至少一项服务的合同，其中应收账款债权的转让是保理合同成立的基本条件之一。本案中，尽管原被告双方签订的合同名称为《国内保理业务合同》，但从作为标的物的应收账款角度分析，双方仅约定“被告W机电公司销售产生的合格应收账款转让，该应收账款为付款人J零部件采购公司的应收账款324000元”，并没有明确该基础债权债务关系的标的物、履行期限等基本要素，导致该应收账款债权具有不特定性，不符合债权转让的要件；同时，分析该合同的权利义务内容，原告Z保理公司融资给被告W机电公司，自2013年9月24日至2014年3月24日，融资费率为1%/月，保理费用共计3300元，被告W机电公司实际上依照固定的融资期限而不是依照应收账款的履行期限偿还本息，融资期限与基础债权债务关系的履行期限不具有关联性。因此，结合作为标的物的应收账款的特征及基本权利义务内容，双方的法律关系

① 天津市滨海新区人民法院（2015）滨民初字第1882号民事判决书。

虽然名为保理，但实际不构成保理法律关系，应当按照借贷法律关系处理。

可见在对保理合同进行性质认定时，还应先对何种合同属于保理合同，何种合同只是冠之保理合同之虚名作出判断。明确何谓保理法律关系，也将有助于对明为“保理”但不符合保理合同构成要件的纠纷按照其实际的法律关系处理。对于认定何种为保理合同关系，何种为借贷法律关系，最为典型的案例，可见“Y公司、某银行平顶山分行合同纠纷案”[①]，该案件中河南省高级人民法院细致区分了当事人之间所存有的法律关系，并对保理法律关系予以明确界定，认为：

关于本案各方当事人之间的法律关系问题。《商业银行保理业务管理暂行办法》第六条规定：本办法所称保理业务是以债权人转让其应收账款为前提，集应收账款催收、管理、坏账担保及融资于一体的综合性金融服务。债权人将其应收账款转让给商业银行，由商业银行向其提供下列服务中至少一项的，即为保理业务：（一）应收账款催收：商业银行根据应收账款账期，主动或应债权人要求，采取电话、函件、上门等方式或运用法律手段等对债务人进行催收。（二）应收账款管理：商业银行根据债权人的要求，定期或不定期向其提供关于应收账款的回收情况、逾期账款情况、对账单等财务和统计报表，协助其进行应收账款管理。（三）坏账担保：商业银行与债权人签订保理协议后，为债务人核定信用额度，并在核准额度内，对债权人无商业纠纷的应收账款，提供约定的付款担保。（四）保理融资：以应收账款合法、有效转让为前提的银行融资服务。以应收账款为质押的贷款，不属于保理业务范围。因此，保理法律关系不同于一般借款关系，保理融资的第

① 河南省高级人民法院（2019）豫03民初72号民事判决书。

一还款来源是债务人支付应收账款，而非债权人直接归还保理融资款。保理法律关系也不同于债权转让关系，保理商接受债务人依基础合同支付的应收账款，在扣除保理融资本息及相关费用后，应将余额返还债权人。

本案中，第一，H公司（供方）与Y公司（需方）签订的《煤炭买卖合同》为基础合同。第二，《保理业务合同》第一条第一项约定保理：本合同所称的保理是指某银行洛阳平分行通过与H公司协商受让H公司与Y公司商务合同项下的应收账款，取得对Y公司收款的权利。第九项约定融资款：指某银行洛阳平分行在根据本合同受让H公司应收账款的前提下，向H公司以授信方式提供资金融通款项。第六条第一项约定授信：某银行洛阳平分行在受让应收账款的加总余额内向H公司发放授信，授信额度不得超过某银行洛阳平分行应收账款的80%，授信品种包括贷款、敞口承兑、减免保证金开立保函等。《保理业务补充协议》第四条约定：H公司使用某银行洛阳平分行提供的融资后，同意将Y公司支付的已到账资金（含银行承兑汇票贴现款）直接存入H公司在某银行洛阳平分行开立的保证金账户，用于兑付银行承兑汇票。故H公司与某银行洛阳平分行签订的《保理业务合同》及Y公司、H公司与某银行洛阳平分行签订的《保理业务补充协议》为保理合同。第三，H公司与某银行洛阳平分行签订的《银行承兑汇票协议》，吴某法、吴某忠、柴某作为保证人与债权人某银行洛阳平分行签订的《个人保证合同》，系某银行洛阳平分行为H公司提供相应融资的合同。综上，某银行洛阳平分行与H公司签订《银行承兑汇票协议》是在履行《保理业务合同》及《保理业务补充协议》中约定的提供资金融通款项的义务。Y公司关于《保理业务合同》与《银行承兑汇票协议》之间无关联，某银行洛阳平分行向H公司签发的银行承兑汇票并非保理融资款的上诉主张无事实依据，本院不予支持。

笔者认为，上述几类对保理合同性质的认定并没有全面地阐释出保理合同当事人之间的实质法律关系。保理是在国际贸易中产生和发展起来的，它以债权让与为其本质法律关系，但又区别于一般的民事债权转让，带有浓厚的商事行为色彩，具体表现在：一些保理不以即时支付资金为转让对价；在一定条件下，保理商对供应商有追索权，可以反转让；有些保理中保理商不提供融资及坏账担保，仅为供应商提供销售账户管理或代收应收账款功能，不具有债权转让性质。因而单纯地用债权转让理论来规范保理法律关系是远远不够的，更不能简单地将保理合同归类于传统的合同体系下的某类合同。保理合同法律关系与传统合同法下的其他合同不同，它兼具委托合同、债权转让合同、债权质押合同和保证合同的某些法律特征。因此，保理合同是一种同时具有委托代理、债权转让、贸易融资和保证担保合同法律特征的新型合同，所以保理合同才作为新类型的有名合同被《民法典》所接纳。

（三）《民法典》实施后对保理合同效力与性质的认定

自《民法典》实施后，因保理合同效力与性质所引发的纠纷案件，各地法院更多地把关注点放到了以下几个问题上来：（1）保理合同本身是否因为应收账款不存在抑或虚构而无效；（2）保理合同本身是否因不具备其法律关系的基本构成要件而无效；（3）涉案保理合同是否仅有保理之名而无保理之实？

1.应收账款对保理合同效力的影响

在《民法典》颁布之前，亦有不少案件在对保理合同进行效力判定时对应收账款是否真实存在进行探讨，但得出的结论却基本一致，如在“L投资担保公司、某银行郑州分行金融借款合同纠纷案”[①]中，河南省高级人民法院就指出：

> 由于保理合同与基础交易的法律关系并不相同，基础交易的

① 河南省高级人民法院（2019）豫民终1390号民事判决书。

虚假，并不必然导致保理合同无效。《合同法》第五十二条规定的合同无效的情形有：一方以欺诈、胁迫的手段订立合同，损害国家利益；恶意串通，损害国家、集体或者第三人利益；以合法形式掩盖非法目的；损害社会公共利益；违反法律、行政法规的强制性规定。某银行郑州分行虽然在办理保理业务时存在明显过错，但该过错情形不符合上述法律规定的合同无效情形，应认定保理合同有效。L投资担保公司上诉称保理合同无效的理由缺乏证据，不予支持。

在《民法典》颁布后，由于第七百六十三条虚构应收账款相关规定的出现，对此类案件，人民法院已基本形成统一思路：除非保理人明知该应收账款是虚构的，否则不影响保理合同的成立。如在“Y公司、H保理公司合同纠纷案”[①]中，福建省高级人民法院认为：

关于本案法律关系属于保理法律关系，还是民间借贷法律关系问题。保理法律关系是指应收账款债权人与保理人订立保理合同，将现有的或者将有的应收账款转让给保理人，保理人提供资金融通、应收账款管理或者催收、应收账款债务人付款担保等服务而形成的法律关系。相比于民间借贷法律关系，应收账款债权人是通过转让应收账款的形式实现向保理人融资的目的，而民间借贷的借款人则是直接向出借人借款，并无应收账款可以转让。本案S公司依照其与H保理公司订立的《国内保理合同》约定，将其对Y公司的应收账款3600万元转让给H保理公司，并通知了Y公司，Y公司知晓并同意了应收账款转让事宜。且H保理公司已按照《国内保理合同》约定向S公司给付了融资款3388.5万元，提供了保理融资服务。至于该应收账款是否真实存在，并不影响保理法律关系的成立，除

① 福建省高级人民法院（2020）闽民终360号民事判决书。

> 非保理人明知该应收账款是虚构的。而本案并无证据证明S公司对Y公司的应收账款3600万元是虚构的且H保理公司明知，故一审法院认定本案法律关系为保理法律关系并无不当。

但是，对这一问题的判断不可过于机械化，对其判断的标准也并不仅仅局限于此。部分法院亦在判决书中指出，基础法律关系是否真实存在，应收账款是否特定化，还是可能会影响保理法律关系的，只是仍需结合保理人主观要件和债务人是否予以确认这二者综合判断。如在“Z保理公司与J公司等合同纠纷案”[①]中，北京市第二中级人民法院认为：

> 关于Z保理公司与J公司、X公司之间是否成立保理法律关系。《民法典》第七百六十三条规定，应收账款债权人与债务人虚构应收账款作为转让标的，与保理人订立保理合同的，应收账款债务人不得以应收账款不存在为由对抗保理人，但是保理人明知虚构的除外。保理法律关系涉及债权人、债务人及保理商三方主体，涵盖基础法律关系、保理合同关系两种法律关系。一般来说，基础法律关系是否真实存在，应收账款是否特定化等可能影响保理法律关系是否成立之判断，但同时还应结合债务人有无确认行为，以及保理人之主观状态综合判断。

再聚焦到《最高人民法院关于适用〈中华人民共和国民法典〉合同编通则若干问题的解释》第四十九条第二款，该款规定：“受让人基于债务人对债权真实存在的确认受让债权后，债务人又以该债权不存在为由拒绝向受让人履行的，人民法院不予支持。但是，受让人知道或者应当知道该债权不存在的除外。”换言之，我国《民法典》在司法解释层面又一次对债务人于保理合同订立之初确认存在真实的受让债权后，又以该债权实属虚构或并不存

① 北京市第二中级人民法院（2018）京02民初180号民事判决书。

在为由提出的抗辩效力进行了否认，但仍保留保理人明知该应收账款不存在的“但书”规则。至此，对于虚构应收账款这类法律事实是否会影响保理合同效力的争议告一段落。

2. 对保理合同的基本构成要件进行审查

在《民法典》颁布前，由于没有在法律层面对保理合同的构成要件进行规定，因此，人民法院在审判案件的时候，也甚少对此进行判断。但自2020年《民法典》实施后，法院在判定保理合同是否成立并生效时，均会以保理合同的基本构成要件，即《民法典》新增的第七百六十一条作为依据，进行分析。如在“Y物流公司与C保理公司破产债权确认纠纷案”[①]中，一审法院认定事实：

> 2016年11月7日，C保理公司与Y物流公司签订了《有追索权保理合同》《应收账款质押合同》，约定Y物流公司向C保理公司申请获得有追索权保理业务服务，服务内容包括保理融资、应收账款管理与催收等，融资最高额度为人民币800万元整。同时，Y物流公司将其与第三人之间订立的《散装化学品运输合同》和《罐箱租赁合同》合同项下的应收货款质押给C保理公司，C保理公司在中国人民银行征信系统办理了质押登记并发布了公告。2017年8月29日及8月30日，C保理公司向第三人发出通知函，要求第三人将货款支付给C保理公司。

对此，一审法院认为：

> 关于争议焦点法律所规定的保理合同特征是：保理申请人将现有的或者将有的应收账款转让给保理人，保理人提供资金融通、应收账款管理或者催收、应收账款债务人付款担保等服务。本案中，

① 江苏省泰州市中级人民法院（2021）苏12民终1261号民事判决书。

C保理公司提供的《有追索权保理合同》符合上述特征，Y物流公司针对合同所提“名为保理，实为借贷”的抗辩，因没有提供证据支持，依法不予采信。

二审法院亦认为：

关于案涉合同性质和效力，依照《民法典》第七百六十一条的规定，保理合同是应收账款债权人将现有的或者将有的应收账款转让给保理人，保理人提供资金融通、应收账款管理或者催收、应收账款债务人付款担保等服务的合同。C保理公司与Y物流公司签订的《有追索权保理合同》和《应收账款质押合同》，约定Y物流公司向C保理公司申请获得有追索权保理业务服务，服务内容包括保理融资、应收账款管理与催收等，融资最高额度为人民币800万元整。同时，Y物流公司将其与第三人之间订立的《散装化学品运输合同》《罐箱租赁合同》合同项下的应收货款质押给C保理公司，双方之间的合同符合保理合同的法律特征，上诉人辩称合同“名为保理，实为借贷”的理由不成立，本院不予支持。上诉人与被上诉人签订的《有追索权保理合同》《应收账款质押合同》系双方当事人真实意思表示，合同内容不违反法律、行政法规强制性规定，应为合法有效。

除此之外，部分人民法院亦将“存有真实、合法、有效的基础合同关系”“保理融资的第一还款来源为债务人”等要素作为判断涉案法律关系是否为保理合同法律关系的基本点。如在“X保理公司与Q安装公司保理合同纠纷案”[①]中，天津市高级人民法院经审查认为：

① 天津市高级人民法院（2021）津民申597号民事裁定书。

保理合同是应收账款债权人将现有的或者将有的应收账款转让给保理人，保理人提供资金融通、应收账款管理或者催收、应收账款债务人付款担保等服务的合同。公开型保理或隐蔽型保理，其法律关系的成立均应当以应收账款债权人将债权转让给保理人用于担保保理人债权的实现为前提。同时，保理合同项下应存在真实、合法、有效的基础合同关系，保理人亦应当对与应收账款相关的基础交易的真实性进行审核。保理法律关系的重要特性是保理融资的第一还款来源为债务人支付应收账款，而非债权人直接归还保理融资款。两审法院已经查明，保理人X保理公司认可并未依约要求应收账款债权人Q安装公司明确告知债务人T公司须将已受让应收账款支付至保理回款专户，且案涉保理融资的第一还款来源是由Q安装公司直接还款，而非T公司支付的应收账款，此种方式与保理融资的一般规则相悖。此外，根据已查明事实，本案存在内容并不一致的两份《保理融资凭证》。Q安装公司在案涉《国内保理业务合同》约定的保理融资额度到期前归还了前序保理融资本息，双方并未签订新的保理合同。基于此，两审法院对X保理公司关于依据2018年6月1日出具的《保理融资凭证》，其与Q安装公司已经形成新的保理关系的意见，因不具备保理合同应当书面订立的形式要件而不予采信，具有事实和法律依据。由此，两审法院依据查明的事实及双方基本权利义务内容，认定X保理公司与Q安装公司之间不成立保理法律关系，并无不当。

又如，在“张某文等与L保理公司合同纠纷案”[①]中，北京市第三中级人民法院审理查明：

在该案件中，B公司（作为甲方）与L保理公司（作为乙方）

① 北京市第三中级人民法院（2021）京03民终1980号民事判决书。

于2017年12月13日，签订《保理合同》，约定：甲方将其与买方因销售货物、提供服务或出租资产已经或将要形成的《货物销售合同》《服务合同》《租赁合同》等项下的应收账款转让给乙方，并且乙方同意按照本合同的约定，在一定额度和期限内受让该应收账款并向甲方提供应收账款融资、应收账款管理及催收等保理服务。自本合同生效之日起，甲方同意其对买方的所有（包括现在及将来）应收账款及相关权益（包括但不限于担保、赔偿、保险项下产生的权利、利益等）全部转让给乙方，甲方应根据乙方的要求，与乙方或乙方指定的第三方签署《应收账款转让登记协议》。甲方同意并理解，乙方可根据自己的判断决定甲方已转让的应收账款是否给予保理融资服务，并对甲方宣布为不合格的应收账款立即无条件进行回购。乙方为甲方核定的保理融资额度为2000万元，自本合同生效之日起，该保理融资额度可循环使用。甲方可在乙方核定的保理融资额度内，按《保理融资申请书》发起应收账款转让及保理融资申请，甲方确保相关信息真实、有效、准确、完整，乙方有权决定是否接受甲方的保理融资申请、对已转让的应收账款提供保理融资服务。本合同项下的保理服务均为有追索权的保理服务，不论甲方转让的应收账款是否在保理融资额度之内，乙方均不承担坏账风险。乙方有权依据法律规定采取合法方式对甲方进行追索，甲方保证不以任何理由提出抗辩，并承担乙方为此支付的实际费用。在甲方未能足额支付相关款项或未完全履行回购义务前，乙方仍为相关应收账款的债权人，享有与该应收账款有关的一切权利，在乙方完全收回相关款项后，乙方将相应应收账款转回给甲方。发生下列情形之一时，乙方有权要求甲方回购相关已提供保理融资服务但未偿付的应收账款，甲方有义务在收到乙方通知后立即或乙方书面同意的回购期内按约定的回购价款无条件履行回购义务：（1）因甲方虚假陈述或保证，对本合同项下应收账款的偿付产生不利影响的；（2）乙方在受让的应收账款到期且宽限期届满后，仍未收到买方支付的全部相关款项的；（3）买方对应收账款提出争议（无论买方因任何原因提出争议，亦不论争议的结果是否有利于甲方），在已转让的应收账款到期日，乙方尚未收到全部相关款项的；（4）买方或甲方明确表示，或以自身行为表明拒绝支付全部或部分应收账款；（5）买方或甲方出现危及或可能危及应收账款按时、足额收回的其他事实或行为；（6）甲方违反或未能实现其在本合同中所作任一承诺，或甲方发生本合同中任何一项违约事件的；（7）其他乙方认为需要甲方履行回购义务的情形。当乙方根据本合同要求甲方进行回购时，甲方有义务立即按以下回购价对未偿付的应收账款进行回购：回购价款=乙方已提供的保理融资款–已从买方处收回的保理融资项下的应收账款+未结清的保理融资款利息+宽限期利息（如有）+逾期违约金（如有）+未结清的其他乙方有权收取的费用（包括但不限于乙方实际发生的追索费用等）。其中，宽限期利息以乙方已提供的保理融资款以及甲方未结清的保理融资款利息总额扣除乙方已从买方处收回的保理融资款项下的应收账款后的余额作为基数，其中宽限期利率以《保理条款同意书》中约定的宽限期利率为准，自宽限期届满日之次日（含当日）起计算至甲方全额回购应收账款之日止。乙方有权将已从买方处收取的应收账款，及保理融资服务专户扣收并直接冲抵甲方应向乙方支付的回购价款，同时将剩余款项（如有）转入甲方其他结算账户。无论是甲方主动偿付，还是乙方依本合同约定从甲方处收回款项或从甲方账户、保理融资服务专户扣收款项或行使抵销权，甲方均按下列顺序偿付乙方债权：（1）融资顾问服务费及逾期违约金（如有）；（2）乙方为实现债权而支出的费用，包括但不限于公证费用、公告费等；（3）保理融资利息、宽限期利息；（4）保理融资款。

对此，北京市第三中级人民法院认为：

主张法律关系存在的当事人，应当对产生该法律关系的基本事实承担举证证明责任。本案中，B公司与L保理公司签订《国内有追索权保理合同》，该合同签订时L保理公司具备从事保理业务的相应资质；同时，保理合同是应收账款债权人将现有的或者将有的应收账款转让给保理人，保理人提供资金融通、应收账款管理或者催收、应收账款债务人付款担保等服务的合同。当事人约定有追索权保理的，保理人可以向应收账款债权人主张返还保理融资款本息或者回购应收账款债权，也可以向应收账款债务人主张应收账款债权。本案中B公司依照合同约定就其与案外人某通信集团甘肃天水分公司签订的两份内容完整、形式完备的施工合同项下之债权转让于L保理公司，同时B公司与L保理公司签订的《国内有追索权保理合同》约定了由B公司回购应收账款债权等相应内容。故《国内有追索权保理合同》符合保理合同的外观要件，B公司如认为该合同名为保理实为借贷或属于其他法律关系，应当就此提供充分反证。B公司所提交的相应裁判文书均为借款合同或企业借贷纠纷，L保理公司与该等案件的相对人之间所签订的均系借款合同，与本案所涉事实不同，依据该等裁判文书并不足以认定本案所涉合同为借贷法律关系。

综上可见，有了《民法典》第七百六十一条的加持，对于当事人提出涉案合同并非保理法律关系的抗辩，不再成为实践的难题，从涉案合同项下“是否有应收账款的转让”“保理人是否提供资金融通、应收账款管理或者催收、应收账款债务人付款担保等服务中的一种”“保理融资的第一还款来源是否为债务人支付的应收账款”等条件，均可判定保理合同有无具备其成立要件，从而再行判断案涉合同的性质与效力的问题。

3.“仅有保理之名而无保理之实”之审查

基于上述对保理合同本身构成要件的识别，实践中涌现出一大批仅有保理之名，而无保理之实的案件类型，也即虽然原、被告双方签订的是保理合同，但探其二者之间的法律关系实质，可发现其并不是典型的保理法律关系，而通常为借贷法律关系，抑或是融资租赁法律关系等。

如在“焦某玉与S保理公司、B生物科技公司等其他合同纠纷案”[①]中，当事人主张保理公司为职业放贷人，从而否认其间形成有效的保理合同，并进一步认为借款合同也因此无效。对此人民法院审理认为：

> 第一，关于本案所涉合同效力问题。1. S保理公司在明知《保理合同》所涉应收账款不存在的情况下，与B生物科技公司签订《保理合同》，并交付款项，双方所作的意思表示应为名为保理实为借贷。2.本案《保理合同》上S保理公司、B生物科技公司的印章真实有效，故双方对达成借贷合同关系达成合意。因此，原审法院作出S保理公司与B生物科技公司之间的借款合同关系合法有效的认定于法有据。
>
> 第二，关于S保理公司是否存在职业放贷行为，并因此致借款合同关系无效的问题。职业放贷人一般是指同一法人或自然人或非法组织作为出借人，在未依法取得放贷资格情况下，以民间借贷为业的，在一定期间内，多次重复从事有偿民间借贷的人。本案中，1. S保理公司持有金融牌照，具有从事保理融资业务的资格，其与未取得放贷资格职业放贷人的构成要件不符。2.浦东金融工作局《信访事项答复意见书》中未对S保理公司违规行为作出职业放贷的认定，亦未对其进行处罚。3. 14份徐汇法院民事判决书均未作出S保理公司构成职业放贷的认定，S保理公司亦未因此被处罚。因此，焦某玉主张S保理公司因职业放贷致借款合同关系无效的理由不能成立，本院无法支持。

由此可见，是否真实存在应收账款，且保理人是否明知应收账款不存在而为保理，会影响对保理合同性质的认定。至于，何谓借贷法律关系，何谓保理法律关系，其二者之间的区分，已成为“实为保理，名为借贷”案件中

① 上海市高级人民法院（2020）沪民申2186号民事裁定书。

的关注重点，在“H保理公司诉B销售公司、B医疗器械公司、A医药材料公司、陈某兵、张某、B公司保理合同纠纷案”[①]中，天津市高级人民法院给出了相当详尽的区分路径，该院认为：

> 保理是近几年发展较快的金融创新产品，其本质是以应收账款转让为前提的综合性金融服务，有利于拓宽融资渠道，缓解中小企业的融资难问题。随着天津保理业的快速发展，诉讼至法院的保理纠纷日益增多，但由于保理合同属于无名合同，有关保理问题的法律、行政法规和司法解释明显欠缺，审判实践中存在许多亟待研究和解决的问题。本案主要涉及保理合同法律关系的认定及保理商的权利救济，下面结合本案就这两个问题予以探讨。
>
> 一、保理合同法律关系的认定
>
> 保理（Factoring）是“保付代理”的简称，是指债权人依据与保理商之间的合同约定，将现在的和将来的、基于与债务人订立的销售商品、提供服务、出租资产等基础合同产生的应收账款转让给保理商，保理商向其提供下列服务中的至少一项：融资、销售分户账管理、应收账款催收、资信调查与评估、信用风险控制及坏账担保。构成保理法律关系，应当同时具备以下几个基本条件：（1）保理商必须是依照国家规定，经过有关主管部门批准可以开展保理业务的金融机构和商业保理公司；（2）保理法律关系应当以债权转让为前提；（3）保理商与债权人应当签订书面的保理合同；（4）保理商应当提供下列服务中的至少一项：融资、销售分户账管理、应收账款催收、资信调查与评估、信用风险控制及坏账担保。
>
> 实务中，保理业务存在诸多分类，其中最常见的分类方式有：以债务人未能按期支付应收账款时保理商是否对债权人享有追索权

① 最高人民法院中国应用法学研究所编：《人民法院案例选》（2015年第4辑总第94辑），人民法院出版社2016年版，第209页。

而划分为有追索权保理和无追索权保理；以保理商与债权人签订保理协议后是否将应收账款转让事由通知债务人而划分为公开型保理和隐蔽型保理。本案中，H保理公司在核准的经营范围内，以应收账款转让为前提，与B销售公司签订的保理合同即为有追索权的、隐蔽型保理合同。

构建保理合同法律关系的基本形式就是保理商与债权人的自由契约，维护契约自由与诚实信用又是商事审判的基本原则。因此，根据《合同法》第四十四条及第五十二条的规定，只要保理合同内容系当事人真实意思表示，不违反法律、行政法规的强制性规定，依法应确认保理合同的效力。H保理公司系经主管部门批准成立的商业保理公司，其在核准的经营范围内与B销售公司签订的提供保理融资、账款管理、账款催收服务的保理合同，合同内容没有《合同法》第五十二条规定的情形，该合同合法有效，H保理公司与B销售公司构成保理合同法律关系。

双方建立的保理合同法律关系有别于借款合同关系，首先，双方建立保理法律关系的前提是B销售公司将应收账款转让给H保理公司，H保理公司取代B销售公司成为应收账款项下新的债权人；其次，H保理公司除了提供保理融资服务外，还提供账款管理和账款催收服务；最后，也是最重要的一点，应收账款项下债务人的还款是H保理公司收回保理融资款的第一来源，而不是B销售公司直接向H保理公司还款。

综上，B销售公司提出的双方签订的保理合同无效，双方系借款合同关系的上诉主张不能成立。

另外，保理法律关系也不同于债权转让法律关系，第一，债权转让后，H保理公司不仅支付融资款，还提供其他的综合性金融服务。第二，H保理公司接受债务人依基础合同支付的应收账款，在扣除保理融资本息及相关费用后，应将余额返还B销售公司，如果是债权转让，不存在余额返还的问题。第三，如果发生合同约定的债权人回购情形，保理公司还需要将应收账款反转让给债权人。

从上述法院的审判论理中可见，想要订立有效的保理合同，其不仅需要具备形式要件，还需具备实质要件。也即，构成保理法律关系，应当同时具备以下几个基本条件：（1）保理商必须是依照国家规定，经过有关主管部门批准可以开展保理业务的金融机构和商业保理公司；（2）保理法律关系应当以债权转让为前提；（3）保理商与债权人应当签订书面的保理合同；（4）保理商应当提供下列服务的至少一项：融资、销售分户账管理、应收账款催收、资信调查与评估、信用风险控制及坏账担保。

且保理法律关系不同于一般借款关系。保理融资的第一还款来源是债务人支付的应收账款，而非债权人直接归还保理融资款。此外，有追索权保理法律关系也不同于债权转让关系，保理商接受债务人依基础合同支付的应收账款，在扣除保理融资本息及相关费用后，应将余额返还债权人。

第二章

保理案件的管辖权纠纷

一、合同约定下的管辖权争议

（一）保理合同和基础合同均有约定时

保理交易涉及两个合同关系，一是应收账款所依附的债务人与原债权人之间的基础合同关系，二是保理人与原债权人之间的保理合同关系。正因债务人和保理人在保理业务的磋商阶段并无直接的合同产生，两者间通常并未对管辖权问题进行约定，但与此二人密切相关的保理合同和基础交易合同却通常都会对管辖权作出约定。那么，在保理人对债务人提起诉讼时，应以哪个管辖权条款为准？

1. 以基础合同约定为准

在"某啤酒公司等与Z保理公司深圳分公司合同纠纷案"[①]中，北京市第二中级人民法院认为应收账款转让通知书中并未对管辖问题进行另外规定，因此不能依据保理合同中的管辖约定而排除基础合同关系中的管辖约定：

> 保理合同一般是指债权人与保理商之间签订的，约定将基于债权人与债务人订立的基础合同所产生的应收账款债权转让给保理商，由保理商向债权人提供融资等服务的合同。保理合同以基础合同项下的债权转让为前提。《最高人民法院关于适用〈中华人民共和国民事诉讼法〉的解释》第三十三条规定，合同转让的，合同的管辖协议对合同受让人有效，但转让时受让人不知道有管辖协议，或者转让协议另有约定且原合同相对人同意的除外。本案中，Z保理公司深圳分公司与Y日用玻璃公司签订的《保理合同》约定将应收账款债权转让给Z保理公司深圳分公司。该应收账款债权系基于

① 北京市第二中级人民法院（2018）京02民辖终887号民事裁定书。

Y日用玻璃公司与某啤酒公司签订的《啤酒瓶定作合同》产生，Y日用玻璃公司为债权人，某啤酒公司为债务人。现Z保理公司深圳分公司同时起诉Y日用玻璃公司、某啤酒公司和担保人，一并主张权利。本案的基础合同即《啤酒瓶定作合同》第十七条“争议解决”中约定，凡有关本合同或执行本合同时发生的争议由双方协商解决，协商不成时任何一方均有权诉至法院，无论哪一方起诉，均由甲方即某啤酒公司所在地法院管辖。某啤酒公司的住所地在辽宁省沈阳市苏家屯区。从《应收账款回款付款通知书（回执）》的内容来看，不能证明Z保理公司深圳分公司、Y日用玻璃公司与某啤酒公司就争议管辖问题进行了另外的约定。因此，Z保理公司深圳分公司不能依据其与Y日用玻璃公司在《保理合同》中有管辖约定而排除《啤酒瓶定作合同》中的管辖约定。

持相同意见的还有天津市高级人民法院、江苏省高级人民法院。

江苏省高级人民法院在“某银行苏州分行与燃料销售公司江苏分公司、能源公司等保理合同纠纷管辖权异议案”[①]中，认为，保理人既已办理保理业务受让债权，并向债务人主张应收账款，理应了解基础交易合同的内容，故应以基础交易合同的约定确定管辖法院，具体说理如下：

根据《燃料油采购合同》的约定，能源公司与燃料销售公司江苏分公司形成买卖合同关系；根据《综合授信合同》《贸易融资主协议》《保理服务合同》的约定，某银行苏州分行与能源公司形成保理关系。保理业务系以债权人转让应收账款为前提，而《最高人民法院关于适用〈中华人民共和国民事诉讼法〉的解释》第三十三条规定，合同转让的，合同的管辖协议对合同受让人有效，但转让时受让人不知道有管辖协议，或者转让协议另有约定且原合同相对

① 江苏省高级人民法院（2015）苏商辖终字第00216号民事裁定书。

人同意的除外。某银行苏州分行既已办理保理业务受让能源公司的债权，向燃料销售公司江苏分公司主张应收账款，理应了解能源公司、燃料销售公司江苏分公司之间《燃料油采购合同》的内容，该合同中关于由燃料销售公司江苏分公司所在地法院管辖的约定不违反法律规定，应予认可。根据本案诉争标的，江苏省南京市中级人民法院对本案具有级别管辖权。

天津市高级人民法院则在“物流公司、某银行广开支行合同纠纷案”[①]中，谈及保理人以债权人、债务人、担保人作为共同被告，由于债务人不是保理合同的签订主体，不应依据保理合同作为确定管辖的依据，而应依据基础合同确定管辖法院，具体说理如下：

根据某银行广开支行的诉讼请求及提交的证据显示，N公司与物流公司新疆分公司签订《农副产品购销合同》后，N公司以该合同项下应收账款向某银行广开支行申请国内保理业务，并将债权转让事宜通知物流公司新疆分公司，物流公司新疆分公司确认收到债权转让通知，Q公司与某银行广开支行签订《最高额保证合同》提供连带责任保证。物流公司新疆分公司不具有法人资格，其民事责任由物流公司承担。现某银行广开支行以物流公司、N公司、Q公司作为共同被告主张权利，但物流公司不是《国内保理业务合同》的签订主体，不应依据《国内保理业务合同》作为确定管辖的依据，而应依据物流公司新疆分公司与N公司之间的基础合同即《农副产品购销合同》确定管辖法院。《民事诉讼法》第二十三条规定：“因合同纠纷提起的诉讼，由被告住所地或者合同履行地人民法院管辖。”《民事诉讼法》第二十一条第三款规定：“同一诉讼的几个被告住所地、经常居住地在两个以上人民法院辖区的，各该人民法

① 天津市高级人民法院（2016）津民辖终1号民事裁定书。

院都有管辖权。”本案被告之一N公司的住所地位于天津市武清区，属于天津市第一中级人民法院辖区，本案诉讼标的额为30542767元，达到本市中级人民法院受理一审民商事案件标准，故天津市第一中级人民法院对本案有管辖权。

天津市高级人民法院还在“F公司、某银行天津分行合同纠纷案”[①]中也确立了这一原则，认为：

本案属于保理合同纠纷，故本案应当根据债权人与债务人之间的基础合同确定管辖。某能量公司与F公司之间签订的煤炭买卖合同系涉案保理合同的基础合同，煤炭买卖合同中约定了“本合同在执行过程中发生的争议，由双方当事人协商解决，协商不成的，任何一方均可向所在地人民法院提起诉讼”。某银行天津分行在起诉时能够根据上述管辖约定确定管辖法院，符合《最高人民法院关于适用〈中华人民共和国民事诉讼法〉的解释》第三十条的规定。故上述管辖约定合法有效，应当作为确定本案管辖法院的依据。上述煤炭买卖合同中载明某能量公司的住所地为天津港保税区，位于天津市第二中级人民法院辖区内，且诉讼标的额达到本市中级人民法院受理第一审民商事案件的标准，故天津市第二中级人民法院对本案具有管辖权。

此外，最高人民法院在“K投资公司、某银行北京分行合同纠纷案”[②]中则认为，案涉《融资租赁合同》是《保理服务合同》的基础合同，两个合同既各自独立，又相互关联，共同构成保理法律关系。但没有谁主谁从的问题，由哪个合同确定管辖，主要看案件争议焦点偏重于哪个合同，具体说理如下：

① 天津市高级人民法院（2016）津民辖终138号民事裁定书。

② 最高人民法院（2019）最高法民辖终355号民事裁定书。

本案争议焦点是：如何确定案件的管辖法院。本案为保理合同及担保纠纷，主合同为某银行北京分行与H公司之间的《保理服务合同》和H公司与Z公司之间的《融资租赁合同》，从合同分别为某银行北京分行与H公司之间的《抵押合同》和某银行北京分行与K投资公司、钟某之间的《保证合同》。根据保理合同的性质，《融资租赁合同》是《保理服务合同》的基础合同，两个合同既各自独立，又相互关联，共同构成保理法律关系。H公司作为租赁物出租人，根据《融资租赁合同》的约定对承租人Z公司享有租金债权；某银行北京分行根据《保理服务合同》的约定，受让H公司对Z公司的租金债权，并向H公司提供融资服务。K投资公司、钟某作为保证人，根据《保证合同》约定，为《保理服务合同》项下某银行北京分行的债权提供连带保证责任。

主合同和担保合同发生纠纷提起诉讼的，应当根据主合同确定案件管辖。因此，应根据《保理服务合同》和《融资租赁合同》并结合一审原告的诉讼请求确定管辖法院。根据某银行北京分行的一审诉请及事实和理由，本案纠纷主要因Z公司未按《融资租赁合同》的约定支付租金而发生，因此本案审理的重点是《融资租赁合同》的履行。《最高人民法院关于适用〈中华人民共和国民事诉讼法〉的解释》第十九条规定，融资租赁合同以租赁物使用地为合同履行地。本案融资租赁物使用地位于Z公司在河北省廊坊市的厂区，《融资租赁合同》的履行地为河北省廊坊市，Z公司住所地亦在河北省廊坊市。又据《最高人民法院关于调整高级人民法院和中级人民法院管辖第一审民商事案件标准的通知》第二条第二款规定，对当事人一方住所地不在受理法院所处省级行政辖区的，河北省高级人民法院管辖诉讼标的额1亿元以上一审民商事案件。本案诉讼标的额为7.9亿元，达到河北省高级人民法院管辖第一审民事案件诉讼标的额标准，故本案应由河北省高级人民法院管辖。

2. 以保理合同约定为准

但最高人民法院在"某物流公司成都分公司、某银行西藏分行合同纠纷案"[①]中，对此有不同的看法，其认为保理合同既约定了借款融资也约定了应收账款转让，兼具借款合同和债权转让合同法律关系的特征，保理商依据该合同同时起诉债权人和债务人的，应当合并审理并以保理合同的约定确定管辖，具体说理如下：

> 首先，上诉人在一审管辖权异议审查期间，只是要求按照"原告就被告"原则确定本案管辖法院，并未对原审法院合并审理和本案的法律关系提交过任何不同意见。其次，本案某银行西藏分行与R公司签订的《有追索权国内保理合同》约定，R公司将其享有的对某物流公司成都分公司的应收账款转让给某银行西藏分行，向某银行西藏分行申请保理预付款8000万元，该保理合同在内容上既约定了借款融资也约定了应收账款转让，兼具借款合同和债权转让合同法律关系的特征，借款或债权转让法律关系仅是其中一方面。某银行西藏分行基于借款纠纷起诉借款人R公司，或基于债权转让纠纷起诉债务人某物流公司成都分公司，均依据《有追索权国内保理合同》，故上诉人某物流公司成都分公司上诉称非基于同一法律事实本案不应合并审理，没有法律和事实依据，本院不予支持。至于某物流公司成都分公司是否属于本案保理合同的相对方，有待于实体审理查明。本案合同中已经约定解决纠纷的方式，即"向乙方住所地人民法院起诉，以诉讼方式解决"，合同中"乙方"即本案原告某银行西藏分行，该约定符合《民事诉讼法》第三十四条的规定，根据《最高人民法院关于调整高级人民法院和中级人民法院管辖第一审民商事案件标准的通知》的规定，一审法院对本案享有管辖权。

① 最高人民法院（2015）民二终字第283号民事裁定书。

江苏省苏州市中级人民法院、广东省广州市中级人民法院和最高人民法院在其他案件中也持以保理合同的约定来确定管辖的观点，但是论理与最高人民法院在上述案件中的略有不同。

在“某建设公司与D保理公司、J集团公司等合同纠纷管辖权异议案”[①]中，江苏省苏州市中级人民法院认为《应收账款转让通知书》和《应收账款转让通知书回执》均系《国内有追索权保理业务合同（公开型）》的附件，且债务人已于回执上签字盖章，因而应当依据保理合同来确定管辖法院，其表示：

> 本案是因保理业务引起的纠纷。保理业务是以债权人转让其应收账款债权为前提，集应收账款催收、管理、坏账担保及融资于一体的综合性金融服务。D保理公司与某建设公司签订《国内有追索权保理业务合同（公开型）》，并就债权转让共同向J集团公司发出《应收账款转让通知书》后，J集团公司在《应收账款转让通知书回执》上加盖公司及法定代表人印章，D保理公司向某建设公司发放保理融资款。可见，该笔保理业务的办理基础是某建设公司与J集团公司之间基于《建设工程施工合同》形成的应收账款，D保理公司作为保理商通过债权转让的方式取得上述应收账款的相关权益，由J集团公司向D保理公司履行应收账款的还款责任，以确保某建设公司与D保理公司签订的《国内有追索权保理业务合同（公开型）》项下保理融资款的偿付。而且，《应收账款转让通知书》和《应收账款转让通知书回执》均系《国内有追索权保理业务合同（公开型）》的附件，J集团公司在《应收账款转让通知书回执》上签章是其真实意思表示，构成完整的《国内有追索权保理业务合同（公开型）》权利义务内容。因此，本案应收账款的债权转让、保理合同、保证合同构成了一笔完整的保理业务，同时涉及D保理公司、J集团公司、某建设公司、邓某、王某等多方权利义务主体以及相互之间的权利义务关系，

① 江苏省苏州市中级人民法院（2019）苏05民辖终124号民事裁定书。

且关系牵连紧密，属于不可分的必要共同诉讼，应予合并审理。因此，本案应依据《国内有追索权保理业务合同（公开型）》来确定管辖法院。

此外，广东省广州市中级人民法院在“C药业公司、某银行海珠支行合同纠纷案”[①]中，认为：

被上诉人某银行海珠支行与原审被告Z公司签订《综合授信合同》《某银行国内保理业务合同》后，就债权转让共同向上诉人发出了一份《应收账款转让通知书》，《应收账款转让通知书》为保理合同附件的一部分，与保理合同具有同等法律效力，上诉人在回执上加盖了公章，应当视为上诉人接受了保理合同中对管辖法院条款的约束。

最高人民法院则在“某银行青岛分行与物流公司、矿业公司等金融借款合同纠纷案”[②]中，也认为：

物流公司受某银行青岛分行与矿业公司在保理合同中关于管辖权约定的约束。理由如下：第一，保理业务是以债权转让为基础的一种综合性金融服务方式，在有追索权保理业务中，保理商不承担买方支付不能的风险，其实质是保理商对应收账款转让方享有追索权。本案中，某银行青岛分行与矿业公司签订《综合授信合同》《国内保理业务合同》后，就债权转让共同向物流公司发出一份《应收账款债权转让通知书》，物流公司在回执上加盖了公章。可见，该笔保理业务的办理基础是物流公司（买方）与矿业公司（卖

① 广东省广州市中级人民法院（2018）粤01民辖终461号民事裁定书。

② 最高人民法院（2015）民二终字第98号民事裁定书。

方）之间基于《铝锭销售合同》形成的应收账款，某银行青岛分行作为保理商通过债权转让的方式，取得上述应收账款的相关权益，由物流公司向某银行青岛分行履行应收账款的还款责任，以确保之后矿业公司与某银行青岛分行签订的保理合同项下融资款的偿付。因此，本案应收账款的债权转让与保理合同的订立构成一笔完整的保理业务，涉及某银行青岛分行、矿业公司、物流公司三方权利义务主体以及相互之间的权利义务关系。故物流公司作为本案上诉人提出本案存在某银行青岛分行与矿业公司的保理合同关系、某银行青岛分行与物流公司的债权转让关系属于两个不同事实的理由不能成立。

第二，《应收账款债权转让通知书》为保理合同附件的一部分，与保理合同具有同等法律效力，构成完整的保理合同项下的双方权利义务内容。物流公司在《应收账款债权转让通知书》上加盖公章是其真实意思表示，应当视为其接受保理合同相关条款的约束。一审法院依据某银行青岛分行与矿业公司签订的《综合授信合同》《国内保理业务合同》中关于"向某银行青岛分行所在地法院起诉"的约定，认定物流公司也应当接受该协议管辖的约定并无不当。故物流公司提出其未向某银行青岛分行作出同意接受该法院管辖的承诺没有事实依据，本院不予采信。

可见，以上三个法院都是以债务人在应收账款转让通知书上已签字盖章为由，认定债务人已经加入保理法律关系，因而得出应当受到保理合同中有关管辖条款的约束的结论。

对此，最高人民法院却在"张某祥、秦某、田某、C煤炭公司、C能源发展公司、C能源公司、Z科技公司与某银行南京分行一般借款合同纠纷案"[①]中，有相反的看法。

① 最高人民法院（2014）民一终字第187号民事裁定书。

在该案件中，最高人民法院认为债务人在应收账款转让通知书上签字，只能证明其与保理人之间存有债权让与关系，而不意味着其加入保理人与债权人之间的保理合同关系之中，保理合同约定的管辖条款，也不应适用于债务人与保理人之间的债权转让纠纷，具体说理如下：

> 某银行南京分行与C煤炭公司签订的《保理服务合同》，约定受让C煤炭公司对第三方的应收账款，并为C煤炭公司提供融资。由于该“应收账款”系C煤炭公司与Z科技公司履行《煤炭买卖合同》产生的合同之债，且C煤炭公司将债权转让一事通知了债务人Z科技公司，Z科技公司也在《应收账款转让通知书》上签了字，故某银行南京分行取得了有追索权的转让债权，基于该转让债权取得了与原债权人C煤炭公司一样的诉讼地位和诉讼权利。但是，因Z科技公司不是《保理服务合同》的当事人且没有在上述合同上签字，故不应受《保理服务合同》的约束。Z科技公司在《应收账款转让通知书》上签字，只能证明其与某银行南京分行之间产生债权转让关系，而不意味着其加入某银行南京分行与C煤炭公司之间的借款担保合同关系。因此，原审认为“Z科技公司在《应收账款转让通知书》上加盖了公司和其法定代表人的印章，故某银行南京分行受让C煤炭公司对Z科技公司的债权与涉案的借款合同相关联，且从属于借款合同关系，应受借款合同管辖约定的约束”无事实和法律依据。某银行南京分行不能基于《综合授信合同》《贸易融资主协议》《保理服务合同》的有关争议管辖条款，以借款担保合同纠纷为由向某银行南京分行住所地法院起诉Z科技公司，其与Z科技公司之间的债权转让纠纷，可依据《民事诉讼法》第二十三条关于：“因合同纠纷提起的诉讼，由被告住所地或者合同履行地人民法院管辖”的规定，另行向依法享有法定管辖权的人民法院起诉。

此外，实践中还存在由保理人、债权人和债务人共同签署保理合同的情形，在这种三方签订保理合同的情况下，法院通常会以保理合同中的管辖条款作为依据，来判断保理合同或基础合同发生纠纷时的管辖法院。如最高人民法院在“H新能源公司、H租赁公司合同纠纷案”[①]中，就认可三方签订的《国内保理合同》第10条有关管辖法院的确定属于当事人真实意思表示，符合法律规定，应属有效。说理如下：

> 本院经审查认为，根据《民事诉讼法》第三十四条的规定，合同或者其他财产权益纠纷的当事人可以书面协议选择被告住所地、合同履行地、合同签订地、原告住所地、标的物所在地等与争议有实际联系的地点的人民法院管辖，但不得违反本法对级别管辖和专属管辖的规定。本案中，H租赁公司、T国贸公司、H新能源公司三方签订的《国内保理合同》第十条约定，各方之间有关本合同、基础合同或应收账款产生任何争议，由合同签约地（上海市黄浦区）有管辖权的法院通过诉讼解决。该约定属于当事人真实意思表示，符合法律规定，应属有效。故依据上述合同约定及本案诉讼标的额，并结合《最高人民法院关于调整高级人民法院和中级人民法院管辖第一审民商事案件标准的通知》中有关上海市高级人民法院管辖诉讼标的额5亿元以上的第一审民商事案件的规定，原审裁定认定原审法院对本案享有管辖权，适用法律并无不当。

3.保理合同和担保合同都有约定时

除基础交易关系外，签订保理合同的各方主体通常还可能会另设担保合同，如保证合同、抵押合同等，用于强化保护保理人的权益，此时如若两个合同对管辖法院都有约定，且不涉及基础交易关系，应以何者为准，实务中也有论及。

---

① 最高人民法院（2018）最高法民辖终373号民事裁定书。

在“D农业公司、Y保理公司合同纠纷案”[①]中，最高人民法院认为案涉的保理合同应为主合同，保证担保合同为从合同，因此应当以主合同项下约定的管辖法院为准：

> 因主合同和担保合同发生纠纷提起诉讼的，应当根据主合同确定案件管辖。本案中，Y保理公司作为债权人基于主合同及担保合同对债务人及担保人共同提起诉讼，Y保理公司与H国际公司签订的《公开型无追索权国内保理合同》作为主合同，该合同第13.2条有关于合同履行期间当事人发生纠纷如何确定管辖法院的明确约定，即“在合同履行期间，凡由本合同引起或与本合同有关的一切争议、纠纷，当事人应首先协商解决，协商不成的，提交Y保理公司住所地有管辖权的法院通过诉讼方式解决”。因Y保理公司的住所地在上海市浦东新区，属上海市管辖范围，根据《最高人民法院关于调整高级人民法院和中级人民法院管辖第一审民商事案件标准的通知》的相关规定，上海市高级人民法院对本案具有管辖权。D农业公司称其与Y保理公司签订的《保证担保合同》并未约定管辖法院，根据“原告就被告”的一般管辖原则，本案应由D农业公司住所地法院管辖的上诉理由不能成立。

在“H国际公司、L保理公司合同纠纷案”[②]中，广东省高级人民法院也认为此时应以主合同《保理合同协议》约定的管辖法院为准：

> 本案是合同纠纷。L保理公司是依据主合同《保理合作协议》及从合同《最高额保证合同》等，一并起诉主债务人T公司和保证人H国际公司。其中，主合同《保理合作协议》约定有内容明确的

① 最高人民法院（2019）最高法民辖终29号民事裁定书。
② 广东省高级人民法院（2018）粤民辖终833号民事裁定书。

协议管辖条款，即由L保理公司所在地的人民法院通过诉讼方式解决，该协议管辖条款符合《民事诉讼法》第三十四条关于“合同或者其他财产权益纠纷的当事人可以书面协议选择被告住所地、合同履行地、合同签订地、原告住所地、标的物所在地等与争议有实际联系的地点的人民法院管辖，但不得违反本法对级别管辖和专属管辖的规定”的规定，应确认为有效。L保理公司的住所地在广东省深圳市；本案起诉标的金额为150756164元，其中一方当事人H国际公司的住所地在上海市，根据《民事诉讼法》第三十四条、《最高人民法院关于调整高级人民法院和中级人民法院管辖第一审民商事案件标准的通知》第二条第一款关于“当事人一方住所地不在受理法院所处省级行政辖区的第一审民商事案件，北京、上海、江苏、浙江、广东高级人民法院，管辖诉讼标的额3亿元以上一审民商事案件，所辖中级人民法院管辖诉讼标的额5000万元以上一审民商事案件”的规定，原审法院作为本案原告L保理公司住所地的中级人民法院对本案享有管辖权。

关于H国际公司的第1点上诉理由，根据《合同法》第四十条的规定，格式条款如具有该法第五十二条规定情形的，或者提供格式条款一方免除其责任、加重对方责任、排除对方主要权利的，该条款才能认定无效。而H国际公司就本案提出管辖权异议时，并不能提交证据证明涉案《最高额保证合同》约定的协议管辖条款属于《合同法》第四十条规定的可认定无效的格式条款情形之一。而且，即便涉案《最高额保证合同》是L保理公司提供的格式合同，但H国际公司作为合同的一方当事人，对合同约定内容负有审慎审查义务，其因未尽合理审慎审查义务所导致的法律后果应当由其自行承担；且H国际公司亦没有提交证据证明涉案协议管辖条款不是合同双方的真实意思表示。

关于H国际公司的第2点上诉理由，根据《最高人民法院关于适用〈中华人民共和国担保法〉若干问题的解释》第一百二十九条第一款关于“主合同和担保合同发生纠纷提起诉讼的，应当根据主合同确定案件管辖”、第二款关于“主合同和担保合同选择管辖的法院不一致的，应当根据主合同确定案件管辖”的规定，本案应根据主合同《保理合作协议》约定的协议管辖条款确定管辖法院。据此，H国际公司的上诉理由不成立，本院不予采纳。

在“某银行泉州分行金融借款合同纠纷管辖权异议案”[①]中，福建省高级人民法院亦认为保理银行要求保理合同的担保人承担担保责任的，基于保理合同和担保合同的主从关系，应当按照保理合同的约定确定管辖法院：

根据中国银行业协会颁布的《中国银行业保理业务规范》，保理业务是一项以债权人转让其应收账款为前提，集融资、应收账款催收、管理及坏账担保于一体的综合性金融服务。具体到本案，共涉及三类合同：一是某银行泉州分行与J贸易公司签订的《国内有追索权明保理业务合同》，二是J贸易公司与T发展公司签订的《购销合同》，三是某银行泉州分行与T糖业公司、G贸易公司、邱某足、卓某莲、邱某斌、王某儿之间分别签订的《最高额抵押合同》或《最高额保证合同》。《国内有追索权明保理业务合同》《最高额抵押合同》《最高额保证合同》均约定在某银行泉州分行所在地有管辖权的法院解决争议，即福建省泉州市中级人民法院。邱某斌是《国内有追索权明保理业务合同》项下的担保人，现某银行泉州分行依据《国内有追索权明保理业务合同》《最高额抵押合同》起诉邱某斌要求其承担担保责任，根据两份合同的约定管辖条款，福建省泉州市中级人民法院具有管辖权。邱某斌向原审法院提出管辖权异议申请，以《购销合同》具有约定管辖为由，认为本案应当移送福建省厦门市中级人民法院审理。而《购销合同》的当事人双方是J贸

① 福建省高级人民法院（2017）闽民辖终59号民事裁定书。

易公司与T发展公司，邱某斌不是《购销合同》的当事人，没有权利依据《购销合同》约定管辖条款提出异议，其管辖权异议不成立，应当予以驳回。

在“E投资公司与物流公司、矿业公司等纠纷案”[①]中，山东省高级人民法院也持相同观点，认为第三人自保理银行处受理保理合同项下的债权，以债权受让人的身份取代保理银行要求债务人和保证人偿付保理融资款的，系因履行保理合同产生的纠纷，应以保理合同的约定确定管辖法院：

《最高人民法院关于适用〈中华人民共和国民事诉讼法〉的解释》第三十三条规定：“合同转让的，合同的管辖协议对合同受让人有效，但转让时受让人不知道有管辖协议，或者转让协议另有约定且原合同相对人同意的除外。”合同转让包括合同权利的转让、合同义务的转让、合同权利义务的概括转让。E投资公司根据债权转让取得涉案《国内保理业务合同》及相关担保合同项下原某银行青岛市南第二支行对矿业公司及担保人享有的未获清偿的债权及从权利后，以债权受让人名义申请替代某银行青岛市南第二支行进行诉讼，表明其事先知晓并接受《国内保理业务合同》及相关担保合同的条款，包括协议管辖条款。该案系因履行涉案《国内保理业务合同》及相关担保合同引发的纠纷。根据《最高人民法院关于适用〈中华人民共和国担保法〉若干问题的解释》第一百二十九条第一款关于“主合同和担保合同发生纠纷提起诉讼的，应当根据主合同确定案件管辖”的规定，该案应根据涉案《国内保理业务合同》确定案件管辖。《国内保理业务合同》第十二条关于发生争议协商不成，在甲方所在地法院通过诉讼方式解决的约定，符合《民事诉讼法》第三十四条的规定，为有效约定。合同甲方某银行青岛市南第二支行

① 山东省高级人民法院（2016）鲁民辖终376号民事裁定书。

> 住所地在山东省青岛市市南区，该案应由合同甲方某银行青岛市南第二支行住所地有管辖权的法院管辖。某银行青岛市南第二支行住所地不在天津市辖区而在山东省青岛市市南区，故对上诉人关于将该案移送天津市高级人民法院管辖的上诉请求，本院不予支持。

因而在该问题上，可见各地法院并无裁判分歧，均以《保理合同》作为主合同，且以主合同中所约定的管辖条款为准，做出了确定管辖法院的裁定。

二、均有管辖权时的确定

如若保理人基于保理合同、基础交易合同内的管辖条款同时对债务人和原债权人提起诉讼，且法院判决各个管辖条款都有效，但因当事人提起诉讼的法院并不相同时，又将如何确定最终的审理法院，经常成为管辖权争议的焦点。

在“某银行钢城支行与P信息产业公司、H实业公司等合同纠纷管辖异议案”[①]中，最高人民法院巧妙地以根据三份协议无法确定案件的主管与管辖为由，裁定以合同纠纷的一般管辖原则确定管辖法院，具体说理如下：

> 本案争议焦点为保理合同纠纷案件的地域管辖。本案源于保理合同纠纷，案件涉及两类合同、三方主体，两类合同分别为某银行钢城支行与H实业公司签订《有追索权国内保理合同》，以及H实业公司与P信息产业公司签订的《贸易项目采购框架合同》和《20万吨钢材供应链项目采购框架合同》（以下简称《采购合同》）。三方主体分别为保理商某银行钢城支行、卖方H实业公司、买方P信息产业公司。根据《有追索权国内保理合同》，H实业公司将其对P

① 最高人民法院（2016）最高法民辖终38号民事裁定书。

信息产业公司的应收账款债权转让给某银行钢城支行，某银行钢城支行向H实业公司提供包括保理预付款支付、应收账款催收在内的综合性金融服务。某银行钢城支行在同一案件中起诉H实业公司与P信息产业公司，涉及三个问题。一是本案纠纷是否必须合并审理。二是案涉合同中的协议管辖条款或仲裁条款的效力。三是管辖法院的确定。

一、本案纠纷是否必须合并审理

某银行钢城支行依据《有追索权国内保理合同》中约定的追索权，起诉H实业公司；依据其受让自H实业公司的《采购合同》中的应收账款债权，起诉P信息产业公司。某银行钢城支行基于不同的原因分别向两个债务人主张不同的债权请求权，但最终给付目的只有一个，追索权之诉与应收账款债权之诉的诉讼标的是共同的，由于一方当事人为二人以上，发生诉的主体合并，属于必要共同诉讼，根据《民事诉讼法》第五十二条之规定，法院应当合并审理。

二、关于两份《采购合同》中的协议管辖条款和仲裁条款的效力问题

《最高人民法院关于适用〈中华人民共和国民事诉讼法〉的解释》第三十三条规定："合同转让的，合同的管辖协议对合同受让人有效，但转让时受让人不知道有管辖协议，或者转让协议另有约定且原合同相对人同意的除外。"合同转让包括合同中权利的转让、义务的转让和权利义务的概括转让。H实业公司将《采购合同》中应收账款债权转让给某银行钢城支行，属于合同中权利的转让，应适用上述司法解释的规定。《20万吨钢材供应链项目采购框架合同》第十条约定争议解决方式为"向买方所在地人民法院提起诉讼解决"。某银行钢城支行并未提交证据证明其接受债权转让时不知道有管辖协议，或者转让协议另有约定且P信息产业公司同意，因此，《20万吨钢材供应链项目采购框架合同》中约定的协议管辖条款对某银行钢城支行有效。

《最高人民法院关于适用〈中华人民共和国仲裁法〉若干问题的解释》第九条规定："债权债务全部或者部分转让的，仲裁协议对受让人有效，但当事人另有约定、在受让债权债务时受让人明确反对或者不知有单独仲裁协议的除外。"某银行钢城支行受让H实业公司的应收账款债权，也应适用上述规定。《贸易项目采购框架合同》第十条约定解决争议的方法为"提交北京仲裁委员会仲裁解决"，某银行钢城支行未提交证据证明有上述条款中除外规定的情形，因此《贸易项目采购框架合同》中约定的仲裁条款对某银行钢城支行有效。

三、关于管辖法院的确定

三份合同中的协议管辖条款或仲裁条款均对某银行钢城支行有效。但由于本案属于法院应当合并审理的必要共同诉讼，三份合同中的协议管辖条款和仲裁条款内容相互矛盾冲突，分别指向不同的主管机关或管辖法院，《有追索权国内保理合同》与两份《采购合同》之间也不存在主从关系，无法根据协议管辖条款或仲裁条款确定案件的主管与管辖。因此，本案不予适用三份合同中的协议管辖条款和仲裁条款。本案应依据《民事诉讼法》第二十三条关于合同纠纷的一般管辖原则确定管辖法院。《民事诉讼法》第二十三条规定："因合同纠纷提起的诉讼，由被告住所地或者合同履行地人民法院管辖。"由于本案存在多个被告，一审被告P信息产业公司和H实业公司住所地法院均有管辖权。某银行钢城支行向被告之一H实业公司住所地法院起诉，不违反地域管辖的规定。H实业公司住所地在湖北省武汉市，案件诉讼标的额超过2亿元，按照本案一审立案时适用的级别管辖规定，案件达到湖北省高级人民法院级别管辖标准，湖北省高级人民法院对案件具有管辖权。

又如在"G保理公司与J炼化设备公司、J机械设备制造公司等其他合同纠纷案”[①]中，法院又以“先立案”作为确定管辖法院的标准。天津市滨海新区人民法院在本案中认为：

> G保理公司先基于承揽合同的债权转让向上海市闵行区人民法院提起诉讼，主张债务人Z机器厂有限公司偿还应收账款，上海市闵行区人民法院受理了上述案件；随后又依据保理合同向天津市滨海新区人民法院提起诉讼，要求J炼化设备公司承担回购义务。两案均以收回保理融资款为主要目的，一并处理更加有利于案件事实的查清。

故于2018年3月7日裁定：本案移送上海市闵行区人民法院处理。2018年11月2日，上海市闵行区人民法院以原、被告签订的合同中均明确约定争议由原告住所地天津市滨海新区人民法院管辖为由，报请上海金融法院指定管辖。

上海金融法院亦认为应当由先立案的法院进行管辖：

> 两个以上人民法院都有管辖权的诉讼，先立案的人民法院不得将案件移送给另一个有管辖权的人民法院；人民法院在立案后发现其他有管辖权的人民法院先立案的，裁定将案件移送给先立案的人民法院。本案中，G保理公司先基于承揽合同的债权转让向上海市闵行区人民法院提起诉讼，主张债务人Z机器厂有限公司偿还应收账款，上海市闵行区人民法院受理了上述案件；随后G保理公司又依据保理合同向天津市滨海新区人民法院提起诉讼，要求J炼化设备公司承担回购义务。上述两案虽案由不同，但基础事实相同，且均以收回保理融资款为目的，可合并审理，故天津市滨海新区人民法院在立案后发现其他有管辖权的法院先立案，以一并处理更加有

① 上海金融法院（2018）沪74民辖4号民事裁定书。

利于案件事实的查清为由，裁定将本案移送至上海市闵行区人民法院并无不妥。

就保理案件的管辖权问题，绝大多数法院在遇到争议时，都会选择以保理合同中的约定为准，但涉及基础交易关系当事人的纠纷案件，从保持债权同一性的法理出发，债权让与不应当使债务人遭受其他利益损失，因而保理人起诉债务人时也应受到基础交易关系中对管辖权约定的限制，除非保理合同对此另有约定且已通知债务人的。

三、《民法典》实施后的主流裁判思路

上述总结的这一裁判规则在《民法典》出台后的系列案件中也得到了验证。目前，法院对于保理合同和基础交易合同之间关系的认识基本保持一致，即保理合同与基础交易合同并非主从合同关系，而是相互独立的两个合同，如在“某煤业公司、某融资担保公司金融借款合同纠纷案”①中，湖南省高级人民法院认为：

本院再审认为，保理合同是指债权人与保理商之间签订的，约定将现在或将来的、基于债权人与债务人订立的销售商品、提供服务、出租资产等基础合同所产生的应收账款债权转让给保理商，由保理商向债权人提供融资、销售分户账管理、应收账款催收、资信调查与评估、信用风险控制及坏账担保等至少一项服务的合同。保理法律关系实质是应收账款债权转让，涉及三方主体和两个合同。债权人与债务人之间的基础合同是成立保理的前提，而债权人与保理商之间的应收账款债权转让则是保理关系的核心。

① 湖南省高级人民法院（2019）湘民再633号民事判决书。

在确定当事人的权利义务方面，应以当事人约定及《合同法》中有关债权转让的规定作为法律依据。债务人收到债权转让通知后，应当按照通知支付应收账款。债务人依据基础合同享有的抵销权及抗辩权，可以对抗保理商，但保理商与债务人另有约定的除外。基础合同的存在是保理合同缔约的前提。但是，二者并非主从合同关系，而是相对独立的两个合同。保理商以保理合同为依据向基础合同债务人主张债权的，并不能以此约束债务人，债务人仍可以此抗辩。保理商与债权人签订的合同名为保理合同，经审查不符合保理合同的构成要件，实为其他法律关系的，应按照实际法律关系处理。有追索权保理是指在应收账款到期无法从债务人处收回时，商业银行可以向债权人反转让应收账款、要求债权人回购应收账款或归还融资。

正是基于对此的统一认识，在“H保理公司与H热力公司等合同纠纷案”[①]中，重庆市高级人民法院即认为保理合同的约定管辖对于基础合同没有约束力，当保理人以应收账款债务人为被告提起诉讼时，如非保理人与债务人另有约定，应以基础合同来确定案件管辖。具体说理如下：

首先，当保理人以应收账款债务人为被告提起诉讼时，如非保理人与债务人另有约定，应以基础合同来确定案件管辖。保理合同关系的实质是应收账款债权转让，基础合同的存在是保理合同缔约的前提。对保理人而言，受让债权也就意味着接受基础合同的约束。在保理人因债权转让取得原基础合同中债权人权利的同时，债务人依据基础合同享有的抵销权及抗辩权，也可以对抗保理人。本案案涉基础合同是H热力公司与汤原县地方税务局某分局、汤原县某局、汤原县某中学等订立的供用热力合同，原审根据该基础合同

① 重庆市高级人民法院（2020）渝民辖终114号民事裁定书。

关系确定管辖法院并无不当。

其次，保理合同的约定管辖条款对基础合同债务人没有约束力。保理人与应收账款债权人签订保理合同，不须基础合同中的债务人参与，只须向债务人发出应收账款转让通知即可。基于此，在保理人将债务人一并作为被告主张权利时，如仍按保理合同关于管辖的约定确定管辖法院，势必影响债务人对管辖地的预期，对其形成管辖突袭，有失公平。就本案而言，尽管H保理公司受让的保理合同有关于管辖法院的约定，但该约定的效力不应及于基础合同债务人。在H保理公司同时将汤原县地方税务局某分局、汤原县某局、汤原县某中学等基础合同债务人作为被告提起诉讼的情况下，依保理合同的管辖约定确定管辖法院，债务人对管辖的预期就无法保障。

而在“T药业公司与T保理公司合同纠纷案”[①]中，重庆市高级人民法院亦认为应收账款债务人可依基础合同所拥有的抗辩以对抗保理人，并以基础合同确定管辖，具体说理如下：

本案系因应收账款债权人S医疗器械公司将其对T药业公司的应收账款转让给保理人B金融公司，保理人B金融公司向S医疗器械公司提供资金融通等服务而产生的合同纠纷。这类合同纠纷属于新类型案件，当事人之间是保理法律关系。《最高人民法院关于当前商事审判工作中的若干具体问题》曾指出“保理法律关系的实质是应收账款债权转让”“基础合同的存在是保理合同缔约的前提。但是，二者并非主从合同关系，而是相对独立的两个合同”“在确定当事人的权利义务方面，法院应当以当事人约定及《合同法》中有关债权转让的规定作为法律依据。债务人收到债权转让通知后，应当按照通知支付应收账款。当然，债务人依据基础合同享有的抵销权及抗辩

① 重庆市高级人民法院（2020）渝民辖终66号民事裁定书。

权，可以对抗保理商，但保理商与债务人另有约定的除外”。故，保理法律关系的实质是应收账款债权转让，基础合同的存在是保理合同缔约的前提。应收账款债务人依据基础合同享有的抗辩权，可以对抗保理人，这种抗辩包括程序上的抗辩。据此，当T保理公司通过诉讼方式向应收账款债务人T药业公司主张权利时，T药业公司对某医疗器材公司享有的管辖异议抗辩权也可对保理人B金融公司以及《保理业务合同》受让人T保理公司主张。

本案T保理公司第一项诉讼请求是基于一系列《购销合同》请求判令T药业公司支付应收账款6100万元及利息；第二项诉讼请求是基于《保理业务合同》请求判令某医疗器材公司对T药业公司的债务在截至2018年7月31日的回购价款47853377.64元及违约金的范围内承担回购责任并支付律师费和实现债权所支出的诉讼保全保函费；本案主要诉讼请求是第一项诉讼请求。T药业公司在与某医疗器材公司签订一系列《购销合同》时，对管辖法院有约定，其对管辖地有预期。T药业公司并未参与《保理业务合同》的签订，该公司也无法预先知晓其与某医疗器材公司签订的一系列《购销合同》会被某医疗器材公司用于保理融资。《保理业务合同》的签订是以一系列《购销合同》的转让为前提，保理人B金融公司在签订《保理业务合同》时是完全知晓一系列《购销合同》，也应完全知晓合同中对管辖的约定。如根据《保理业务合同》确定管辖或违反一系列《购销合同》协议管辖之约定，按照法定管辖确定管辖，会影响应收账款债务人即T药业公司基于一系列《购销合同》对管辖地的正常预期，对其形成管辖突袭，有失公平。

B金融公司的《询证函》上并无关于协议管辖的内容，根据《民事诉讼法》第三十四条之规定，协议管辖需采取书面形式，需当事人达成合意。故，T药业公司在《询证函》上签章，并不代表该公司愿意接受B金融公司与某医疗器材公司签订的《保理业务合同》协议管辖之约束，故《保理业务合同》协议管辖条款对T

药业公司不产生拘束力。

但是，绝大部分法院还是以减少当事人诉累，利于两种法律关系的协调处理为由，将保理人对债权人和对债务人分别提起的诉讼合并审理，并以保理合同为管辖法院的判断基础。例如在“某纺织印染公司、某农村商业银行宁国路支行合同纠纷案”[①]中，安徽省高级人民法院认为：

> 某纺织印染公司对某农村商业银行宁国路支行的抗辩应源于基础交易合同项下的抗辩事由，而某农村商业银行宁国路支行是否对未来应收账款开展保理业务并非基础交易合同关系的抗辩理由，即使某农村商业银行宁国路支行基于未来应收账款开展保理融资业务违反了《商业银行保理业务管理暂行办法》，某纺织印染公司以此作为对某农村商业银行宁国路支行付款请求权的抗辩理由，没有法律依据。
>
> 关于本案管辖是否错误问题。保理业务涉及三方当事人的两个合同法律关系，即作为应收账款基础的买卖合同关系和作为保理融资的借款合同关系。虽然某农村商业银行宁国路支行向某纺织印染公司和R棉业公司主张权利的请求权基础不同，但这两种法律关系都是基于同一棉花购销的事实而产生，分别诉讼势必增加当事人诉累，也不利于两种法律关系的协调处理，故某农村商业银行宁国路支行选择向保理融资合同履行地的合肥市包河区人民法院提起本案诉讼，并不违反法律规定。四、某农村商业银行宁国路友行在开展本案保理业务时是否存在重大过错。某农村商业银行宁国路支行作为保理人，在办理涉案保理业务时审核了《棉花购销合同》及对应的《应收账款转让通知书》《应收账款债务人签收确认》和发票，且《棉花购销合同》《应收账款转让通知书》《应收账款债务人签收

① 安徽省高级人民法院（2020）皖民申2849号民事裁定书。

确认》和发票在内容上相互印证，其中两份《应收账款债务人签收确认》由某纺织印染公司向某农村商业银行宁国路支行和R棉业公司发出，某纺织印染公司明确表示R棉业公司已经履行了涉案《棉花购销合同》项下的主要义务，应当认定某农村商业银行宁国路支行对涉案应收货款尽到了审慎的审查义务，在开展涉案保理业务时并无过错。

这一做法在《民法典》颁布后，因其不仅减少了当事人的诉累，同时亦有利于法院进行法律关系上的协调，为绝大多数法院所采纳。

第三章

有追索权保理人请求权的行使方式

较无追索权保理而言，保理人可否向债务人请求其支付应收账款的同时，亦向原债权人行使追索权，是有追索权保理业务中所特有的一类纠纷。这一问题，实务中的观点并不一致。

此类分歧源于实务中对有追索权保理性质认定并不相同，特别是对追索权的定性相异，因而问题也就转化为追索权的法律性质究竟为何？《民法典》第七百六十六条对有追索权保理进行了界定，规定“当事人约定有追索权保理的，保理人可以向应收账款债权人主张返还保理融资款本息或者回购应收账款债权，也可以向应收账款债务人主张应收账款债权。保理人向应收账款债务人主张应收账款债权，在扣除保理融资款本息和相关费用后有剩余的，剩余部分应当返还给应收账款债权人”。

一、追索权的主流性质认定

1.追索权是回购权

实践中，有法院认为追索权即为回购权，一旦保理人行使此权利，即丧失对债务人所享有的应收账款债权，该应收账款的债权人即刻回归为原债权人。对此最为典型的案例即“某银行与某电力燃料公司合同纠纷案”[①]。本案中，在某银行就案涉保理融资款项已经通过另案向D公司主张权利的情况下，其能否就案涉保理融资债权继续向燃料公司主张权利，各方当事人存在争议。

某银行主张，其既可以向D公司追索，也可以向次债务人燃料公司求偿，对一方当事人的权利追索，并不影响对另一方当事人的权利主张。

燃料公司和D公司则认为，某银行在另案中主张权利的行为，已经将案

① 江西省高级人民法院（2016）赣民终325号民事判决书。

涉应收账款反转让至D公司，其无权再行向燃料公司主张权利。

审理该案件的一审法院认为：

> 关于应收账款反转让问题。原告某银行与第三人D公司签订的《国内保理业务合同》约定，双方之间的保理业务类型系有追索权的明保理融资。即当本案债权无法实现时，原告某银行既可选择向本案被告燃料公司主张应收账款债权，也可选择将应收账款反转让至第三人D公司。鉴于原告某银行已选择向第三人D公司主张返还保理融资款，且该救济措施已经珠海中院（2015）珠中法民二初字第21号民事判决得到了实现。换言之，原告某银行已经选择了将上述债权反转让给第三人D公司而放弃了对被告燃料公司的应收账款债权，故当原告某银行选择将应收账款反转至第三人D公司时，其不再享有对被告燃料公司的应收账款债权。因此，原告某银行在本案中向被告燃料公司主张应收款债权，于法无据，不予支持。

而后某银行不服一审判决提起上诉，但二审法院也认为：

> 保理是以债权人转让其应收账款为前提，集应收账款催收、管理、坏账担保及融资于一体的综合性金融服务。有追索权保理，是指在应收账款到期无法从债务人处收回时，银行可以向债权人反转让应收账款，或要求债权人回购应收账款或归还融资。本案中，某银行以其与D公司签订的《国内保理业务合同》为依据提起本案诉讼，主张燃料公司向其支付应付账款及利息。根据双方签订的《国内保理业务合同》的约定可知本案所涉保理业务属于有追索权的明保理，在有追索权保理业务中，保理银行对应收账款转让方享有追索权，即在应收账款到期后不能收回保理融资款的，其有权依据保理合同约定选择向应收账款债权人或债务人主张权利，应收账款债权人或债务人一方对保理银行履行义务，则另一方免除相应的清偿

责任。对于某银行而言，本案所涉的保理业务，实质上仅产生了一笔债权，某银行有权选择是基于《应收账款转让通知书》与《应收账款转让确认书》而产生的债权转让关系，以债权人身份起诉要求应收账款债务人燃料公司支付应收账款项下的款项，还是根据保理合同所约定的回购（反转让）条件，要求应收账款转让方D公司履行合同义务，承担归还保理融资款项及利息的责任。经查，上诉人某银行于2014年11月17日已向广东省珠海市香洲区人民法院起诉了D公司，要求判令D公司向其偿还保理融资款及利息，该案因诉讼标的原因，由广东省珠海市中级人民法院进行审理，并已经做出（2015）珠中法民二初字第21号民事判决书，支持了某银行的诉讼请求，该判决已经生效。在D公司进入破产清算后，该行亦向破产管理人申报了债权。因此，某银行对该笔债权实际已经通过向D公司主张归还保理融资款项及利息的方式行使了诉权且该诉权已得到广东法院的判决支持。现某银行又向原审法院起诉，要求燃料公司向其支付应付账款及利息的诉讼请求于法无据，原审法院认定该行不再享有对被告燃料公司的应收账款债权，对其诉求不予支持正确，应予以维持。

2. 追索权是担保权

某银行因不服江西省高级人民法院（2016）赣民终325号民事判决，遂向最高人民法院申请再审。最高人民法院认为，对这一问题的评判，关键在于厘清某银行对燃料公司的求偿权和对D公司所享有的债权反转让和追索权等合同权利的法律性质，以及前述权利依其法律性质能否同时并存，就此案件而言具体如下[①]：

---

① 参见《[三巡典型案例]次债务人不得以债权瑕疵为由对抗善意保理商》，载最高人民法院网站，https://www.court.gov.cn/xunhui3/xiangqing/66132.html，最后访问时间：2023年11月9日。

本院认为，根据《国内保理业务合同》的约定，本案保理业务属于某银行不承担买方信用风险担保的有追索权的明保理，在某银行的债权不能获得清偿时，某银行除有权以债权受让人身份要求应收账款债务人燃料公司清偿债务外，还有权向D公司行使追索权和反转让应收账款的权利。具言之，某银行对燃料公司享有求偿权是基于债权转让合同的约定，其因受让债权而取代D公司成为燃料公司的债权人；对D公司享有反转让和追索权是基于其和D公司之间的借款合同法律关系……关于某银行对D公司的反转让应收账款的权利与对燃料公司的求偿权能否并存的问题。关于应收账款的反转让，案涉《国内保理业务合同》第二条第十八项约定了两种类型：在合同所约定的特定情形下，某银行向D公司转回已经受让的应收账款；如某银行提供保理融资的情况下，D公司向其支付保理融资款及相关未结清费用后，与该应收账款有关的一切权利亦应同时转让回D公司。关于特定情形下的反转让，该合同第三十八条和第三十九条约定：出现基础合同发生商业纠纷，但基础合同双方当事人未向某银行提交商业纠纷处理意见等情形的，某银行可以向D公司发出《应收账款反转让通知书》，同时要求D公司向某银行支付保理融资款及相关未结清费用；在某银行要求反转让的情况下，D公司应按照《应收账款反转让通知书》的要求向某银行支付本息和费用，未及时足额支付的，某银行有权从D公司账户中主动扣款或采用其他办法强行收回有关款项。根据上述约定，保理商向债权出让方反转让债权的法律效果依法应当认定为解除债权转让合同，将债权返还给出让人，故应收账款的反转让应受《合同法》总则中关于合同解除的相关规定的调整。案涉《国内保理业务合同》中关于D公司归还了保理融资款及相关未结清费用后，与该应收账款有关的一切权利亦应同时转回，以及发生燃料公司不履行偿还义务等情形某银行有权通知D公司反转让债权的约定，应当解释为案涉债权转让合同的约定解除条件。因此，在合同约定的解除条件成就的情况下，如果某银行向D公司反转让债权，因债权转让合同解除后其已不再具有燃料公司的债权人身份，其要求燃料公司清偿债务的权利基础已不存在，故该项权利与其对燃料公司的求偿权在法律性质上不能同时并存。据此，某银行在本案中要求燃料公司清偿债务的诉讼请求能否得到支持，取决于其另案提起的诉讼是否应当认定为已经行使了解除债权转让合同的权利，将债权返还给D公司。

本案中，某银行在为D公司申请开具的承兑汇票垫款后，于2014年4月25日、6月24日向燃料公司催收应收账款人民币46115344.70元及利息。后因燃料公司未向某银行清偿债务，某银行以D公司、燃料公司、某能源公司、李某、李某洁为共同被告，向法院提起诉讼，要求其偿还保理融资款人民币3680万元及其利息，后因燃料公司提出管辖权异议上诉，法院驳回某银行对燃料公司的起诉，由该院对某银行诉D公司、某能源公司、李某、李某洁金融借款合同纠纷一案进行审理。在该案审理期间，某银行于2015年4月向一审法院提起本案诉讼。2015年11月20日，广东省珠海市中级人民法院作出民事判决，判令D公司向某银行偿还保理融资款本金人民币3680万元及利息，某能源公司、李某、李某洁对上述还款义务承担连带清偿责任。在某银行主张权利的过程中，并无书面文件证明其表达过向D公司反转让债权的意思。而且，从某银行所实施的系列诉讼行为的实际情况来看，其真实意思是坚持要求燃料公司和D公司同时承担债务，核心诉求是要求D公司与燃料公司共同归还所欠借款，始终没有包含向D公司归还债权的意思表示。故本院认定，某银行在另案诉讼中所主张的权利，在性质上属于要求D公司归还借款的追索权，并非债权的反转让。燃料公司关于某银行已经将案涉应收账款反转让给D公司的诉讼理由，并无相应的事实依据，本院不予采信。原审判决关于某银行对该笔债权实际已经通过向D公司行使诉权、其已经不再享有对燃料公司的应收账款债权的认定，并不符合本案的实际情况，设若某银行的真实意思是解除债权转让合同，其不会再坚持提起本案诉讼主张其已经不再拥有的权利，本院对该认定予以纠正。

可见，最高人民法院认为，保理合同中有关反转让债权的约定是对案涉债权转让合同的约定解除条件，此种债权的反转让与要求原债权人归还保理融资款的追索权并非同种权利。就债权的反转让而言是不可与对债务人的债权请求权同时主张的。但是对于追索权是否可与应收账款债权请求权同时主张，最高人民法院又以“间接给付说”在上述案件中进行了释明：

关于某银行向燃料公司的求偿权和向D公司追索权能否同时并存的问题。大陆法系的通说认为，有追索权的保理业务所包含的债权转让合同的法律性质并非纯正的债权让与，而应认定为是具有担保债务履行功能的间接给付契约。间接给付，学说上又称为新债清偿、新债抵旧，或为清偿之给付。根据民法基本原理，间接给付作为债务清偿的方法之一，是指为清偿债务而以他种给付代替原定给付的清偿，并不具有消灭原有债务的效力，在新债务履行前，原债务并不消灭，只有当新债务履行且债权人的原债权因此得以实现后，原债务才同时消灭。从司法实践中的情况来看，对保理商有追索权的保理业务中，在债权未获清偿的情况下，保理商不仅有权请求基础合同的债务人向其清偿债务，同时有权向基础合同债权的让与人追索这一问题，并无分歧认识，但在原有债务和受让债权的数额不一致的情况下应当如何确定清偿义务范围和顺序，还没有先例判决可以遵循。案涉《国内保理业务合同》第四十条约定：如发生买方/债务人明确表示或以自己行为表明将拒绝支付全部或部分的应收账款等情形的，某银行有权立即向D公司追索尚未收回的应收账款，有权从D公司在某银行开立的账户上扣收其应付给某银行的款项。根据双方在《国内保理业务合同》中的约定和间接给付的法理，某银行本应先向燃料公司求偿，在未获清偿时，才能够向D公司主张权利，追索权的功能相当于D公司为燃料公司的债务清偿能力提供了担保，这一担保的功能与放弃先诉抗辩权的一般保证相当。参照《担保法》关于一般保证的法律规定，燃料公司应当就其所负债务承担第一顺位的清偿责任，对其不能清偿的部分，由D公司承担补充赔偿责任。就这一法律问题，广东省珠海市中级人民法院另案中作出的（2015）珠中法立民终字第62号民事裁定书的认定并不正确，导致当事人因同一事件所引发的纠纷不能通过一个诉讼程序加以解决，本应予以纠正，但考虑到某银行的实体权利能够在本案中得到救济，本院不再通过审判监督程序对该院的相关裁判予以纠正。因某银行对D公司债权并未得到实际清偿，故其虽然通过另案向D公司行使了追索权，但仍然有权就未获清偿的部分向燃料公司主张，故本院对某银行在本案中的诉讼主张，予以支持。但在燃料公司应当承担的清偿义务范围方面，揆诸间接给付的基本法理，因某银行并不承担该应收账款不能收回的商业风险，其受让D公司对燃料公司所享有的债权，目的是清偿D公司对其所欠的债务，某银行实际向D公司发放的借款本金为3680万元，故某银行在本案中对燃料公司所能主张的权利范围，依法应当限缩至3680万元借款本金及其利息的范围之内。同时，某银行基于该笔贷款受让了对燃料公司的4611万余元的应收账款，其对燃料公司清偿债务的信赖利益仅为应收账款本金46115344.7元及其利息，这一信赖利益范围也应当成为燃料公司对其承担责任的最高上限，故燃料公司向某银行清偿该3680万元本金的利息的实际数额，不能超过该46115344.7元本金及相应利息……二审判决关于在有追索权保理业务中，保理银行对应收账款转让方享有追索权，其有权依据保理合同约定选择向应收账款债权人或债务人主张权利，应收账款债权人或债务人一方对保理银行履行义务，则另一方免除相应的清偿责任的认定正确，本院予以确认。[①]

在该案中，一审和二审的法院将追索权的性质认定为是对应收账款的回购权，也即行使追索权相当于进行了债权的反转让，而再审的最高人民法院则将追索权认定为是原债权人对债务人偿还应收账款所设的一种担保，这一担保相当于放弃先诉抗辩权的一般保证，因而产生了不同意见。

二、最高人民法院对追索权认定时的不同观点

但就最高人民法院自身而言，其在不同案件中所体现的对该追索权性质的认定也并不相同。

1. 回购权性质

如在“某银行长沙分行、Z公司合同纠纷案”[②]中，某银行长沙分行申请再审称：

> 本案事实符合《天津市高级人民法院关于审理保理合同纠纷案件若干问题的审判委员会纪要（二）》所述情形，某银行长沙分行有权向Z公司主张债权。最高人民法院尚未对保理合同纠纷作出统一司法解释，天津市高级人民法院于2015年8月发布上述纪要，可以作为本案参考。前述纪要关于“保理商的权利救济”条款规定：“债务人未依约支付全部应收账款时，保理商提出下列主张的，应予支持：（1）应收账款债权转让通知已经送达债务人的，保理商要求债务人支付全部应收账款。（2）债权转让通知没有送达债务人的，

① 参见《［三巡典型案例］次债务人不得以债权瑕疵为由对抗善意保理商》，载最高人民法院网站，https://www.court.gov.cn/xunhui3/xiangqing/66132.html，最后访问时间：2023年11月9日。

② 最高人民法院（2017）最高法民申132号民事裁定书。

保理商要求债权人积极向债务人主张全部应收账款，并按保理合同约定将相应款项给付保理商。（3）债权人负有回购义务的，保理商要求债权人返还保理融资本息并支付相关费用。（4）债权人的回购义务履行完毕前，保理商依据保理合同及债权转让通知要求债务人付款或者收取债务人支付的应收账款。债权人履行回购义务后，保理商应将应收账款及其项下的权利返还债权人，债权人取得基础合同项下对债务人的相应债权，保理商不得再向债务人主张还款。前述所称回购义务是指债权人向保理商转让应收账款后，当发生保理合同约定的情形时，债权人应依约从保理商处购回所转让的应收账款债权。债务人依约支付全部应收账款的，保理商在扣除保理融资本息及相关费用后，应将保理回款的余款返还债权人。”本案事实符合前述纪要之规定，W公司至今没有履行回购义务，某银行长沙分行至今没有收到W公司的回购款；Z公司至今没有向W公司或者某银行长沙分行支付应付账款；W公司出具的承诺函及之后某银行长沙分行的诉讼行为及判决书，均不能推定某银行长沙分行放弃了对Z公司的债权，只能说明某银行长沙分行同意W公司对原转让债权进行回购。在W公司没有履行回购义务即付清回购款项前，某银行长沙分行向Z公司要求支付应收账款是完全正当的。

但最高人民法院在该案中对追索权的认定却与“某银行与某电力燃料公司合同纠纷案”中的认定背道而驰，其认为：

根据《保理协议书》《保理融资申请书》的约定，本案为买断性保理，某银行长沙分行受让W公司对Z公司的应收账款债权，某银行长沙分行成为Z公司的债权人。此后，W公司向某银行长沙分行出具《承诺函》，承诺如Z公司没有在融资到期日内足额履行付款义务，则由W公司对《保理协议书》项下转让给某银行长沙分行的对Z公司的应收账款承担回购责任，其回购的标的仍是该应收账款债权。所以，某银行长沙分行无论是向Z公司请求债务清偿，还是向W公司请求回购，均是基于同一笔应收账款债权，在当事人没有另行约定的情形下，某银行长沙分行只能择一主张。根据已查明事实，某银行长沙分行已经在另案中请求W公司就该应收账款债权承担回购责任，另案生效判决已经支持了其诉讼请求，在此情形下，某银行长沙分行对Z公司不再享有该笔应收账款债权，故某银行长沙分行又在本案中诉请Z公司清偿债务缺乏请求权基础，一、二审判决驳回其诉讼请求并无不当。

因而，追索权在此案中于最高人民法院看来实为回购应收账款的权利，不得与应收账款请求权同时主张。

2.合同约定之权利

又如在“Z架业公司、某银行镇江新区支行金融借款合同纠纷案”[①]中，Z架业公司申请再审称：

某银行镇江新区支行与M公司签订的《国内保理业务合同》属有追索权的保理业务，依据该合同第一条对有追索权的保理业务的定义看，当Z架业公司未在约定期限内向某银行镇江新区支行足额偿付应收账款时，某银行镇江新区支行可依据债权转让法律关系向Z架业公司主张偿付应收账款，也可依据金融借款合同法律关系向M公司主张追索权，但某银行镇江新区支行不享有同时向Z架业公司和M公司主张债权的权利。

但最高人民法院一反“对追索权进行性质认定”的常态，直接以“合同约定的权利”为理由，对此作出裁定：

① 最高人民法院（2017）最高法民申1222号民事裁定书。

> 根据原审查明的事实，本案中，某银行镇江新区支行与M公司签订了有追索权的《国内保理业务合同》，该合同第一条有关用语定义中约定，有追索权保理业务系指M公司将其因向购货方销售商品、提供服务或其他原因所产生的应收账款转让给某银行镇江新区支行，由某银行镇江新区支行为M公司提供应收账款融资及相关的国内保理服务，若购货方在约定期限内不能足额偿付应收账款，某银行镇江新区支行有权按照本合同约定向M公司追索未偿融资款。根据以上事实，本院认为，本案《国内保理业务合同》为双方当事人真实意思表示，合同内容不违反法律和行政法规的禁止性规定，原审判决认定该合同有效正确。

3.担保权性质

与“某银行与某电力燃料公司合同纠纷案”判决理由一致的是，最高人民法院在“某银行乌鲁木齐钢城支行与Z物资公司、C金属公司合同纠纷案”[①]中，也将追索权认定为是具有担保功能的与放弃先诉抗辩权的一般保证相当的权利，具体说理如下：

> 本案中，就某银行乌鲁木齐钢城支行能否就涉案保理融资债权同时向Z物资公司和C金属公司主张权利，各方当事人存在争议。某银行乌鲁木齐钢城支行主张，其向Z物资公司主张求偿权和向C金属公司主张回购权是两项并存的权利，没有先后顺序之分。Z物资公司主张，涉案融资款的实际使用人是C金属公司指定的收款人，C金属公司在2013年8月29日也承诺由其按期足额归还融资本息，某银行乌鲁木齐钢城支行只能向C金属公司主张返还该笔款项，而不能向Z物资公司主张。C金属公司则认为，某银行乌鲁木齐钢城支行应当以Z物资公司的还款作为第一还款来源，只有在通过法律

① 最高人民法院（2014）民二终字第271号民事判决书。

诉讼程序无法从Z物资公司得到还款，才可以要求C金属公司承担还款义务，某银行乌鲁木齐钢城支行不能同时向Z物资公司和C金属公司主张权利。本院认为，涉案《保理业务合同》第七条和第八条约定：如果发生Z物资公司不付款或付款金额不足等违约行为，某银行乌鲁木齐钢城支行有权通知C金属公司回购涉案应收账款债权，若发生C金属公司应回购而未予回购的事宜，某银行乌鲁木齐钢城支行有权行使抵销权和追索权，从C金属公司账户中直接扣划应予回购的款项或对其所欠款项予以追索；某银行乌鲁木齐钢城支行向Z物资公司行使求偿权不影响C金属公司的回购义务，但如果某银行乌鲁木齐钢城支行已从Z物资公司处获得部分或全部货款，C金属公司的回购金额亦随之降低，如产生保理余款，某银行乌鲁木齐钢城支行应及时将保理余款支付给C金属公司。根据上述约定，在Z物资公司不履行债务的情况下，某银行乌鲁木齐钢城支行对Z物资公司享有要求其清偿债务的求偿权，对C金属公司享有抵销权和追索权，并有权要求C金属公司回购涉案债权。从本案的实际情况来看，在保理业务合同约定的还款期限届至前，因Z物资公司未向某银行乌鲁木齐钢城支行清偿债务，某银行乌鲁木齐钢城支行于2013年8月23日向C金属公司发出提示归还到期融资通知书，要求C金属公司抓紧筹措资金，确保于2013年9月11日借款到期日归还融资本息。在C金属公司并未依约履行还款义务的情况下，某银行乌鲁木齐钢城支行于2013年9月11日和21日从C金属公司的银行账户中扣划4537.65元、3.67元用于归还保理融资，系依合同约定行使抵销权。此后，某银行乌鲁木齐钢城支行又于2013年10月23日向C金属公司发函，要求C金属公司立即履行回购应收账款或偿付保理融资的义务。在Z物资公司和C金属公司均未依约履行义务的情况下，某银行乌鲁木齐钢城支行提起本案诉讼，要求Z物资公司向其支付应收账款，同时要求C金属公司对上述应收账款承担回购义务并承担逾期利息。从某银行乌鲁木齐钢城支行所实施的系列行为的真实意思来看，其核心诉求是要求Z物资公司和C金属公司同时承担债务，共同归还所欠借款，故应认定某银行乌鲁木齐钢城支行在本案诉讼中所称的“回购权”实际上属于追索权。在有追索权保理业务的框架之下，当债务人Z物资公司不偿付债务时，某银行乌鲁木齐钢城支行并不承担该应收账款不能收回的坏账风险，追索权的制度设计相当于由C金属公司为Z物资公司的债务清偿能力提供了担保，其功能与放弃先诉抗辩权的一般保证相当。故一审判决关于C金属公司应当在149995458.68元范围内对Z物资公司所应承担的债务承担回购责任的认定，不仅符合《保理业务合同》的约定，亦不违反法律、行政法规的强制性规定，本院予以维持。上诉人Z物资公司关于某银行乌鲁木齐钢城支行只能向C金属公司主张权利的上诉理由和C金属公司关于某银行乌鲁木齐钢城支行只能择一主张权利的抗辩理由均不能成立，本院均不予支持。

4. 多重性质论

在“某物流公司、某银行重庆分行合同纠纷案”[①]中最高人民法院认为，有追索权即为“在应收账款到期无法从债务人处收回时，商业银行可以向债权人（让与人）反转让应收账款，或者要求债权人回购应收账款，或者要求债权人归还融资”。如此一来，追索权既可为回购应收账款（债权反转让）的性质，又可为偿还融资款项的性质。而在具体案件中，还应以当事人的行为来判断其欲行使的追索权究竟是何性质：

因本案某银行重庆分行与某商贸公司之间的保理业务为有追索权的保理融资业务。根据《商业银行保理业务管理暂行办法》的相关规定以及当事人之间保理业务合同的有关约定，有追索权保理在应收账款到期无法从债务人处收回时，商业银行可以向债权

① 最高人民法院（2018）最高法民终31号民事判决书。

人（让与人）反转让应收账款，或者要求债权人回购应收账款，或者要求债权人归还融资。就本案而言，因某物流公司的抗辩理由成立，出现了某银行重庆分行无法从某物流公司处收回应收账款的情形，某银行重庆分行可依规依约向债权人某商贸公司主张反转让应收账款，要求其回购应收账款或者归还融资。某银行重庆分行在提起本案诉讼时，向某商贸公司主张归还借款30007559.8元；同时主张某物流公司支付某银行重庆分行应收账款41131314.18元，某商贸公司在某物流公司不能支付的范围内承担赔偿责任。某银行重庆分行的该诉讼行为，可以理解为其同时向债权人某商贸公司主张归还融资。在某物流公司行使抗辩权成立的前提下，可以将某银行重庆分行的诉讼请求解释为其向某商贸公司提出了归还借款本金总计71138873.98元的诉讼请求。根据一审查明事实，某商贸公司尚欠某银行重庆分行借款本金为70933831.19元。故某商贸公司应在尚欠的借款本金范围内向某银行重庆分行偿还借款本金70933831.19元。

三、追索权的其他性质认定

实践中，除开上述所列的主流性质认定外，亦有不少地方法院结合案件详情，特别是当事人之间对追索权的合同约定，对其有不同的看法。

1.补充回购性质

在“某银行杭州保俶支行与某贸易公司、高某龙等金融借款合同纠纷案”[①]中，被告答辩称：

---

① 浙江省杭州市西湖区人民法院（2012）杭西商初字第751号民事判决书。

本案案由为金额借款合同纠纷，原告明确要求某贸易公司归还保理融资款，而R公司只承担支付货款的义务，原告不能在一个诉讼中要求R公司承担两种法律义务，保理合同中是原告发放给某贸易公司融资款，某贸易公司与R公司因买卖合同产生了应收账款，对R公司而言，是因买卖合同产生的货款，而不是融资款，若原告要求R公司归还融资款，则R公司没有任何义务支付融资款，R公司既不是借款人也不是担保人，与原告没有任何法律上的权利义务关系，请求法院驳回原告对R公司的诉讼请求。

杭州市西湖区人民法院认为，根据有追索权保理合同的约定，原债权人对债务人不能清偿部分应承担赔偿责任：

原告已按《国内保理业务合同》约定向被告某贸易公司发放了保理融资款450万元，被告某贸易公司应根据《国内保理业务合同》的约定进行催收，督促被告R公司及时将应收账款存入保理账户用以归还原告的应收账款债权。但保理期届满后，R公司未履行偿付应收账款的义务，虽原告系在保理合同到期后即2012年1月29日才向被告R公司发出《应收账款债权转让通知书》，但此情形并不影响被告R公司依照法律规定及合同约定所应承担的偿付应收账款的义务。由于《国内保理业务合同》中约定被告某贸易公司对被告R公司的应收账款金额为4548180元，故R公司仅应在该4548180元范围内向原告承担偿付应收账款的义务，对超出该数额范围部分则由被告某贸易公司自行承担偿还责任。根据《国内保理业务合同》的约定，某贸易公司向原告申请办理的是有追索权的国内保理业务，也即若R公司在约定期限内不能足额偿付应收账款，原告有权按照合同约定向某贸易公司追索未偿融资款，故被告某贸易公司应对被告R公司上述债务不能清偿部分承担赔偿责任。

与此相似的判决意见还可见于“S管材公司、某银行天津和平支行合同纠纷案”[1]，其中一审法院认为：

某银行天津和平支行与K公司所签订的《综合授信合同》及《有追索权保理额度主合同》，与Q特种钢铁公司、薄某栋、陈某起签订的《最高额保证合同》，薄某华、兰某芬向某银行天津和平支行出具的《同意保证担保承诺书》，S管材公司向原告出具的《应收账款债权转让通知书》回执，是各方真实意思表示，不违反法律、行政法规的相关规定，应认定有效。某银行天津和平支行依约向K公司全额支付了保理融资款，受让了K公司对S管材公司所享有的应收账款债权37972500元。但保理期满后，S管材公司未依约履行还债义务，理应对尚欠债务本金37972500元及相应利息承担偿还责任。另外，某银行天津和平支行与K公司所签订的《有追索权保理额度主合同》，系双方当事人遵循意思自治的原则订立，双方当事人应严格按照合同约定享有权利并履行义务。该合同不仅约定了债权转移的内容，而且对K公司的回购责任及偿还责任做出相关的约定。该合同约定，某银行天津和平支行向K公司提供的保理额度是有追索权的，若某银行天津和平支行未能于到期日足额收到S管材公司支付的买受账款，或合同规定的相应情形发生，某银行天津和平支行有权向K公司行使追索权，即对K公司和S管材公司可以同时行使追索权。合同对K公司承担义务的条件和责任亦做出明确约定，即无论何种原因，如果某银行天津和平支行受让的买受账款债权未能于到期日获得S管材公司的足额清偿，某银行天津和平支行即有权要求K公司立即直接向某银行天津和平支行对未按时受偿的应收账款债权承担回购责任，回购金额包括但不限于买受账款账面金额、违约金、损害赔偿金、补偿金、利息（包括逾期利息、罚

[1] 天津市高级人民法院（2014）津高民二终字第0092号民事判决书。

息和复利等）及实现债权的费用。因此，K公司应依照合同约定在收购款37972500元及逾期利息的范围内对S管材公司的上述到期债务承担回购责任。

该类判决均认为追索权是在债务人未进行应收账款债务清偿时，保理人享有的向债权人进行补充回购的权利，因而保理人可以向债务人提起债务清偿请求权时同时向保理人提起追索权，并在债务人无法偿还债务的范围内由原债权人承担回购责任。

2.反转让性质

在“R保理公司、Z建设工程公司与D贸易公司合同纠纷案”[①]中，上海市第二中级人民法院认为追索权即保理人向原债权人反转让债权，但需要满足实质与形式要件，否则不构成反转让，保理商仍有权向债务人追偿涉案的应收账款：

上诉人Z公司认为，根据《补充协议》，自2016年10月31日起D贸易公司负有返还保理款的义务，且已实际履行1000余万元，表明D贸易公司与R保理公司在合同约定和履行事实上已达成应收账款反转让的合意。本院认为，首先，《保理合同》第1.15条关于“反转让”的定义为：“指发生本合同第5.1条规定的情形时，乙方（即R保理公司，下同）将已受让、未受偿的受核准应收账款部分或全部转回给甲方（即D贸易公司，下同）的行为……”第5.1条约定：“发生下列任一情形时，乙方有权（但无义务）向甲方发送《应收账款反转让通知书》（详见附件四），将受核准应收账款（包括到期的或尚未到期的）全部或部分反转让给甲方……”根据该两项条款，应收账款是否发生反转让取决于R保理公司，形式上需由R保理公司向D贸易公司发送《应收账款反转让通知书》，本案并不符合应

① 上海市第二中级人民法院（2018）沪02民终289号民事判决书。

收账款反转让的形式条件。其次,《保理合同》第5.2.2条约定:"甲方足额退还保理预付款并结清保理预付款利息及其他钱款之日,相应受核准应收账款反转让成立,与该应收账款有关的一切权利自该日起由乙方转回甲方,受核准应收账款反转让成立之前,乙方有权(但无义务)向债务人追偿受核准应收账款。"本案中,D贸易公司并未足额退还保理预付款并结清利息及其他钱款,根据前述约定,本案亦不符合应收账款反转让成立的实质要件,R保理公司仍有权向Z公司追偿涉案应收账款。最后,《补充协议》约定:若《保理合同》项下买方企业(即Z公司)未能于2016年10月31日前足额支付上述保理融资对应应收账款,则D贸易公司保证按照还款计划偿还保理融资本金余额及对应利息。该条款系R保理公司与D贸易公司之间达成的《保理合同》项下D贸易公司对于保理融资本息承担保证还款义务的约定,其并未免除Z公司按照《应收账款转让通知书》及《回执》内容向R保理公司支付基础交易合同项下应收账款的义务。综上,Z公司关于涉案保理已事实上构成应收账款反转让的主张,无合同及法律依据,本院不予采纳,R保理公司对Z公司享有涉案应收账款的追索权。

3. 质押性质

比起上述将追索权认定为担保性质的权利的法院而言,贵州省高级人民法院在"Y商贸公司与某银行贵阳分行、N贸易公司、简某刚、杨某平保理业务合同纠纷案"[①]中,对追索权的认定更为大胆,其认为"追索回购权即是对转让债权设定的质押",具体说理如下:

上诉人Y商贸公司主张某银行贵阳分行与N贸易公司之间的保理业务并不成立,双方只形成质押关系,N贸易公司在某银行贵阳

① 贵州省高级人民法院(2015)黔高民商终字第17号民事判决书。

分行所欠的债务已经结清，因此某银行贵阳分行对Y商贸公司不享有债权。根据某银行贵阳分行与N贸易公司签订的《国内保理业务合同（有追索权）》，该合同名称已界定为有追索权的保理业务合同，且合同签订后，某银行贵阳分行已于2013年8月21日向N贸易公司发放了3000万元贷款。保理业务合同约定某银行贵阳分行向N贸易公司提供最高金额不超过3000万元的应收账款转让额度，转让的应收账款系N贸易公司与Y商贸公司《2013年煤炭买卖（购销）合同》和《2013年煤炭买卖合同（购销）合同补充协议》项下的应收账款债权3000万元，以及在交易债权的全部或部分在预计到期日未获清偿或未获全部清偿时，乙方某银行贵阳分行享有对甲方N贸易公司的一切追索权利，即乙方有权要求甲方（N贸易公司）对销售合同项下已转让的交易债权中未获清偿部分进行回购，同时乙方亦有权要求债务人Y商贸公司履行债务。因此，某银行贵阳分行与N贸易公司之间的债权转让已经形成，并已告知了债务人Y商贸公司，Y商贸公司应向新的债权人某银行贵阳分行履行债务。同时根据合同约定某银行贵阳分行享有对N贸易公司的一切追索权利，即在销售合同到期之日未获清偿时，其有权要求债务人Y商贸公司履行债务，也有权要求N贸易公司对销售合同项下已转让的交易债权中未获清偿部分进行回购，其追索回购权即是对转让债权设定的质押。故某银行根据合同约定既可以选择请求Y商贸公司承担3000万元债务，而当债务未受清偿时其也可以选择向债权转让人N贸易公司请求回购，Y商贸公司的上诉理由无事实依据，本院不予采纳。因某银行贵阳分行只主张Y商贸公司承担本金3000万元的责任，由N贸易公司承担相应利息，并无不当，且利息及罚息的计算符合双方合同约定，也未违反法律规定的范围，一审判决Y商贸公司承担偿还本金、N贸易公司承担相应利息罚息的处理正确，但应将判项进行划分，故本院予以纠正。同时若Y商贸公司并未履行债务，则N贸易公司应承担回购债权责任。

4. 归还融资本息性质

在一部分判决中，法院绕过了对追索权的性质进行界定，直接对追索权和债务请求权可否同时主张进行了裁判，如在“某银行高新区支行与G国际贸易公司、黄某等金融借款合同纠纷案”[①]中，宁波市鄞州区人民法院认为：

> 在债权受让后，原告依约向被告G国际贸易公司支付了保理预付款，按照《保理合同》的约定，当原告受让的应收账款因任何原因不能按时足额收回时，原告均有权要求被告G国际贸易公司偿付保理预付款本息及全部应付未付款项，并承担原告为实现债权而支出的费用，且原告向被告Z公司追索不影响、削弱原告向被告G国际贸易公司追索的权利，原告有权同时向被告G国际贸易公司与被告Z公司进行追索，故被告Z公司应当在应收账款14351040元范围内对保理预付款本金1000万元承担偿付责任并赔偿相应利息损失，被告G国际贸易公司应对被告Z公司未能清偿的债务承担付款责任。

但从其裁判理由中可以看出，其对追索权的认定是以归还保理预付款本息，也即融资款本息而言展开讨论的，因而实则是将追索权确认为归还融资本息性质的一种请求权。

四、有追索权保理合同性质的界定

正因对追索权性质界定的不同，在确定有追索权保理人的权利该如何行使的过程中，也有些许法院会绕过对追索权性质的判断，而直接对有追索权保理合同的性质做出界定。但对于涉及追索权的保理合同到底是何种性质，亦是众说纷纭。

---

① 浙江省宁波市鄞州区人民法院（2015）甬鄞商初字第429号民事判决书。

1. 双重性质说

在“某保理公司等与Z公司等合同纠纷案”[①]中，上海市高级人民法院认为，有追索权保理的合同同时含有两类合同的双重属性：当保理人向债权人进行追索要求回购时，保理合同的性质应为借款合同；而当保理人向债务人进行追偿时，保理合同的性质则为债权买卖合同。其在判决书中，说理如下：

> 系争《国内保理业务合同（有追索）》主要约定了两个方向相反的交易。第一部分是应收账款的转让，即Z公司将其对Z房地产开发公司的债权转让给某保理公司，某保理公司支付Z公司转让款。当Z房地产开发公司未履行债务时，某保理公司有权向Z公司追索未足额清偿的债权。第二部分是，当Z房地产开发公司出现拒绝付款、Z公司停业等合同约定的情形时，某保理公司有权要求Z公司向其购买前述应收账款。上述两次转让的标的物都是Z公司对Z房地产开发公司的应收账款，一方出让，另一方受让，资金是作为转让标的物的对价，只是交易方向相反。上述交易的实质究竟属于真实的买卖（债权转让），还是以买卖方式移转标的物（债权），而以价金名义通融金钱，需综合考量如下因素：一是标的物（债权）在法律上、事实上是否具有可转让性；二是标的物（债权）事实上是否已经转让；三是买受人是否实际承担标的物（债权）的风险；四是买受人对出卖人有无追索权；五是出卖人、买受人有无赎回标的物的权利、义务；六是出卖人对标的物（债权）有无剩余价值追索权；七是买卖的标的物之实际交易价格和市场公允价格比较；八是当标的物为未来应收账款时，买受人是否实际取得应收账款的管理权和控制权。
>
> 本案中，双方约定转让的标的物是应收账款，即Z公司对Z房地产开发公司的债权。根据合同法有关债权转让的相关规定，债权

① 上海市高级人民法院（2016）沪民终478号民事判决书。

具有法律上、事实上的可转让性。在合同履行过程中，出让人、受让人通知了债务人Z房地产开发公司债权转让的情况。所以，各方当事人已实际完成了债权的第一次转让。根据《合同法》有关买卖合同的相关规定，当标的物交付买受人后，其风险应当由买受人承担。以应收账款作为买卖之标的物的，其风险负担亦应适用上述规定。即买受人取得债权后，应承担债权能否实际清偿的风险，不论盈亏均不得要求出卖人承担补足义务。但根据系争合同的交易安排，当Z房地产开发公司未履行债务时，某保理公司有权向出卖人Z公司追偿，或者有权要求Z公司回购应收账款。这样的交易结构，使得某保理公司根本无须承担标的物（债权）的任何风险，即使债务人Z房地产开发公司未清偿债务，其亦可以通过追索权、回购权取得事先约定的固定收益。而且，为进一步降低风险，诸如一审被告还为上述债务的履行向某保理公司提供了担保。2015年7月23日，某保理公司以出现违约情形为由，要求Z公司回购上述债权，即在事实上已要求出卖人进行回购，按事先的约定计收固定收益。综合上述因素考量后，本院可以认定某保理公司的真实交易目的并不在于通过买得应收账款而后获得债务人清偿以获取收益，而在于出借资金后获得固定收益；Z公司的真实交易目的也不在于通过出售标的物（债权）获得价款，而是以债权作为担保，向某保理公司取得融资，到期支付相应本息（扣除债务人Z房地产开发公司已经实际清偿部分）。根据权利义务相一致的原则，由于某保理公司牟取的是预先设定的固定收益，并不实际承担买入的应收账款任何风险，在性质上与合同法上的借款合同最相类似，且某保理公司不是金融机构，故应当比照《最高人民法院关于审理民间借贷案件适用法律若干问题的规定》相关规定处理。

但必须指出，系争合同与借款合同仍存在一定差异。在借款合同中，借款人无须交付任何财产即可以取得资金。但在本案所涉的交易模式中，受让人取得债权对资金的安全收回具有重要的意义，属非典型担保方式。根据《最高人民法院关于审理民间借贷案件适用法律若干问题的规定》第二十四条的规定，并不能因为系争合同属借款合同，即否定双方当事人以买卖合同作为借款合同担保的效力。

本院注意到，保理已是金融市场上一种较为常见的交易方式。在无追索权的保理中，决定其收益率的主要因素在于债务人资产状况、担保状况和债权到期日等。风险越高的债权，其市场转让价格的折价率也就越高。受让人在承担高风险的前提下，可能获得远高于年利率36%以上的收益。根据权利义务相一致原则，采用此种交易模式的保理，不应比照借款合同处理。但当保理加入追索条款后，受让人存在两种选择，一是继续向债务人主张债权，以实现较高的收益；二是向出让人追索，实现固定无风险收益。如法院一概将有追索权的保理按债权买卖处理，就会导致大量民间资本改用此种方式，通过转让未来才会产生的、不确定的债权，预先设定一个根本无意去实现的较高收益，掩盖出借方通过行使追索权获取固定收益的实质交易。但如一概将有追索权的保理比照借款合同处理，也有可能剥夺受让人和债权人在设定最低收益率的前提下，受让人通过向债务人主张权利，谋求较高收益率的可能。所以，在具体处理时，应将有追索权保理理解为债权买卖合同但附加了转换为借款合同的特别约定。以本案为例，某保理公司可以基于买得的债权，通过Z房地产开发公司清偿债务获得较高收益；但当某保理公司启动追索、回购等条款向出卖人主张约定的固定收益时，合同性质即因此转换为借款合同，某保理公司可以获得的收益不得超过前述司法解释规定的利率上限。

2.借款合同性质说

而在“某融资租赁公司、某建设工程公司借款合同纠纷案”[①]中，最高人

① 最高人民法院（2019）最高法民终1449号民事判决书。

民法院则认为在有追索权保理中，债权人依照保理合同融资约定还款应当认定为借款合同，理由如下：

> 关于涉案《保理协议》《保理融资协议》的性质认定问题。本院认为，依据《保理协议》的约定，回购型保理业务指在应收账款到期无法从买方处收回时，保理商可以向客户反转让应收账款，或要求客户无条件回购应收账款或归还融资本息的保理服务。本案中，被上诉人某建设工程公司转让给上诉人某融资租赁公司的债权并未约定具体的债权到期日，某融资租赁公司亦未举证应收账款到期后无法从淮北某公司处收回，且某建设工程公司在某融资租赁公司支付1.5亿元融资款后，随即按月向其支付利息并约定按期归还本金，而非在应收账款到期后无法收回时归还融资本息。某建设工程公司实际上是依照固定的融资期限而非依照应收账款的履行期限偿还本息，融资期限与基础债权债务关系的履行期限不具有关联性，亦不符合保理法律关系的基本特征。故原审依据查明的事实并结合应收账款的特征及双方基本权利义务的内容，将双方之间的关系认定为借贷法律关系，并无不当。某融资租赁公司关于原审认定涉案协议名为保理实为借贷错误的上诉理由，缺乏事实和法律依据，本院不予支持。

3. 债权转让性质说

但是，最高人民法院在“X保理公司、Z房地产开发公司合同纠纷案”[①]中，又认为根据案涉《国内保理业务合同（有追索）》及其相关附件的约定，X保理公司受让Z公司对Z房地产开发公司5000万元应收账款债权后，支付Z公司4000万元保理款，如Z房地产开发公司未能依约履行偿付应收账款等义务，X保理公司有权向Z公司追索。现今，X保理公司起诉要求Z房地产开发公司

---

① 最高人民法院（2018）最高法民申1479号民事裁定书。

偿付应收账款，Z公司对Z房地产开发公司相关债务承担连带清偿责任，可见X保理公司的权利主张是基于债权转让法律关系，而非借贷关系。因此，认定有追索权保理合同本身在三方主体（保理人、债权人、债务人）之间成立的是债权转让法律关系，其合同本质上为债权转让合同。案件具体说理如下：

> 本院经审查认为：关于二审判决对案涉《国内保理业务合同（有追索）》的性质及效力的认定是否正确问题。保理合同作为无名合同，并无明文法律规定可供适用。《合同法》第一百二十四条规定："本法分则或者其他法律没有明文规定的合同，适用本法总则的规定，并可以参照本法分则或者其他法律最相类似的规定。"故在判断各方当事人的权利义务时，原则上尊重当事人在合同中约定的内容，但对有争议的合同内容，除直接适用《合同法》总则的相关规定外，应综合考虑保理制度价值、当事人利益状态及交易惯例，公平合理地确定当事人的权利义务。本案中，X保理公司、Z公司、Z房地产开发公司共同签订案涉《国内保理业务合同（有追索）》，根据该保理合同及其相关附件约定，X保理公司受让Z公司对Z房地产开发公司5000万元应收账款债权后，支付Z公司4000万元保理款，如Z房地产开发公司未能依约履行偿付应收账款等义务，X保理公司有权向Z公司追索。该合同系当事人真实意思表示，不违反法律、行政法规强制性规定，合法有效。X保理公司起诉要求Z房地产开发公司偿付应收账款，Z公司对Z房地产开发公司相关债务承担连带清偿责任，可见X保理公司的权利主张是基于债权转让法律关系。二审判决关于启动追索的保理合同的性质转换为借款合同以及按借款关系判令Z公司返还借款的认定，既不符合案涉保理合同约定，也缺乏法律依据，且与当事人诉讼请求不相对应。对此，应予纠正。

4.债权让与担保性质说

但这一争议，随着《民法典》第七百六十六条"保理人向应收账款债务人主张应收账款债权，在扣除保理融资款本息和相关费用后有剩余的，剩余部分应当返还给应收账款债权人”规定的出台而终结。根据该条款，现主流观点认为有追索权保理人与债权人之间并非纯正的债权让与关系，其二者之间转让应收账款只是为了对融资担保款项进行担保，因此在保理人要求债权人回购应收账款或者向债务人请求支付应收账款时，只能以融资款本息为限获得清偿，如若债务人支付的应收账款多于保理融资款本息，多余部分应还给债权人。

而这类观点，实则在《民法典》颁布前就已出现，如福建省福州市中级人民法院在“某银行福建省分行诉F贸易公司、进出口公司等金融借款合同纠纷案”[①]中，就已表明：

> 被告F贸易公司通过将案涉“应收账款”转让给原告某银行福建省分行的方式获取融资款，符合《商业银行保理业务管理暂行办法》第六条、第十条的规定，本案保理业务系有追索权保理。基于实践中应收账款的基础合同通常为赊销型的买卖合同，故应收账款的债权人和债务人通常表述为卖方和买方，以下均如是称之。关于有追索权保理所涉法律关系，包含金融借贷和债权转让关系。其一，有追索权保理的主法律关系为金融借贷。有追索权保理的融资方向保理银行获取融资款，并转让其对买方应收账款，当应收账款无法收回时，卖方负有回购义务并应向保理银行承担还本付息的责任，卖方对于保理融资款仍负有最终的还款责任，故保理融资本质上是卖方与商业银行之间的资金借贷。此外，银行通常还会要求卖方另行提供担保，均符合借款及担保的法律特征。因此，有追索权国内保理合同的主法律关系应为金融借贷。其二，有追索权保理从

① 参见《【特刊·全文发布】福州法院金融商事审判十大案例》，载福州市中级人民法院微信公众号（2015年12月29日），https://mp.weixin.qq.com/s?__biz=MzA5MDUzMjkwMg==&mid=401845655&idx=1&sn=292ec64086843f6459d84e8b8a8f1089&chksm9=9020d30de357ab9c8ccc05212a0cd39c74a9f2fc46aa5b4b81beca97f8b3e3b07ce43694644ee&scene=27，最后访问时间：2023年11月12日。

法律关系上为债权让与担保。有追索权保理的保理银行虽受让了卖方对买方的应收账款债权，但保理银行受让应收账款后仅代为管理并收取应收账款，其与卖方内部之间形成信托关系。此外，保理银行收取款项若超过保理融资款及相应利息，余款亦应当退还卖方。当保理银行因应收账款无法收回而要求卖方承担还款责任，在卖方未偿清保理融资款前，保理银行仍有权向买方收取应收账款用以偿还主债权。综上，应收账款转让的目的在于清偿主债务或担保主债务得到清偿，故有追索权保理的从法律关系为债权让与担保。综上，本案纠纷应以保理的主法律关系即金融借贷关系确定其性质，故本案可确定为金融借款合同纠纷。有追索权保理所包含的金融借贷与债权转让存在主从关系，系保理不可分割的组成部分，均在本案审理范围。

五、保理人可否同时向债权人和债务人行使权利

至于有追索权保理人可否向债权人请求回购应收账款债权的同时，向债务人主张偿还应收账款债权，这一问题在实践中也颇为疑难。

正因《民法典》第七百六十六条只是认可有追索权保理人享有两种权利，即“保理人可以向应收账款债权人主张返还保理融资款本息或者回购应收账款债权，也可以向应收账款债务人主张应收账款债权”。但并未从诉讼程序角度指明两种权利可否同时行使，所以当原告同时行使了两个权利而被告提出抗辩时，各地法院常回避该问题，仅对实体问题进行裁判。

例如，在江苏省高级人民法院2015年度公布的十大金融商事审判的典型案例中，即有判决[①]显示，有追索权保理合同中银行有权直接要求应收账款债权人依约履行还款义务，应收账款债权人不得以将应收账款转让给银行，

① 江苏省高级人民法院（2015）苏执字第00022号民事判决书。

银行应向其债务人主张债权为由拒绝履行。但整份判决却始终避而不谈保理人是否可同时行使该两个权利的问题：

根据《中国银行业保理业务规范》的规定，保理业务是指以债权人转让其应收账款为前提，集融资、应收账款催收、管理及坏账担保于一体的综合性金融服务。保理业务的特点为银行通过受让债权，取得对债务人的直接请求权。故保理融资的第一还款来源为债务人对应收账款的支付，这也是保理法律关系区别于一般借款关系的重要特征，但这并不意味着保理业务就排除了保理商向应收账款的债权人主张权利。根据保理商是否提供坏账担保等义务，可分为有追索权保理和无追索权保理。在有追索权保理的情况下，无论应收账款因何种原因不能收回，保理商都有权向债权人追索已付融资款项并拒付尚未收回的差额款项，或者要求债权人回购应收账款。案涉合同中明确约定甲银行行使追索权的条件即乙公司发生违约事由、甲银行发出终止本合同通知或应收账款到期日后60日或相关买方于该60日前已无力清偿等情形，故发生上述情形后甲银行依约享有向乙公司主张返还已付融资款项的权利。乙公司不得以其已将应收账款转让给银行，银行应向其债务人主张债权为由，拒绝履行还款义务。

又如山东省高级人民法院在“清洁公司、融资租赁公司合同纠纷案”[①]中，也只是认可了有追索权保理人享有这两项权利，但对于可否同时行使，避而不谈：

本院认为，保理是以债权人转让其应收账款为前提，集应收账款催收、管理、坏账担保及融资于一体的综合性金融服务。保理交

① 山东省高级人民法院（2019）鲁民终1098号民事判决书。

易涉及基础合同和保理合同两个法律关系。基础合同的债权人与债务人之间系应收账款债权债务关系，保理商与债权人之间系以应收账款转让为主要内容的保理合同关系。保理合同当事人之间的权利义务关系应当按照合同约定以及合同法有关债权转让的规定确定。债务人不履行义务，保理商按照保理合同的约定向债权人行使追索权，或者请求债权人按照约定回购应收账款债权的，应予支持。涉案合同为有追索权的商业保理合同，因深圳清洁公司未按约定偿还融资租赁公司利息，未按《承诺函》约定支付部分本金，融资租赁公司按照《保理合同》约定要求深圳清洁公司回购应收账款债权。如前所述，保理是一种综合性金融服务，从本质上讲属于资金融通，所以原审法院参照《最高人民法院关于审理民间借贷案件适用法律若干问题的规定》第三十条调整融资利率及违约金，并无不当。深圳清洁公司上诉主张一审判决适用法律错误，并要求按年利率11.7%计算逾期付款利息的上诉理由不成立，本院不予支持。

但在部分案件中，双方当事人直接将保理人能否同时并存主张这两项权利提请法院裁判，使得法院无法回避这一问题。在这些纠纷案件中，从裁判结果看，支持在对最终获偿金额进行限定后，可同时行使两种权利的观点还是占据了主流，如在“某油品销售公司、某资产管理公司河北分公司金融借款合同纠纷案”[①]中，河北省高级人民法院认为Z公司向某资产管理公司支付应收账款，或D公司向某资产管理公司回购Z公司未给付的应收账款，均是某资产管理公司实现生效法律文书确定的债权的方式，某资产管理公司可以向Z公司主张权利，也可以向D公司主张权利，还可以同时向Z公司和D公司主张权利，两者并行不悖，只要不超出某资产管理公司应享有的债权额度即可，并非只能择一选择的局面：

① 河北省高级人民法院（2018）冀执复417号执行裁定书。

本院认为，依据秦皇岛中院（2017）冀03民初121号民事判决所查明的事实和判项内容，Z公司既应向某资产管理公司履行支付应收账款的义务，D公司也应向某资产管理公司履行对Z公司未给付的应收账款回购的义务。第一，秦皇岛中院（2017）冀03民初121号民事判决明确判定了Z公司向某资产管理公司履行支付应收账款的义务，因其未能履行，秦皇岛中院对其采取执行措施符合法律规定。第二，秦皇岛中院（2017）冀03民初121号民事判决既判令Z公司向某资产管理公司支付应收账款，又判令D公司向某资产管理公司回购Z公司未给付的应收账款，但并没有因D公司应回购Z公司未付应收账款而没有判令Z公司向某资产管理公司支付应收账款，则Z公司不能因某资产管理公司向D公司主张应收账款回购而可以不承担应向某资产管理公司支付应收账款的义务。可见，Z公司向某资产管理公司支付应收账款，或D公司向某资产管理公司回购Z公司未给付的应收账款，均是某资产管理公司实现生效法律文书确定的债权的方式，某资产管理公司可以向Z公司主张权利，也可以向D公司主张权利，还可以同时向Z公司和D公司主张权利，两者并行不悖，只要不超出某资产管理公司应享有的债权额度即可，并非只能选其一的局面。第三，Z公司本就是D公司债务人，向债权人支付应收账款亦系其最初就必须承担的民事责任，故在应收账款债权转让给某资产管理公司后，Z公司应向某资产管理公司支付应收账款无可怀疑。Z公司称，某资产管理公司向D公司破产管理人申报的债权已为破产管理人确认。如其所称属实，则某资产管理公司可能在D公司破产财产分配中获得受偿，那么受偿后某资产管理公司可予申请执行的执行标的额将会减少，客观上形成Z公司应付账款数额减少的结果，该结果不损害Z公司权益，对Z公司反而是有利的。第四，现有证据能够说明，Z公司对D公司将对其所享有的应收账款债权转让给某资产管理公司是明知且认可的，所以，在应收账款债权转让给某资产管理公司后，Z公司又主

> 张其依D公司指示还是将应收账款支付给了D公司，该支付行为本身就是不合法的，秦皇岛中院（2017）冀03民初121号民事判决对此也不予支持。因至今秦皇岛中院（2017）冀03民初121号民事判决为生效法律文书，已明确判令Z公司向某资产管理公司支付全部应付账款，故Z公司如有损失，应另行向D公司主张或就秦皇岛中院（2017）冀03民初121号民事判决提起审判监督程序。即使如Z公司所称，D公司破产管理人对Z公司相关债权申报不予确认，但该事由不属执行异议复议审查范围，其可依据《企业破产法》等法律规定另行向D公司破产管理人主张，秦皇岛中院（2017）冀03民初121号民事判决至今有效，Z公司仍须按照该判决履行义务。

当然，在这些主流案件中，法院支持同时行使这两项权利的说理并不相同，以最高人民法院裁判的案件为例，这些理由主要可分为以下几类。

1.间接给付之认可

最高人民法院在“某建设集团有限公司、某银行二支行合同纠纷案”[①]中，从间接给付理论出发，认可了有追索权保理人可同时向债权人和债务人行使权利：

> 关于某银行二支行向某建设公司的求偿权和向L公司追索权能否同时并存的问题。根据案涉保理合同的约定，本案保理业务系有追索权的保理，在某银行二支行的债权不能获得清偿时，某银行二支行除有权以债权受让人身份要求应收账款债务人某建设公司清偿债务外，还享有向L公司行使追索权的权利。而求偿权与追索权是否能够并存，关键在于对有追索权的保理业务性质的认定问题。结合本案相关事实，有追索权的保理业务所包含债权转让合同的法律性质并非纯正的债权让与，而应认定为是具有担保债务履行功能的

① 最高人民法院（2019）最高法民申1518号民事裁定书。

间接给付契约，并不具有消灭原有债务的效力，只有当新债务履行且债权人的原债权因此得以实现后，原债务才同时消灭。据此，在某银行二支行债权未获得清偿的情况下，保理商某银行二支行不仅有权请求基础合同的债务人某建设公司向其清偿债务，同时有权向基础合同债权的让与人L公司进行追索。某银行二支行不承担应收账款不能收回的商业风险，其受让L公司对某建设公司所享有的债权，目的是清偿L公司对其所欠的债务，故二审法院将某银行二支行在本案中对某建设公司所能主张的权利范围，限缩在某银行二支行对L公司所能主张的权利范围之内，并未超出当事人的诉讼请求。因本案某银行二支行对某建设公司的债权尚未得到实际清偿，为避免某银行二支行就同一债权双重受偿，二审法院判决某建设公司、L公司或保证人D公司、刘某星、李某任何一方对债务的清偿行为，都应相应免除另一方的清偿义务，认定正确，并未损害某建设公司的实体权益。某建设公司主张二审法院判决其与L公司承担的是连带责任，缺乏事实与法律依据，本院不予采信。

2. 当事人约定之认可

而在“某实业公司、某实业公司贵阳分公司合同纠纷案”[①]中，最高人民法院则是通过有追索权保理合同中的相关条款，确认双方当事人的意思自治有效，进而认可保理人对两个权利同时主张的请求：

根据《商业银行保理业务管理暂行办法》第六条第一款关于“保理业务是以债权人转让其应收账款为前提，集应收账款催收、管理、坏账担保及融资于一体的综合性金融服务”的规定，案涉业务属于以应收账款合法、有效转让为前提的银行保理融资业务。某银行福安支行（甲方）与L公司（乙方）签订的《国内有追索权明保

① 最高人民法院（2019）最高法民申6143号民事裁定书。

理业务合同》第一条中约定："追索权：分为对乙方的追索权和对商务合同买方的追索权。……在任何时候，甲方是否行使其中一种追索权并不影响其对另一种追索权的行使。"对于有追索权的保理业务，保理商在债权未获清偿的情况下，不仅有权请求基础商务合同的债务人在应付账款确认范围内偿付保理融资款项本息，而且亦有权向保理融资的申请人（基础商务合同债权人）进行追索，要求其回购转让的应收账款。本案中，某银行福安支行向保理申请人L公司主张追索权的同时，又向基础商务合同债务人某实业公司贵阳分公司及航某公司主张应收账款债权，符合前述合同的约定和保理业务的相关规定。虽然某银行福安支行基于不同的法律关系分别向多个债务人同时主张相关权利，但均在保理法律关系范围之内，目的是追回向L公司提供的保理融资款项。一、二审法院基于案涉诉讼标的的共同性，根据《民事诉讼法》第五十二条之规定，将本案合并审理，并无不当；且合并审理不仅不会损害当事人的合法权益，反而可以使各方当事人在同一诉讼中充分发表意见，避免债权人就同一债权双重受偿。

3. 担保从属性之认可

又如，在"某银行乌鲁木齐钢城支行与Z物资公司、C金属公司合同纠纷案"[①]中，最高人民法院认为追索权的制度设计相当于由C金属公司为Z物资公司的债务清偿能力提供了担保，其功能与放弃先诉抗辩权的一般保证相当，因此Z物资公司关于某银行乌鲁木齐钢城支行只能向C金属公司主张权利的上诉理由和C金属公司关于某银行乌鲁木齐钢城支行只能择一主张权利的抗辩理由均不能成立：

涉案《保理业务合同》第七条和第八条约定：如果发生Z物资

① 最高人民法院（2014）民二终字第271号民事判决书。

公司不付款或付款金额不足等违约行为，某银行乌鲁木齐钢城支行有权通知C金属公司回购涉案应收账款债权，若发生C金属公司应回购而未予回购的事宜，某银行乌鲁木齐钢城支行有权行使抵销权和追索权，从C金属公司账户中直接扣划应予回购的款项或对其所欠款项予以追索；某银行乌鲁木齐钢城支行向Z物资公司行使求偿权不影响C金属公司的回购义务，但如果某银行乌鲁木齐钢城支行已从Z物资公司处获得部分或全部货款，C金属公司的回购金额亦随之降低，如产生保理余款，某银行乌鲁木齐钢城支行应及时将保理余款支付给C金属公司。根据上述约定，在Z物资公司不履行债务的情况下，某银行乌鲁木齐钢城支行对Z物资公司享有要求其清偿债务的求偿权，对C金属公司享有抵销权和追索权，并有权要求C金属公司回购涉案债权。从本案的实际情况来看，在保理业务合同约定的还款期限届至前，因Z物资公司未向某银行乌鲁木齐钢城支行清偿债务，某银行乌鲁木齐钢城支行于2013年8月23日向C金属公司发出提示归还到期融资通知书，要求C金属公司抓紧筹措资金，确保于2013年9月11日借款到期日前归还融资本息。在C金属公司并未依约履行还款义务的情况下，某银行乌鲁木齐钢城支行于2013年9月11日和21日从C金属公司的银行账户中扣划4537.65元、3.67元用于归还保理融资，系依合同约定行使抵销权。此后，某银行乌鲁木齐钢城支行又于2013年10月23日向C金属公司发函，要求C金属公司立即履行回购应收账款或偿付保理融资的义务。在Z物资公司和C金属公司均未依约履行义务的情况下，某银行乌鲁木齐钢城支行提起本案诉讼，要求Z物资公司向其支付应收账款，同时要求C金属公司对上述应收账款承担回购义务并承担逾期利息。从某银行乌鲁木齐钢城支行所实施的系列行为的真实意思来看，其核心诉求是要求Z物资公司和C金属公司同时承担债务，共同归还所欠借款，故应认定某银行乌鲁木齐钢城支行在本案诉讼中所称的“回购权”实际上属于追索权。在有追索权保理业务的框架之下，当债务人Z物资公司不偿付债务时，某银行乌鲁木齐钢城支行并不承担该应收账款不能收回的坏账风险，追索权的制度设计相当于由C金属公司为Z物资公司的债务清偿能力提供了担保，其功能与放弃先诉抗辩权的一般保证相当。故一审判决关于C金属公司应当在149995458.68元范围内对Z物资公司所应承担的债务承担回购责任的认定，不仅符合《保理业务合同》的约定，亦不违反法律、行政法规的强制性规定，本院予以维持。上诉人Z物资公司关于某银行乌鲁木齐钢城支行只能向C金属公司主张权利的上诉理由和C金属公司关于某银行乌鲁木齐钢城支行只能择一主张权利的抗辩理由均不能成立，本院均不予支持。

4. 无说理之直接认可

在部分案件中，最高人民法院只提供了可同时行使两项权利的结论，而并未给出详细说理。如在"某资产管理公司河南省分公司、马某伟金融借款合同纠纷案"[①]中，法院认为：

> 关于保理类型，J公司与某银行新区支行签订的《国内商业发票贴现协议》第二十二条约定："如已贴现融资的应收账款至发票到期日后30天仍无法收回，保理商有权立即收回融资本息，并有权从卖方账户主动扣款或采取其他办法主动收款，直至收回融资本息。"J公司向某银行新区支行出具的《国内商业发票贴现融资申请书》第六条第三款约定："……贵行保留一切必要措施向我司追索融资本息的权利……"据此应当认为，本案属于有追索权的保理。对于有追索权的保理，保理商在债权未获清偿的情况下，不仅有权请求基础合同的债务人向其清偿债务，同时有权向基础合同应收账款债权的让与人追索。

① 最高人民法院（2018）最高法民再192号民事判决书。

又如，有观点认为，保理合同是指保理商与应收账款债权人之间签订的，以债权人转让其应收账款为前提，集应收账款催收、管理、坏账担保及融资于一体的综合性金融服务合同。按照有无追索权，保理合同可分为有追索权保理合同和无追索权保理合同。其中，有追索权保理合同是指在应收账款到期无法从基础合同债务人处收回时，保理商可以向保理合同债务人（基础合同债权人）反转让应收账款、要求保理合同债务人回购应收账款或归还融资的保理合同。在有追索权保理合同纠纷中，因保理商对保理合同债务人享有追索权，故其可选择一并起诉保理合同债务人及基础合同债务人。

> 本案中，某商业保理公司（甲方）与H公司（乙方）签订《保理合同》（有追索权）第十三条约定："在甲方受让的应收账款因任何原因不能收回时，甲方有权向乙方进行追索，乙方应无条件向甲方支付保理融资款、保理费、账户管理费等全部应付款项。"第十四条第一款约定："甲方在本合同项下任何权利未充分受偿时，可向乙方的采购商及担保人分别行使追偿权。"因此，本案为有追索权保理合同纠纷，保理商某商业保理公司可以保理合同债务人H公司、基础合同债务人某煤业公司及保理合同保证人柴某、狄某芳为共同被告，一并向人民法院提起诉讼。[①]

5.表面反对之认可

虽然在部分案件中，最高人民法院的裁判结论为只能择一行使，如在"某银行长沙分行、Z公司合同纠纷案"中，最高人民法院认为：

> 根据《保理协议书》《保理融资申请书》的约定，本案为买断性保理，某银行长沙分行受让W公司对Z公司的应收账款债权，某银行长沙分行成为Z公司的债权人。此后，W公司向某银行长沙分

① 本案例为作者根据工作、研究经验，为具体说明相关法律问题，编辑加工而得。

> 行出具《承诺函》，承诺如Z公司没有在融资到期日内足额履行付款义务，则由W公司对《保理协议书》项下转让给某银行长沙分行的对Z公司的应收账款承担回购责任，其回购的标的仍是该应收账款债权。所以，某银行长沙分行无论是向Z公司请求债务清偿，还是向W公司请求回购，均是基于同一笔应收账款债权，在当事人没有另行约定的情形下，某银行长沙分行只能择一主张。根据已查明事实，某银行长沙分行已经在另案中请求W公司就该应收账款债权承担回购责任，另案生效判决已经支持了其诉讼请求，在此情形下，某银行长沙分行对Z公司不再享有该笔应收账款债权，故某银行长沙分行又在本案中诉请Z公司清偿债务缺乏请求权基础，一、二审判决驳回其诉讼请求并无不当。

但细究该类案件可以发现，此类结论仅是发生在保理人已行使其中一项权利（如已向债务人主张权利，或已向债权人主张回购）并已获清偿的前提下，又主张行使另一权利之时。因此，虽然这类裁判结论看似反对同时主张两项权利，实则是从竞合的请求权之一已得实现从而消灭其余请求权的法理上得出的结论，而并未直接回答请求权是否可得同时行使这一问题。

因此，目前绝大多数法院还是持有追索权保理人可得同时向债权人和债务人主张权利的观点，只是须以“不超出保理人应享有的债权额度”为限。根据《最高人民法院关于适用〈中华人民共和国民法典〉有关担保制度的解释》第六十六条的规定：“同一应收账款同时存在保理、应收账款质押和债权转让，当事人主张参照民法典第七百六十八条的规定确定优先顺序的，人民法院应予支持。在有追索权的保理中，保理人以应收账款债权人或者应收账款债务人为被告提起诉讼，人民法院应予受理；保理人一并起诉应收账款债权人和应收账款债务人的，人民法院可以受理。应收账款债权人向保理人返还保理融资款本息或者回购应收账款债权后，请求应收账款债务人向其履行应收账款债务的，人民法院应予支持。”故保理人能否向有追索权保理中的应收账款债权人和债务人同时主张权利这一问题的争议，将成为历史。

六、有追索权保理人行使权利的数额范围

1.追索权的数额范围

在《民法典》颁布前后，对于保理人向债权人行使追索权的数额问题，一直没有争议。即便没有《民法典》第七百六十六条的规定，保理人为了自己的利益，也通常会与债权人在保理合同中约定好追索权行使的范围，而法院也常以该约定作为保理人行使追索权数额的判断依据。如最高人民法院在“X保理公司、Z房地产开发公司合同纠纷案”[①]中认为，有追索权保理中保理人有权主张的本金范围不得超出约定的保理款：

> 关于二审判决对X保理公司有权主张的本金范围的认定是否正确的问题。有追索权的保理业务所包含的债权转让合同的法律性质并非纯正的债权让与，在保理商行使追索权的情况下，其不应再享有超出保理款部分的债权。本案X保理公司行使追索权后，其对Z房地产开发公司所能主张的权利范围应限缩至其支付给Z公司的4000万元保理款及相应利息的范围内。关于Z公司、Z房地产开发公司在本案中合计支付的2050万元保证金，二审判决认定因X保理公司并未采取法定方式特定化该款项，2050万元款项不能产生担保效力，并无不当。X保理公司收取2050万元款项后，可通过占有、使用该款项获利，但就Z房地产开发公司而言，其作为应收账款债务人，因此丧失对该资金的收益，就Z公司而言，其通过转让应收账款而可获得的保理款减少，故该2050万元保证金应从X保理公司支付的保理款中扣除。据此，二审判决认定X保理公司可主张的本金数额为1950万元，并无不妥。

---

① 最高人民法院（2018）最高法民申1479号民事裁定书。

又如在“Z架业公司、某银行镇江新区支行金融借款合同纠纷案”[①]中，最高人民法院认为：

> 根据原审查明的事实，本案中，某银行镇江新区支行与M公司签订了有追索权的《国内保理业务合同》，合同第三条保理融资用途、金额和期限中约定，M公司将应收账款债权及相关权利转让给某银行镇江新区支行，待某银行镇江新区支行审查确认后，按照本合同项下每笔应收账款发票对应的保理融资金额之和，给予M公司总额为300万元的保理融资。M公司为办理该保理融资，并向某银行镇江新区支行提供了由Z架业公司确认的《应收账款询证函》，该函中，Z架业公司确认M公司对《国内保理业务合同》项下转让的应收账款信息属实，并同意将该应收账款权利转让给某银行镇江新区支行。上述《国内保理业务合同》签订后，某银行镇江新区支行向M公司支付了300万元的资金，已履行了其合同义务，但该合同履行期满后，Z架业公司与M公司均未履行向某银行镇江新区支行履行付款和还款义务。根据以上事实，本院认为，本案《国内保理业务合同》为双方当事人真实意思表示，合同内容不违反法律和行政法规的禁止性规定，原审判决认定该合同有效正确。由于该合同约定的融资期限届满后，Z架业公司未将案涉应收账款支付至M公司在某银行镇江新区支行的保理账户，M公司亦未偿还借款本息。因此，某银行镇江新区支行依据上述《国内保理业务合同》中有关M公司将案涉应收账款债权及相关权利转让给某银行镇江新区支行，以及若Z架业公司在约定期限内不能足额偿付应收账款，某银行镇江新区支行有权按照合同约定向M公司追索未偿融资款，在本案中一并请求Z架业公司在本案债权转让限额内给付借款本息，以及请求M公司偿还本案借款本息，均有合同依据。

① 最高人民法院（2017）最高法民申1222号民事裁定书。

原审判决依据《国内保理业务合同》以及经Z架业公司确认的《应收账款询证函》，判决Z架业公司就M公司和许某亮、钱某香不能清偿本案借款本金的部分承担赔偿责任，并无不当。

2.应收账款债权的行使范围

对于有追索权保理人可向应收账款债务人行使债权的范围，应以保理融资本息为限，这一问题在实践中并无争议。实践中更多的是围绕有追索权保理人同时行使上述两种权利时（追索权和应收账款债权），如何避免重复受偿、确定相应权利行使数额的问题展开论理。

如在“H保理公司、H塑料包装印刷公司合同纠纷案”①中，天津市第二中级人民法院认为：

保理是以应收账款转让为前提的综合性金融服务。保理商的还款来源包括基础法律关系中债务人支付的应收账款及基础法律关系中债权人对债权的回购款，但总额不能超过保理商发放的保理款本息及相关费用。根据2015年8月10日，H塑料包装印刷公司向H保理公司出具的展期申请及2016年4月8日，H保理公司与H塑料包装印刷公司签订的《国内保理业务合同补充合同》，可以证实根据《国内保理业务合同》，H保理公司受让H塑料包装印刷公司与L公司、Z公司、Y公司、D食品科技公司项下自2015年1月31日起已产生及未来全部应收账款（截至2015年1月31日，以上应收账款余额为人民币10760683.48元），基于以上转让，H保理公司于2015年2月13日向H塑料包装印刷公司发放保理融资人民币600万元。H保理公司已依据保理合同的约定要求基础法律关系中的债权人H塑料包装印刷公司就保理融资款承担还款责任，现生效法律文书已经判决H塑料包装印刷公司承担还款责任。同时，H保理公司在另案中

① 天津市第二中级人民法院（2018）津02民终7786号民事判决书。

亦要求基础法律关系中的债务人L公司承担责任，现生效法律文书已经判决L公司承担责任。虽然H保理公司在保理期间届满后，另案起诉了H塑料包装印刷公司、L公司，但是没有证据证明H保理公司现已经实际获得了保理融资款的全部清偿，在此情况下，H保理公司根据Z公司确认的《应收账款转让通知书》所载明的金额，向Z公司主张权利，符合法律规定及合同约定，应予支持。但H塑料包装印刷公司、L公司、Z公司承担的责任总和不能超过H保理公司的权利范围，故本案应当对Z公司承担责任的范围作出限定。在本判决确定的金额之内，若是H塑料包装印刷公司履行了部分回购义务，L公司履行了付款义务，则相应地应当减少Z公司的给付金额，以使H保理公司的受偿总额不能超过其保理融资本息及相关费用的总额。关于Z公司述称，涉案1202599.62元货款中，有134410.57元不应支付，仅应支付1068189.05元，因Z公司对此并未提起上诉，视为其同意一审法院判决，本院对此不予支持。关于H塑料包装印刷公司辩称，L公司已将诉争款项给付H保理公司，不存在H保理公司向H塑料包装印刷公司、Z公司追要600万元以内的债权，依据不足，不予支持。

又如，广东省深圳市中级人民法院在"W电池公司与Y保理公司、C五金行、叶某海合同纠纷案"[①]中，明确：

Y保理公司能否在本案中同时向W电池公司、C五金行、叶某海主张权利。根据Y保理公司与C五金行签订的《保理业务合同》以及相关附件约定，C五金行将其对W电池公司的应收账款转让给Y保理公司。在案涉应收账款到期日，Y保理公司尚未收妥全部款项的，有权立即要求C五金行回购相关已提供保理融资但未偿付的

① 广东省深圳市中级人民法院（2019）粤03民终19141号民事判决书。

应收账款。并且，在C五金行未能足额支付上述款项或未完全履行回购义务前，Y保理公司仍为相关应收账款的债权人，享有与该应收账款有关的一切权利，包括向W电池公司进行追索等。因此，根据上述约定，Y保理公司有权向W电池公司主张应收账款，并可以同时要求C五金行偿还保理融资款以及有关利息和违约金以回购应收账款，这是Y保理公司根据《保理业务合同》所应获得的合同保障。从司法实践中的情况来看，对于保理商有追索权的保理业务中，在基础合同的应收账款未获清偿的情况下，针对保理商根据合同约定既有权请求基础合同的债务人向其清偿债务，还有权同时向基础合同债权的让与人追索这一问题，并无认识分歧。但是，最终归属于Y保理公司的权益仅限于其与C五金行保理融资关系中应得到偿还的保理融资款、保理融资费用以及违约金，W电池公司的应收账款仅是Y保理公司获得上述权益的保障，Y保理公司不能两者兼得。结合本案事实，Y保理公司主张C五金行在W电池公司不能清偿债务范围内承担责任。在W电池公司虽然尚未足额向Y保理公司支付本案全部应收账款，但是已履行的部分应收账款已足以冲抵C五金行应向Y保理公司支付的回购价款的情况下，Y保理公司无权再要求C五金行在W电池公司不能清偿剩余的应收账款范围内承担责任。并且，Y保理公司收取的应收账款在扣除C五金行应支付的保理融资款本金、保理融资费及违约金后，如有剩余，应当返还给C五金行，C五金行有权进行追偿。

综上，判决：一、W电池公司于判决生效之日起十日内给付Y保理公司应收账款本金305304.33元及逾期付款利息（逾期付款利息以305304.33元为基数，按照中国人民银行同期同类贷款基准利率，从2018年5月5日起计算至实际给付之日止）。二、C五金行在W电池公司回购款225690.83元（含融资款本金209647.02元、融资款利息16043.81元）、延长期保理融资费978.35元及违约金（违约金以209647.02元为基数，自2018年5月15日起至实际给付之日止，按照年利率24%计算）；判决按照扣减判决第一项W电池公司已履行金额后的金额执行，如判决第一项W电池公司履行金额不足C五金行本项应履行金额的，C五金行对不足部分承担给付责任；如判决第一项W电池公司履行金额达到C五金行本项应履行金额的，则判决不再执行；如W电池公司、C五金行合计履行金额达到判决第一项W电池公司应履行金额的，则判决剩余未履行款项不再执行。三、叶某海对C五金行的上述义务承担连带给付责任；叶某海承担给付责任后，有权向C五金行追偿。四、驳回Y保理公司其他诉讼请求。如未按本判决指定的期间履行给付金钱义务，应当依照《民事诉讼法》第二百五十三条规定，加倍支付迟延履行期间的债务利息。

至于涉案利息、滞纳金和律师费是否也可同时纳入保理人向债务人求偿的数额范围内，这一问题实践中也常有探讨，但并无分歧，主要看保理合同是如何约定，以及债权转让通知书是如何进行表述的。

例如，在“R保理公司、Z建设工程公司与C金属材料公司、D贸易公司合同纠纷案”[①]中，上海市第二中级人民法院即认为，对于应收账款债务人应向保理人清偿的债务数额问题应遵守基础交易合同的相对性，不受保理合同中有关违约责任合意之约束，其数额只限应收账款转让通知书和回执中的规定，具体说理如下：

关于第二个争议焦点，上诉人R保理公司认为，Z建设工程公司在《回执》中明确承诺接受《应收账款转让通知书》项下的全部义务，该义务应包括支付涉案利息、滞纳金与律师费。本院认为，首先，R保理公司要求C金属材料公司、Z建设工程公司承担涉案利息、滞纳金、律师费损失，系依据《保理合同》第十条“违约及违

① 上海市第二中级人民法院（2018）沪02民终3074号民事判决书。

约责任”相关条款，而《保理合同》系由R保理公司与C金属材料公司两方签订，Z建设工程公司并非合同当事人，根据合同相对性原则，《保理合同》违约条款对Z建设工程公司不具有约束力。其次，R保理公司与C金属材料公司共同向Z建设工程公司发送了《应收账款转让通知书》，其内容主要是通知Z建设工程公司涉案应收账款转让事宜，即C金属材料公司已将基础交易合同项下应收账款及该应收账款所享有的全部债权及债权的从属权利完全转让R保理公司。而Z建设工程公司在《回执》上盖章，表示已收到通知书，确认应收账款相关信息并承诺向R保理公司付款。据此，并无证据表明Z建设工程公司明确承诺接受《保理合同》项下的义务以及违约责任，故R保理公司要求Z建设工程公司支付涉案利息、滞纳金和律师费，无合同及法律依据。至于R保理公司提出其至少有权依据6.525%/年的标准要求Z建设工程公司支付滞纳金的主张，本院认为，《最高人民法院关于审理买卖合同纠纷案件适用法律问题的解释》第二十四条第四款规定适用于买卖合同未约定逾期付款违约金时出卖人以买受人违约为由主张赔偿逾期付款损失情形，而R保理公司在一审诉请中并未向Z建设工程公司主张赔偿逾期付款损失，故不适用该条规定。此外，R保理公司提出D贸易公司于2017年1月6日至1月22日期间的512043.89元还款应优先抵充本案合同项下利息的主张，本院（2018）沪02民终289号生效民事判决已作出认定，不再赘述。

第四章

虚构应收账款的保理纠纷

保理实践中因虚假基础交易盛行，法院在审理保理案件时债务人常以基础交易关系不存在为由进行抗辩。中国银行业协会、商业保理专委会等发布的各项保理行业发展报告中，“虚假基础交易”成为首当其冲的特殊风险项。欺诈风险、信用风险更是在商业保理专委会2019年5月发布的《保理行业风险分析报告（第1期）》中占据所有风险项81.4%的绝对比例，其中欺诈风险30.8%，信用风险50.6%。而虚假贸易特殊风险项更是占到了24.6%，即超过24.6%的保理案件中出现了虚假贸易特殊风险，居于所有风险项之榜首。[①]在《民法典》实施前，因虚假基础债权所生的众多保理合同纠纷案件中，法院对保理人债权请求权的判决结果并不相同，甚至出现了截然不同的两派观点。

一、支持债务人抗辩的判决类型

1. 应收账款债权不真实存在，保理合同无效

在检索所得《民法典》颁布前的案例中，鲜有法院直接因基础交易关系无效而判定保理合同无效，但有部分法院在确定案涉法律性质和案由时提及此问题，指出“保理合同法律关系因不存在真实、有效的应收账款而失去了有效成立的前提与基础，应认定该保理合同法律关系未能依法成立”，如在“某银行郴州分行与H铋业公司、Y铋业公司等金融借款合同纠纷案”[②]中，湖南省高级人民法院认为：

保理是以在贸易中形成的应收账款转让作为基础的融资，其

① 参见《保理行业风险分析报告》，载中国服务贸易协会商业保理专业委员会网站，http://www.cfec.org.cn/view.php?aid=2011，2023年10月15日访问。

② 湖南省高级人民法院（2016）湘民终152号民事判决书。

法律关系涉及保理商、债权人与债务人三方民事主体以及保理合同与基础交易合同等合同关系。债权人与债务人之间的基础交易合同是成立保理法律关系的前提，而债权人与保理商之间的应收账款债权转让则是保理法律关系的核心。本案中，虽然存在保理商某银行郴州分行与债权人Y铋业公司之间签订的《保理协议书》《应收账款转让登记协议》以及Y铋业公司与债务人H铋业公司之间签订的《工矿产品购销合同》等合同，表面上符合保理合同法律关系成立的形式要件。但根据查明的事实，H铋业公司与Y铋业公司签订的《工矿产品购销合同》即基础交易合同系虚假合同，H铋业公司与Y铋业公司之间并未发生真实的债权债务关系。因此，本案所涉保理合同法律关系因不存在真实、有效的应收账款而失去了有效成立的前提与基础，应认定某银行郴州分行与Y铋业公司之间的保理合同法律关系未能依法成立。又因双方签订虚假基础贸易合同的真实意图是以保理之名行获取银行贷款之实，故本案所涉法律关系的真实属性应认定为金融借款法律关系，本案应以金融借款法律关系来确定当事人之间的权利义务。

关于H铋业公司是否应当承担民事责任以及本案民事责任应当如何承担的问题。本案中，Y铋业公司作为金融借款法律关系的直接借款人，没有依约向某银行郴州分行返还其实际取得的借款并支付相应的利息。H铋业公司虽然不是金融借款法律关系中的当事人，但其在未与Y铋业公司发生真实货物买卖交易关系的情况下，与Y铋业公司签订虚假的基础贸易合同，使某银行郴州分行有理由相信应收账款真实合法存在而与Y铋业公司签订《保理协议书》并发放融资款，客观上造成了某银行郴州分行的涉案债权失去了应收账款的保障，面临可能落空的风险，故其行为存在过错，根据《民法通则》第一百零六条以及《侵权责任法》第六条第一款的规定，H铋业公司应对某银行郴州分行因此产生的损失承担侵权的民事赔偿责任。因H铋业公司与某银行郴州分行之间不存在直接的合同关系，

> H铋业公司承担民事责任应是基于其侵权行为而产生，且其应承担的侵权责任与Y铋业公司应承担的合同责任系在不同发生原因下产生的同一内容的给付，二者之间构成不真正连带债务法律关系，H铋业公司应对Y铋业公司不能清偿债务部分承担赔偿责任。

此外，新疆维吾尔自治区高级人民法院在“某银行乌鲁木齐钢城支行与Z物资公司、C金属公司合同纠纷案”[①]中也认为根据原《合同法》第八十二条的规定，虽然保理合同的当事人为银行与债权人，不包括债务人，但是保理合同中应收账款债权转让行为的效力问题会涉及债务人，如果债权人与债务人之间不存在真实的应收账款债权债务关系，就会对保理合同中应收账款债权转让行为的效力产生影响，进而对整个保理合同的效力产生影响。因此，该法院认为在审查保理合同效力时，既应当审查保理合同本身是否存在无效的情形，又应当审查应收账款债权转让行为的效力，在债务人对应收账款债权真实性提出异议时应当审查应收账款债权的真实性。如果应收账款债权不真实存在，则保理合同应当被认定为无效。因债权人与债务人的共同过错导致保理合同被认定无效时，债权人与债务人应当共同向银行承担相应的民事责任。具体说理如下：

> 虽然银行保理融资合同会涉及债务人与债权人之间的买卖合同等基础民事法律关系，债务人也可能会就应收账款债权的真实性、数额及抗辩权的放弃等事项向银行进行某种形式的确认，但是银行保理融资合同在一般情况下是债权人与银行之间就保理融资事宜所签订的合同，内容只涉及债权人与银行的权利义务关系问题，并不涉及债务人的权利义务关系问题。因此，原则上债务人并不是银行保理融资合同的当事人，除非债务人作为合同当事人签订银行保理融资合同并且银行保理融资合同的内容涉及债务人的权利义务关

① 最高人民法院（2017）最高法执复1号执行裁定书。

系。在银行保理融资合同中，债权转让与金融借款均是银行保理融资合同的重要且存在因果关系、联系紧密的组成部分，债权转让是金融借款的前提和基础，不能将债权转让与金融借款割裂看待而认为债权转让与金融借款是两个独立的、可相互区分的、没有密切关联性的行为，也不能将债权转让看作银行保理融资合同的基础民事法律关系而不是其重要组成部分，从而将债权转让与银行保理融资合同割裂看待、将债权转让看作独立于银行保理融资合同的行为。《合同法》第五十六条规定："无效的合同或者被撤销的合同自始没有法律约束力。合同部分无效，不影响其他部分效力的，其他部分仍然有效。"据此，如果合同部分无效影响到合同的其他部分效力或者合同的整体效力，则合同的其他部分或者合同整体应当认定为无效。因而，如果债权转让行为被认定为无效，银行保理融资合同也应当被认定为无效。《合同法》第八十二条规定："债务人接到债权转让通知后，债务人对让与人的抗辩，可以向受让人主张。"根据该规定，虽然银行保理融资合同的当事人为银行与债权人，而不包括债务人，但是银行保理融资合同中应收账款债权转让行为的效力问题会涉及债务人，如果债权人与债务人之间不存在真实的应收账款债权债务关系，就会对银行保理融资合同中应收账款债权转让行为的效力产生影响，进而对整个银行保理融资合同的效力产生影响。因此，人民法院在审查银行保理融资合同效力时，既应当审查银行保理融资合同本身是否存在无效的情形，又应当审查应收账款债权转让行为的效力，在债务人对应收账款债权真实性提出异议时应当审查应收账款债权的真实性。如果应收账款债权不真实存在，则银行保理融资合同应当认定为无效。因债权人与债务人的共同过错导致银行保理融资合同被认定无效时，债权人与债务人应当共同向银行承担相应的民事责任。

虽然在该案件中，一审法院最终认定债权人与债务人之间存在真实的买卖合同民事法律关系，判定该保理合同有效，最终并未支持债务人的抗辩。但从其说理中不能否认，如若法院通过证据证实涉案《买卖合同》未实际履行、所形成的应收账款债权不真实存在，其判决该《国内保理业务合同》无效、债权人与债务人应当共同向银行承担合同无效的民事责任的可能性极大。值得注意的是，在该种认识下，法院并非完全支持债务人的抗辩，认为其不需要承担履行合同的义务，而是在认定保理合同无效的前提下，判定银行、保理商不得以保理合同为债权请求权的基础，应以缔约过失责任等合同无效情形下所应承担的责任向有过错的债权人和债务人请求赔偿。如在“某银行抚州文昌支行与Y公司、某实业公司合同纠纷案”[①]中，江西省高级人民法院在确认基础交易合同无效从而导致保理合同无效后，对各方当事人所应承担的责任也进行了明确，判决说理如下：

> 关于本案所涉保理合同的效力问题。基于某银行抚州文昌支行与Y公司之间签订的《国内保理业务合同》、Y公司与某实业公司之间签订的《购销合同》，本案存在两个法律关系，即某银行抚州文昌支行、Y公司、某实业公司之间的保理合同法律关系，Y公司与某实业公司之间的买卖合同法律关系。公安机关对相关当事人所作的询问笔录能够相互印证《购销合同》系虚假合同的客观事实，Y公司与某实业公司之间并不存在真实有效的买卖合同法律关系。而某银行抚州文昌支行与Y公司、某实业公司之间成立保理合同法律关系的前提是Y公司对某实业公司存在真实有效的债权，在上述债权并不存在的情形下，某银行抚州文昌支行与Y公司签订的保理合同也就失去了事实基础，双方之间未能形成合法有效的保理合同法律关系。由此可以认定，上述两个法律关系均存在非法目的。根据《合同法》第五十二条第三项之规定，本案所涉保理合同系以合法形式掩盖非法目的的合同，应当认定为无效合同。某实业公司关于本案

① 江西省高级人民法院（2014）赣民二终字第32号民事判决书。

合同无效的上诉主张，于法有据，本院予以采纳。

关于各方当事人民事责任的承担问题。某银行抚州文昌支行提起本案诉讼是基于其认为保理合同有效，与本院根据本案事实认定保理合同无效并不一致。因某银行抚州文昌支行、某实业公司在本案一、二审中对有关合同效力问题进行了辩论，本院根据查明的事实依法对合同效力作出认定并作出相应的实体处理，符合诉讼效率的要求，也不损及当事人的合法利益。本案所涉保理合同被确认无效后，根据《合同法》第四十二条、第五十八条的规定，因保理合同取得的财产应当予以返还，对于因此所造成的损失则应当由有过错的当事人承担。Y公司因虚构交易关系从某银行抚州文昌支行获取450万元款项，存在主观过错，应将收取的450万元本金返还给某银行抚州文昌支行，并应赔偿其相应的利息损失。某银行抚州文昌支行在与Y公司订立《国内保理业务合同》时，是按照银行正常的放贷手续办理的，并就债权的真实性向某实业公司进行了确认，已尽到了合理的审查和注意义务，且其并未参与诈骗等不法活动，因此其属于办理保理业务的正常经营行为，并不存在过错，不应对损失承担责任。某实业公司明知其与Y公司没有发生真实货物买卖，却与其订立虚假的《购销合同》，并出具《产品入库单》。且在某银行抚州文昌支行向其送达《应收账款债权转让通知书》并核实债权真实性时，某实业公司盖章予以确认，其法定代表人赵某波亦签字予以确认，因此某实业公司对某银行抚州文昌支行损失的形成存在过错。根据《民法通则》第一百零六条第二款“公民、法人由于过错侵害国家的、集体的财产，侵害他人财产、人身的，应当承担民事责任”，某实业公司由于过错侵害了某银行抚州文昌支行的利益，给某银行抚州文昌支行造成损失，其应对该损失即Y公司不能清偿的部分承担赔偿责任。某实业公司关于其没有过错，不应承担责任的上诉理由不能成立，本院不予支持。

2. 债务人抗辩成立，可得拒绝履行

持该种裁判观点的法院认为，在《民法典》颁布前，根据《商业银行保理业务管理暂行办法》的相关规定，国内商业银行保理业务的核心系应收账款转让，且不得基于未来应收账款产生的付款请求权开展保理融资业务。而应收账款的产生，一则须有真实买卖合同关系，二则该买卖合同已经全面、实际履行。因此，在通过证据确认转让的应收账款债权并非真实合法有效的债权时，债务人以受让的应收账款债权系虚假债权为由拒绝向银行、保理商履行清偿义务，是合法有据的，应予支持。如江西省南昌市中级人民法院在“某银行、某燃料公司合同纠纷案”[①]中，认为：

> 根据《商业银行保理业务管理暂行办法》的相关规定，国内商业银行保理业务的核心系应收账款转让，且不得基于未来应收账款产生的付款请求权开展保理融资业务。而应收账款的产生，一则须有真实买卖合同关系，二则该买卖合同已经全面、实际履行。本案中，原告某银行向被告燃料公司主张的应收账款债权是从第三人D公司受让取得，而第三人D公司对被告燃料公司的应收账款债权是基于《煤炭买卖合同》而产生的。从举证角度而言，原告某银行提交给法院的加盖第三人D公司公章（证明用）的《煤炭供需合同》仅是复印件，而该《煤炭买卖合同》（复印件）中被告燃料公司合同专用章编码与该公司在公安机关备案登记的合同专用章编码明显不一致，由第三人D公司向原告某银行提交的五张《广东增资税专用发票》中有两张经税务机关查验系未认证、未抵扣的发票，即便加盖了被告燃料公司公章的《应收账款转让确认书》和《应收账款转让通知确认书》，也与《应收账款转让通知书》出具时间前后矛盾，而被告燃料公司对所谓应收账款及转让的确认，系在第三人D公司虚构事实的基础上所为，并非其真实意思表示，结合第三人D公司

① 江西省高级人民法院（2016）赣民终325号民事判决书。

在事发后起诉前出具给被告燃料公司的情况说明，足以证实第三人D公司与被告燃料公司之间的煤炭买卖合同是虚假的。基于此，被告燃料公司在诉讼中申请对上述相关证据中盖章及内容真伪进行鉴定已无必要。因此，第三人D公司基于该虚假煤炭合同对被告燃料公司享有的应收账款债权并非真实合法有效的债权，原告某银行受让的该应收账款债权亦非真实合法有效的债权。现被告燃料公司以原告某银行从第三人D公司受让的应收账款债权系虚假债权为由拒绝向原告某银行履行清偿义务，合法有据，应予支持。

但是，结合具体案件可以发现，此裁判理由主要是基于《商业银行保理业务管理暂行办法》中对银行设定的审查义务而展开的，法院并非因为债权债务关系非为真实合法有效而直接判定债务人的抗辩有效。这样的裁判理由看似简单直接，但在其之前往往蕴含了法院对银行、保理商是否尽到审查义务进行了具体的判断。如在此案中，虽然一审法院没有对银行是否尽到审查义务进行具体的裁判说明，最后直接以“银行受让的该应收账款债权亦非真实合法有效的债权”为由，支持了债务人以银行从债权人处受让的应收账款为虚假债权为由提出的抗辩。但法院先前对各个证据材料真伪的判断，实则是对银行是否可以通过审查得出基础交易法律关系为虚假的结论进行了验证。从这个角度看，法院以《商业银行保理业务管理暂行办法》为依据，对银行是否能通过审查发现该基础交易关系并非真实存在进行认定，从而得出该基础交易关系非合法有效、债务人可以此对抗银行的结论，这其中蕴含的深意是银行并没有做到审慎的审查义务，应当发现该基础交易关系不真实却没有发现，因而银行的诉求并没有得到有效的证据支持，债务人可以基础交易关系不存在对抗作为非善意第三人的银行。

3.形式审查不到位，诉讼请求缺乏事实依据

银行、保理商通常会以《保理合同》以及应收账款转让通知书和回执为凭向法院提起诉讼要求应收账款基础交易关系中的债务人清偿债务。债务人也通常会以“原告主张的应收账款根本不存在，债务人对应收账款转让事宜并不知情”[①]为由提出抗辩。法院在此时，通常会先审查银行提交的《保理合同》《应收账款转让通知回执》等证据是否真实，而在不少案例中，往往就在这第一步法院就已经做出了判断：对公司留存在工商机关、银行的印文进行简单对比后，发现上述证据中的签章并非真实有效，因而得出不支持银行诉求的裁判结论。

如在“某银行天津南开支行与T铁厂等公司的金融借款合同纠纷案”[②]中，二审法院认为原告未能提交买卖合同原件、增值税发票也未经被告确认、应收账款转让通知书和回执上的印鉴亦非属被告，原告提交的现有证据无法证明存在真实的买卖合同关系，亦无法证明买卖合同已实际履行，因此无法支持原告的诉讼请求。判决原文如下：

> 某银行天津南开支行诉请T铁厂偿还保理预付款的基础是T铁厂与H公司之间存在买卖合同关系且已经实际履行，H公司基于买卖合同的实际履行对T铁厂享有到期债权。根据H公司向某银行天津南开支行提交的《应收账款转让申请书》，H公司明确说明其根据保理合同，已经履行了所转让的应收账款涉及的商务合同项下的发货义务，某银行天津南开支行就涉案应收账款是作为既存债权予以受让。现T铁厂主张与H公司不存在涉案的买卖合同，H公司、某银行天津南开支行亦不能提交买卖合同的原件，买卖合同本身的真实性无法证明，增值税发票也未经T铁厂确认，因此某银行天津南开支行关于T铁厂与H公司之间存在买卖合同，且已实际履行的主张不能成立。某银行天津南开支行主张其系通过T铁厂的工作人员张某栋取得加盖“T铁厂”印章的应收账款转让通知书和回执，但经原审法院委托鉴定，上述文件中的印鉴并非T铁厂的印鉴，某银行天津南开支行亦不能证明张某栋有权代

① 江苏省高级人民法院（2016）苏民终416号民事判决书。
② 天津市高级人民法院（2015）津高民二终字第0094号民事判决书。

表T铁厂对应收账款债权进行确认，故某银行天津南开支行主张张某栋的行为系职务行为及T铁厂明知并且已实际承认了H公司将应收账款转让给某银行天津南开支行，缺乏事实依据，本院不予支持。原审法院是在某银行天津南开支行与T铁厂对于比对样本共同确认后委托司法鉴定的，某银行天津南开支行关于案外人加盖“T铁厂”印章的文件没有作为比对样本，故导致鉴定结论缺乏客观性的上诉理由不能成立。在某银行天津南开支行提交的现有证据既无法证明T铁厂与H公司之间存在真实买卖合同关系，也无法证明H公司已经实际履行供货义务或T铁厂认可涉诉应收账款债权的情况下，原审法院认定某银行天津南开支行对T铁厂的诉讼请求缺乏事实依据是正确的。

法院在审判过程中，最先需要查明的就是各项证据在形式上是否真实有效，能否从形式上证明基础交易关系的存在，这是判决支持银行、保理商诉求的基础。而这样的审核，根据《商业银行保理业务管理暂行办法》的规定，银行、保理商在签订保理合同之时，应当有义务去实施。持相同裁判理由的判决还可参见“某银行镇江市分行与Z进出口公司、H贸易公司等金融借款合同纠纷案”[①]，江苏省高级人民法院和最高人民法院皆以此为由，不予支持银行的诉讼请求。

江苏省高级人民法院认为：

第一，本案中，某银行镇江市分行依据落款日期为2013年12月28日、2013年12月29日、2014年1月1日、2014年1月10日的四份《应收账款债权转让三方确认书》及落款日期为2014年8月15日的《保理业务应收账款对账单》，要求Z进出口公司承担还款责任。Z进出口公司则认为，其从未与某银行镇江市分行签订《应

① 江苏省高级人民法院（2016）苏民终416号民事判决书。

收账款债权转让三方确认书》，也未向某银行镇江市分行出具《保理业务应收账款对账单》，相关文件上的印章亦非Z进出口公司及法定代表人印章。对此，本院认为：根据司法鉴定中心的鉴定报告，案涉《应收账款债权转让三方确认书》《保理业务应收账款对账单》上的印文“Z进出口公司”及印文“马某杰印”均与Z进出口公司留存在工商机关、银行的印文不符，故仅凭《应收账款债权转让三方确认书》《保理业务应收账款对账单》不能认定某银行镇江市分行与Z进出口公司之间存在债权债务关系。某银行镇江市分行虽称Z进出口公司存在使用多套印章的可能性，但其不能提交Z进出口公司在其他场合曾使用加盖在案涉确认书、对账单上印章的证据，也不能提供Z进出口公司在其他行政机关、银行留存的印章的线索。故某银行镇江市分行认为案涉《应收账款债权转让三方确认书》《保理业务应收账款对账单》系Z进出口公司签订，无事实依据，本院不予采信。其要求对案涉印章重新鉴定的申请，本院亦不予支持。

第二，某银行镇江市分行还认为，案涉《应收账款债权转让三方确认书》《保理业务应收账款对账单》的印章系Z进出口公司副总经理马某龙加盖，故即使上述文件上的印章与Z进出口公司的印章不符，马某龙的行为亦构成职务行为。对此，本院认为，从某银行镇江市分行提交的两份现场录音及七份通话录音证据看，相关录音中，马某龙均未确认曾在案涉《应收账款债权转让三方确认书》《保理业务应收账款对账单》加盖印章。原审中，马某龙亦对加盖印章的事实予以否认。故某银行镇江市分行并无证据证明案涉《应收账款债权转让三方确认书》《保理业务应收账款对账单》的印章系马某龙加盖。综上，某银行镇江市分行的上诉请求及理由无事实和法律依据，本院不予采纳。

最高人民法院认为：

> 关于原审判决Z进出口公司对H贸易公司的债务不承担连带责任是否缺乏证据证明及适用法律是否错误的问题。本案中，某银行镇江市分行依据《应收账款债权转让三方确认书》及《保理业务应收账款对账单》，要求Z进出口公司承担还款责任。依据原审查明的事实，一审法院委托南京东南司法鉴定中心作出的鉴定报告载明，上述确认书、对账单中的印文“Z进出口公司”及印文“马某杰印”均与Z进出口公司留存在工商机关、银行的印文不符。且某银行镇江市分行不能提交Z进出口公司在其他场合曾使用加盖在案涉确认书、对账单上印章的证据，亦无有效证据证明案涉印章系Z进出口公司副总经理马某龙加盖。因此，原审判决认定某银行镇江市分行关于《应收账款债权转让三方确认书》及《保理业务应收账款对账单》系Z进出口公司签订的主张无事实依据，并不缺乏证据证明。原审判决Z进出口公司对H贸易公司的债务不承担连带责任，适用法律并无不当。①

因而，如果法院从形式审查上，即合同签章的真实性中就可轻易得出基础交易关系不存在的结论，那银行、保理商在诉讼过程中是无法通过这些证据来证明其对债务人享有合法有效债权的，银行、保理商也将面临败诉风险。所以该种裁判理由，实则是从银行、保理商未尽形式审查义务的角度，予以否定其提供证据的效力，从而不予支持银行、保理商所提出的让债务人予以清偿债务的诉讼请求。

4.未予实质审查，未尽举证义务，驳回诉求

因为《民法典》颁布前，《商业银行保理业务管理暂行办法》第十四条、第十五条规定了商业银行受理保理融资业务时，应对基础交易的真实性进行审核，应当审查买卖合同等资料的真实性与合法性。应当对客户和交易等相关情况进行有效的尽职调查，重点对交易对手、交易商品及贸易习惯等内容

① 最高人民法院（2017）最高法民申227号民事裁定书。

进行审核，并通过审核单据原件或银行认可的电子贸易信息等方式，确认相关交易行为真实合理存在，避免客户通过虚开发票或伪造贸易合同、物流、回款等手段恶意骗取融资。所以，有法院认为，银行在办理案涉保理业务时，即应审核基础交易合同中货物交付凭证、买方确认函等文件原件，对背景贸易的真实性进行调查，且在起诉前就应当对基础交易合同约定的履行条件是否成就予以确认。这既是监管机构或保理协议要求履行的审核义务，也是保理业务自身对于风险防控的要求。因而，如果银行、保理商未能举证证明其已为实质审查义务，有的法院就会以银行、保理商未能完成举证责任为由驳回其对债务人的诉讼请求。

如在“某银行水果湖支行与G招标公司、Y贸易公司招标投标买卖合同纠纷案”[①]中，最高人民法院即认为：

> 保理银行应审查基础交易合同货物交付凭证、买方确认函等文件原件，对背景贸易真实性进行审查，既是监管机构或保理协议要求履行的审核义务，也是保理业务自身对于风险防控的要求。本案中，水果湖支行在办理案涉保理业务时即应审核Y贸易公司与G招标公司之间的《煤炭买卖合同》，审核该煤炭买卖合同约定履行的条件是否成就。但在一、二审诉讼中，水果湖支行并未举证证实《煤炭买卖合同》约定的交货已经完成且收到煤炭接收方电厂的验收清单，亦未举证电厂已经向G招标公司支付该批次煤款。因此，水果湖支行并未完成其举证责任，二审法院据此认为《煤炭买卖合同》约定的付款条件未成就而驳回水果湖支行对G招标公司的诉讼请求，适用法律并无不当。

① 最高人民法院（2017）最高法民申366号民事裁定书。

二、支持银行、保理商诉求的判决类型

1. 保理合同不因基础交易关系无效而当然无效

该类判决主要的裁判观点为，在基础合同因债权人和债务人双方通谋实施的虚伪意思表示而无效的情况下，保理业务合同并不当然因此无效。针对上述“某银行乌鲁木齐钢城支行与Z物资公司、C金属公司合同纠纷案”中“保理合同因为基础交易关系非真实无效而无效”的一审判决，最高人民法院在二审时表示，得以产生应收账款债权的基础合同系存于债权人与债务人之间的，保理银行并非基础合同当事人，故基础合同无效并不当然导致保理合同无效。结合通谋意思表示的民法学基本原理，双方当事人通谋所为的虚伪意思表示，在当事人之间发生绝对无效的法律后果。但在虚伪表示的当事人与第三人之间，则应视该第三人是否知道或应当知道该虚伪意思表示而发生不同的法律后果：当第三人知道该当事人之间的虚伪意思表示时，虚伪表示的无效可以对抗该第三人；当第三人不知道当事人之间的虚伪意思时，该虚伪意思表示的无效不得对抗善意第三人。据此，在基础合同因债权人和债务人双方通谋实施的虚伪意思表示而无效的情况下，保理业务合同并不当然因此而无效，具体如下：[①]

> 保理融资业务是一种以应收账款债权的转让为核心的综合性金融服务业务，商业银行开展保理融资业务，固然应当以真实、合法、有效的应收账款转让为前提，但应收账款债权得以产生的货物销售、服务提供等基础合同系存在于债权人和债务人之间，保理银行并非基础合同的当事人，故基础合同无效并不当然导致保理业务合同无效。根据民法基本原理，双方当事人通谋所为的虚伪意思表示，在

① 最高人民法院（2018）最高法民申4320号民事裁定书。

当事人之间发生绝对无效的法律后果。但在虚伪表示的当事人与第三人之间，则应视该第三人是否知道或应当知道该虚伪意思表示而发生不同的法律后果：当第三人知道该当事人之间的虚伪意思表示时，虚伪表示的无效可以对抗该第三人；当第三人不知道当事人之间的虚伪意思时，该虚伪意思表示的无效不得对抗善意第三人。据此，在基础合同因债权人和债务人双方通谋实施的虚伪意思表示而无效的情况下，保理业务合同并不当然因此而无效。本案中，在债务人Z物资公司以应收账款不真实为由向债权受让人某银行乌鲁木齐钢城支行提出抗辩时，保理业务合同是否有效取决于某银行乌鲁木齐钢城支行在签订保理业务合同时是否有理由相信应收账款债权真实、合法、有效，即其对债务人Z物资公司所主张的债权不真实瑕疵是否知道或应当知道。一审判决关于在债务人对应收账款的真实性提出异议时应当审查应收账款的真实性，如果应收账款债权虚假则应当认定保理融资合同无效的论理逻辑，未能准确区分虚伪意思表示在当事人之间的效力和对第三人的效力，本院予以纠正。

根据最高人民法院在此案中的观点，保理业务合同是否有效取决于银行，保理商在签订保理业务合同时是否有理由相信应收账款债权是真实、合法、有效的，即银行、保理商是否属于善意第三人，不知道或不应当知道应收账款债权并不真实存在。因而最高人民法院在此案中，对一审判决关于"在债务人对应收账款的真实性提出异议时应当审查应收账款的真实性，如果应收账款债权虚假则应当认定保理融资合同无效"的论理逻辑，予以了纠正，认为其未能准确区分虚伪意思表示在当事人之间的效力和对第三人的效力。

持该类观点的裁判意见还可见于"L钢铁公司与某银行厦门分行金融借款合同纠纷案"[①]，最高人民法院在该案中认为：

---

① 最高人民法院（2014）民二终字第5号民事裁定书。

> 本案系某银行厦门分行因L钢铁公司不履行《银、企、商合作协议书》中约定的交货义务而提起的诉讼。《银、企、商合作协议书》约定的基本内容为T公司以其在与L钢铁公司签订的买卖协议中约定的应收货物为质押，向某银行厦门分行进行融资借款，用于支付T公司应付货款。其本质为T公司向某银行厦门分行进行金融借款，并以T公司应收货物提供质押担保。T公司和某银行厦门分行之间的金融借款法律关系，与T公司和L钢铁公司之间的买卖合同法律关系，是两个独立的法律关系。二法律关系之间有一定的关联，即借款的目的是支付买卖合同中的货款，但不能认为该借款关系就完全依附于买卖关系。即使买卖合同无效或被撤销，金融借款合同也只能是因合同目的无法实现而由一方提出或双方协商解除合同。在金融借款合同已经签订并已部分履行的情况下，不能认为买卖合同无效或被撤销会当然导致借款合同的无效和被撤销。

此外，上海市浦东新区人民法院在“K保理公司与H工贸公司、X数控设备公司等其他合同纠纷案”[①]中也表示：

> 一般认为，保理融资业务是以债权人转让其应收账款为前提，集融资、应收账款催收、管理及坏账担保于一体的综合性金融服务。根据商业保理公司在债务人无法偿付应收账款时，是否可以向债权人反转让应收账款、要求债权人回购应收账款或归还融资，分为有追索权保理和无追索权保理。根据《保理业务合同（有追索权）》中相关条款的约定，原告与被告H工贸公司签订的即为有追索权的保理。从保理融资业务的定义可知，商业保理合同以应收账款的转让为基础，但其与产生应收账款的基础合同之间系

① 上海市浦东新区人民法院（2016）沪0115民初17794号民事判决书。

相互独立的合同，基础合同的效力并不当然影响商业保理合同的效力。《合同法》第五十二条规定："有下列情形之一的，合同无效：(一）一方以欺诈、胁迫的手段订立合同，损害国家利益；(二）恶意串通，损害国家、集体或者第三人利益；(三）以合法形式掩盖非法目的；(四）损害社会公共利益；(五）违反法律、行政法规的强制性规定。"从本院查实的情况来看，原告在开展本次保理融资业务时，对证明被告H工贸公司与债务人某煤炭公司之间债权债务关系的《工业品买卖合同》、增值税专用发票、出库单、入库单进行了审查，在签订保理合同以后，亦告知了债务人某煤炭公司债权转让的事实，并对应收账款质押进行了登记，符合商业保理业务的操作惯例。被告X数控设备公司及刘某传以增值税发票虚假为由，抗辩原告与被告H工贸公司恶意串通订立保理合同，目的在于骗取保证人提供保证，既损害了国家利益，也损害了第三人利益，应认定为无效合同，而原告陈述在审核系争增值税发票时，其通过税务局网站查询得知增值税发票的票号真实存在，已经履行了必要的审核义务，对增值税发票为假并不知情，故不存在恶意串通的情况。对此，本院认为被告H工贸公司提供的增值税发票具备增值税发票的一般特征，发票号亦真实存在，足以让原告产生增值税发票为真的信赖，因此系争增值税发票为虚假发票的事实仅能说明被告H工贸公司存在恶意欺骗情形，不足以证明原告存在恶意或重大过失，在被告X数控设备公司及刘某传未提供其他证据佐证的情况下，对其抗辩本院不予采纳。综上所述，《保理业务合同（有追索权）》符合合同法的规定，无导致无效的法定情形，应属有效，合同各方应当按照合同约定履行自己的义务。原告已经按照合同约定为被告H工贸公司提供了保理融资款，在合同到期后，因债务人某煤炭公司未履行还款义务，原告根据反转让条款要求被告H工贸公司承担合同约定的责任具有事实和法律依据，应予支持。

但是，在该种裁判理由下，各个法院对于何谓“善意第三人”，即对“善意”的证明标准又产生了分歧，有法院认为只需要银行做形式审查，并提供证据证明已做形式审查就可以证明其“善意”，如在“某银行、某电力燃料公司合同纠纷案”[①]中，最高人民法院认为：

> 某银行在签订案涉《国内保理业务合同》之前，不仅审核了D公司提交的《煤炭买卖合同》和增值税发票的原件，还指派工作人员王某刚到燃料公司调查贸易背景的真实性，并对燃料公司签署《应收账款转让确认书》《应收账款转让通知确认书》等行为进行面签见证，向燃料公司送达了《应收账款转让通知书》，应当认定在案涉保理合同签订之前，某银行已经就基础债权的真实性问题进行了必要的调查和核实，D公司和燃料公司共同向某银行确认了基础债权真实、合法、有效，某银行已经尽到了审慎的注意义务，其有理由相信D公司对燃料公司享有债权……应付账款的贸易背景真实、合法和有效的情况下，前述增值税发票是否认证、抵扣、印章编码与备案印章是否一致等事由，原则上不应纳入某银行的调查、核实范围。

又如在“某银行乌鲁木齐钢城支行与Z物资公司、C金属公司合同纠纷案”[②]案中，最高人民法院也认为：

> 某银行乌鲁木齐钢城支行在本案中已经举证证明其在办理涉案保理业务之前已经以《应收账款保理业务确认书》的形式向Z物资公司和C金属公司确认了买卖合同的真实性，并审查了双方提交的买

① 参见《［三巡典型案例］次债务人不得以债权瑕疵为由对抗善意保理商》，载最高人民法院网站，https://www.court.gov.cn/xunhui3/xiangqing/66132.html，最后访问时间：2023年11月9日。

② 最高人民法院（2018）最高法民申4320号民事裁定书。

卖合同、出入库单据及增值税发票的真实性。据此应当认定，Z物资公司和C金属公司向某银行乌鲁木齐钢城支行提交的相关文件，足以使某银行乌鲁木齐钢城支行产生合理信赖并有理由相信涉案应收账款债权真实、合法、有效。

但最高人民法院在其他案件中却也提出根据《商业银行保理业务管理暂行办法》，银行、保理商必须对基础交易关系做尽职调查，不仅需要对文件签章的真实性进行审核，更应当对背景交易关系的真实性进行深入调查。如在“某银行水果湖支行与G招标公司、Y贸易公司招标投标买卖合同纠纷案”[①]中，最高人民法院表示：

虽然水果湖支行举证其受理了Y贸易公司保理融资申请资料并在人民银行“应收账款质押登记公示系统”办理了转让登记；与Y贸易公司共同向G招标公司发出《应收账款债权转让通知书》(公开型)，并取得了G招标公司的确认。但通知所附《应收账款债权转让清单》中所列的2014年2月14日Y贸易公司对G招标公司开具的共计金额为12598688元的11张税票，仅是合同约定的付款条件之一，尚不足以证实《煤炭买卖合同》付款条件已经成就。一般而言，增值税发票的开出意味着卖方要从买方收进该笔账款，保理银行根据卖方开出的增值税发票来确定应收账款的金额乃至融资额度，但仅以增值税发票判断卖方是否交货，事实依据尚不充分。第一，增值税发票在法律上并不能作为卖方的唯一交货凭证。《最高人民法院关于审理买卖合同纠纷案件适用法律问题的解释》第八条第一款规定“出卖人仅以增值税专用发票及税款抵扣资料证明其已履行交付标的物义务，买受人不认可的，出卖人应当提供其他证据证明交付标的物的事实”。第二，《商业银行保理业务管理暂行办

① 最高人民法院（2017）最高法民申366号民事裁定书。

法》第十四条、第十五条明确规定了对保理融资应对基础交易的真实性进行审核，商业银行受理保理融资业务时，应当审查买卖合同等资料的真实性与合法性。应当对客户和交易等相关情况进行有效的尽职调查，重点对交易对手、交易商品及贸易习惯等内容进行审核，并通过审核单据原件或银行认可的电子贸易信息等方式，确认相关交易行为真实合理存在，避免客户通过虚开发票或伪造贸易合同、物流、回款等手段恶意骗取融资。第三，水果湖支行与Y贸易公司签订的《国内保理业务协议》第一条明确协议中“交易凭证”包括但不限于：商务合同、商业发票（如增值税发票）、发货单据、验货凭证以及其他在执行商务合同中产生的应收账款权利证明。第六条应收账款债权转让亦要求应收账款转让方向受让方提交下列单据：1.《国内保理业务申请书》；2.商务合同的真实复印件；3.应收账款债权转让清单正本；4.商业发票；5.商务合约规定提交的其他商业单据（包括但不限于运输、保险单据等）；6.受让方所要求提供的其他单据及文件。

本案中，水果湖支行并未完成其举证责任，二审法院据此认为《煤炭买卖合同》约定的付款条件未成就而驳回水果湖支行对G招标公司的诉讼请求，适用法律并无不当。至于申请再审期间水果湖支行主张G招标公司于2016年3月7日和5月10日分别向水果湖支行偿还应收账款60157.62元和72440元，但并未提供相关证据。

可见，最高人民法院在不同案件中对于银行应为何种审查方式方可使其产生合理的信赖并有理由相信涉案应收账款债权真实、合法、有效的问题上产生了分歧。

2.债务人提出的抗辩不成立，债务人应依约清偿

在《民法典》颁布前，原《合同法》第八十二条规定：“债务人接到债权转让通知后，债务人对让与人的抗辩，可以向受让人主张。”该条法律规定系为保护债务人之利益不至因债权转让而受损害，但就债务人能否以基础债权不存在，抑或因通谋虚构为由向受让人提出抗辩这一问题，立法本身未设明文规定。

对此，更多的法院认为应收账款虚假的抗辩理由能否对抗银行保理商，取决于银行保理商在受让债权时是否为善意。也即，如若银行、保理商本身已尽审慎的注意义务，且并未发现基础合同当事人之间存有通谋行为，则债务人以基础债权不存在的事由为抗辩，法院不予支持。如在“某银行武汉分行、H铜业公司债权转让合同纠纷案”[①]中，认为：

> X公司与H铜业公司有多年业务往来，双方存在真实的货物买卖合同关系，且自2010年至2014年X公司将其对H铜业公司的部分应收账款已经转让给某银行武汉分行。H铜业公司称2014年X公司向某银行武汉分行转让债权所涉的2014年长单合同虚假，应收账款债权不存在。但是H铜业公司在2014年给某银行武汉分行出具了11份《承诺函》，明确同意将2014年长单合同项下的应收账款转让给某银行武汉分行，并承诺将相关款项付至指定账户。H铜业公司明知2014年长单合同虚假且没有应收账款的情况下，却给某银行武汉分行出具《承诺函》予以确认，与X公司存在通谋行为。虽然《合同法》第八十二条规定，债务人接到债权转让通知后，债务人对让与人的抗辩，可以向受让人主张，但在债务人与让与人存在通谋的情况下是否仍然享有抗辩权，法律并没有明确规定。当事人从事民事活动，应当遵循诚信原则，秉持诚实，恪守承诺，如果允许明知转让虚假债权的债务人以转让债权不存在来抗辩，则明显有违诚实信用等民法基本原则。双方当事人通谋所为的虚假意思表示，在当事人之间发生绝对无效的法律后果，但在虚假表示的当事人与第三人之间并不当然无效。当第三人知道该当事人之间的虚假意思表示时，虚假表示的无效可以对抗该第三人；当第三人不知道当事人之

① 本案例为作者根据工作、研究经验，为具体说明相关法律问题，编辑加工而得。

间的虚假意思表示时，该虚假意思表示的无效不得对抗善意第三人。本案中，H铜业公司没有证据证明某银行武汉分行知道或应当知道2014年长单合同系变造以及H铜业公司出具《承诺函》中承诺支付的款项已经支付给X公司，因此，H铜业公司不能免除其所承诺的付款责任。而且，一审判决认定债权转让的数额3088328379.07元是依据H铜业公司出具的102份《承诺函》载明的应收账款数额，并非依据2014年长单合同得出，即使2014年长单合同虚假亦不影响一审判决的该认定结果，故一审判决认定的应收账款数额并无不当。H铜业公司以2014年长单合同虚假及应收账款不存在为由抗辩不应还款，不予支持。

此裁判观点与上述“保理合同有效”的判决理由有异曲同工之妙，但其审判的出发点不同，一个是以保理合同是否有效为出发点，另一个是以债务人可否以基础交易关系不存在为由进行抗辩为出发点，但其运用的民法学原理和最后得出的结论都是相同的。都是通过虚伪意思表示对善意第三人的法律效果而言予以说理，最终得出虚伪意思表示之下基础交易关系的不存在并不影响善意第三人以此为由对债务人所为之请求的结论。

3.承认无异议承诺的法律效力

在一些案件中，债务人为了使债权人尽快取得融资，从而使双方的交易关系正常进行下去，通常会答应银行、保理商的要求，在《应收账款保理业务确认书》或《应收账款转让通知回执》中作出“不出于任何原因对该等款项进行任何抵销、反请求或扣减”的承诺。对于这样无异议承诺的条款，法院一般是承认其效力的，因而在审理中，如若债务人反悔提出相应的抗辩，法院一般不予采信。

如在“某银行乌鲁木齐钢城支行与Z物资公司、C金属公司合同纠纷案”[①]中，最高人民法院认为债务人在《应收账款保理业务确认书》中向保理银行

① 最高人民法院（2018）最高法民申4320号民事裁定书。

作出"不出于任何原因对该等款项进行任何抵销、反请求或扣减"的承诺，是其真实意思表示，故应依法认定为合法有效。根据《应收账款保理业务确认书》中的承诺内容，债务人在本案中不得再就涉案债权不成立、成立时有瑕疵、无效或可撤销、债权消灭等可以对抗原债权人的抗辩事由向保理银行提出抗辩。故对债务人提出的案涉买卖合同系双方虚伪意思表示、应收账款债权并非真实存在等抗辩理由，不予采信。具体如下：

> 根据本案已经查明的事实，Z物资公司在《应收账款保理业务确认书》中向某银行乌鲁木齐钢城支行作出"不出于任何原因对该等款项进行任何抵销、反请求或扣减"的承诺，是其真实意思表示，故应依法认定为合法有效。根据《应收账款保理业务确认书》中的承诺内容，Z物资公司在本案中不得再就涉案债权不成立、成立时有瑕疵、无效或可撤销、债权消灭等可以对抗C金属公司的抗辩事由向某银行乌鲁木齐钢城支行提出抗辩。故对Z物资公司在本案中向某银行乌鲁木齐钢城支行提出的案涉买卖合同系双方虚伪意思表示、应收账款债权并非真实存在等抗辩理由，本院不予采信。

但这样的《无异议承诺》是否应当赋予其相应的法律效果，是否有损债务人的利益，应当予以论证。最高人民法院在该案件中认为：首先，原《合同法》规定抗辩权和抵销权是为保护债务人之利益不至因债权转让而受损害，根据法律规定，债权转让后债务人对抗辩权和抵销权的行使享有选择权，其既可以对原债权人主张，也可以向受让人主张。即便债务人向保理银行预先承诺放弃行使抗辩权和抵销权，其所享有的实体权利并未因此而消灭，其仍然可以向原债权人主张相关的权利。因此，债务人对受让人预先承诺放弃抵销权和抗辩权并不会导致当事人之间利益的失衡。其次，从当事人在保理融资业务中所追求的经济目的来看，债务人事先向受让人作出无异议承诺具有一定的合理性。对保理融资业务中涉及的基础交易合同的双方当事人而言，经由保理银行的垫款，能够使相关基础合同的交易得以顺利进行；对保理银行而言，其为客户垫款而受让债权，其真实意思并非终局地获得该债权，而是希望借此从债权人那里获得报酬及利息，并由债务人归还融资本金。因此，债务人事先向债权受让人作出无异议承诺的做法，有利于促进保理融资业务的顺利开展。从实践中的情况来看，无异议承诺也已经成为保理融资实务中较为通行的做法。[①]

4.回执上签字盖章构成单方承诺

在部分案件中，债务人并没有在债权转让通知回执里作出无异议承诺，只是在其上签字盖章，如在“某银行高新区支行与G国际贸易公司、黄某等金融借款合同纠纷案”[②]中，被告G国际贸易公司向被告Z公司发出《通知书》后，被告Z公司在《通知书》的回执上加盖公章和法定代表人签章，对回执的内容进行确认，对此宁波市鄞州区人民法院认为：

> 原告依约受让了被告G国际贸易公司对被告Z公司在《商品购销合同》及相应增值税专用发票项下的应收账款债权。由于原告与被告G国际贸易公司约定有追索权保理类型为公开型有追索权保理，在原告对被告G国际贸易公司提供保理预付款之前，被告G国际贸易公司需按合同约定向被告Z公司发送《通知书》，并取得被告Z公司的回执。被告G国际贸易公司向被告Z公司发出《通知书》后，被告Z公司亦在《通知书》的回执上加盖公章和法定代表人签章，对回执的内容进行确认。该《通知书》已明确载明了转让的应收账款债权明细表、保理收款专户以及“只有向某银行高新区支行履行付款义务方能构成对应收账款债务的有效清偿”等内容，回执亦载明“确保按通知书要求及时、足额付款至某银行高新区支行的指定账户”等内容，被告Z公司在回执上加盖公章和法定代表人签章时

① 最高人民法院（2018）最高法民申4320号民事裁定书。

② 浙江省宁波市鄞州区人民法院（2015）甬鄞商初字第429号民事判决书。

> 理应尽到谨慎注意义务，应当知晓加盖公章和法定代表人签章的法律后果，虽然被告Z公司对此持有异议，认为通知书所盖的印章为盗盖或偷盖，但未向本院提供证据予以证明，故本院确认被告Z公司已收到被告G国际贸易公司的债权转让通知，并产生债权转让的法律效力。被告Z公司既已向原告出具上述付款承诺，即构成了对其具有法律约束力的意思表示，理应按照《通知书》的要求向原告履行支付应收账款的义务，违背承诺需依法自行承担相应的不利后果。

可见该法院将债务人向保理商确认应收账款债权，认定为债务人向保理商做出的单方承诺，认为保理商基于债务人的单方承诺获得了在应收账款范围内向其主张清偿的权利，因而当债务人提出相反的抗辩理由时，不予支持。也即，在有追索权保理合同中，债务人向保理商确认债权人对其享有的应收账款债权并同意应收账款债权转让，债务人即负有向保理商支付应收账款的义务。该类观点，强化了对债务人确认行为的考察，债务人并不是被动地接受应收账款债权转让，而是积极地做出了具有承诺效果的确认，足以使保理商对其产生信赖。申言之，将债务人在应收账款范围内对保理商的清偿义务，提升到与债权人在保理融资款范围内对保理商的清偿义务相同的高度。债务人做出单方承诺后，即负有保持基础合同中产生应收账款债权，确定地向保理商履行支付应收账款的义务。据此，保理商可以在应收账款范围内向债务人主张清偿，也可以在保理融资款范围内向债权人主张清偿。

相反地，如若债务人对确认书上的签名、盖章的真实性提出异议，且法院通过鉴定等方式确认签名、盖章实属伪造，则通常会以“缺乏事实依据”为由，不予支持银行、保理商的诉讼请求，如在“某银行集宁支行、张某芝合同纠纷案”①中，最高人民法院认为：

① 最高人民法院（2018）最高法民申730号民事裁定书。

关于Z公司应否对某银行集宁支行承担应付账款的给付责任问题。首先，在本案中，Z公司应否对某银行集宁支行承担应付账款给付责任的关键证据为2014年4月16日《应收账款确认书》、2014年4月16日《应收账款保理业务三方协议书》、2014年5月6日《关于应收账款确认书的补充说明》、2014年12月25日《应收账款确认书》，根据公安部物证鉴定中心对某银行集宁支行与Z公司共同提交的检材和样本作出的鉴定结论，上述文件中加盖的Z公司公章及Z公司法定代表人的签名与样本并不一致。某银行集宁支行对公安部物证鉴定中心的鉴定结论虽有异议，但并未在本案诉讼中申请司法鉴定。且某银行集宁支行在庭审中陈述此前与能源公司、Z公司曾发生过七笔类似业务，某银行集宁支行在本院释明后亦未提交证据证明Z公司实际使用过上述文件中加盖的印章。此外，某银行集宁支行提交的2013年8月20日《煤炭采购订单》、2013年9月6日《承诺书》及三方会议纪要、Z公司2013年度《资产负债表》等亦不足以证明Z公司对本案2014年5月10日《国内保理业务合同》项下的应收账款进行了书面确认，应承担举证不能的不利后果。一审法院采信公安部物证鉴定中心的鉴定结论，并据此认定Z公司并未对某银行集宁支行在本案保理业务中主张的应收账款进行确认，并无不当。其次，某银行集宁支行依据2013年2月18日《煤炭买卖合同》及履行票据上诉主张Z公司欠付能源公司货款，并主张北京市第三中级人民法院（2015）三中民（商）初字第04703号民事判决认定的Z公司对能源公司债权不真实。因Z公司未对本案某银行集宁支行与Z公司之间保理合同项下的应收账款进行确认，Z公司与能源公司是否存在债权债务关系，均不能成为某银行集宁支行主张Z公司承担案涉保理合同项下应收账款给付责任的理由。最后，本案2014年5月10日《国内保理业务合同》第3.1条约定L公司将应收账款债权及相关权利转让给某银行集宁支行，但某银行集宁支行并未提供证据证明能源公司此时对Z公司存在确定的债权并将债权转让事宜通知了Z公司，某银行集宁支行也不能基于债权转让关系向Z公司主张债权。因此，某银行集宁支行关于Z公司应向其承担应付账款给付责任的上诉主张，缺乏事实依据，本院不予支持。

但是只要签字盖章确实是债务人所为，即使基础交易关系是虚构的，法院也通常承认该承诺的效力，如在“某银行二支行与物资公司、严某晖、陈某合同纠纷案”[①]中，有观点认为：

在本案保理业务过程中，物资公司向某银行二支行提交的已转让应收账款确认通知书回执、《付款承诺书》等加盖了经W公司授权的W公司上海分公司公章及其负责人吴某跃私章、W公司财务专用章和丁某伟私章。《付款承诺书》明确声明，W公司已经收到基础合同项下全部货物，并已检验合格；W公司承诺不可撤销地承担上述货物的全额付款义务，不以任何理由拒付，若有违反，无论W公司以何种理由迟付或者拒付上述款项，某银行二支行有权就迟付或拒付的金额收取滞纳金。W公司在基础交易虚假的情形下，仍向某银行二支行作出上述确认和承诺，导致某银行二支行基于对真实应收账款以及W公司付款承诺的信赖而向物资公司发放款项。因此，W公司在本案中不得再就涉案基础合同不成立或无效等事由向某银行二支行提出抗辩。而且，从《付款承诺书》载明的内容来看，该承诺付款的范围涵盖了物资公司应还的保理预付款本金、利息及逾期利息。因此，W公司对某银行二支行的欺诈行为，系造成某银行二支行资金损失的重要原因，某银行二支行有权要求W公司承担相应的付款责任。

① 本案例为作者根据工作、研究经验，为具体说明相关法律问题，编辑加工而得。

5. 完成转让通知和应收账款登记公示，支持银行诉请

目前保理中间的应收账款转让登记规则可参照中国人民银行发布《动产和权利担保统一登记办法》，第二条规定“纳入动产和权利担保统一登记范围的担保类型包括：

（一）生产设备、原材料、半成品、产品抵押；（二）应收账款质押；（三）存款单、仓单、提单质押；（四）融资租赁；（五）保理；（六）所有权保留；（七）其他可以登记的动产和权利担保，但机动车抵押、船舶抵押、航空器抵押、债券质押、基金份额质押、股权质押、知识产权中的财产权质押除外。”

在《民法典》确立第七百六十八条的规则之前，绝大部分银行、保理商为了使保理合同享有对抗第三人的法律效果，也普遍会将明保理业务中的应收账款转让在中国人民银行征信中心办理登记。因而部分法院在审理债务人以基础交易关系不真实为由提出抗辩的案件时，会以保理合同项下的应收账款已经经过债务人同意进行登记公示外加银行完成应收账款转让通知这两个事实，来论证银行、保理商提供证据的证明力和其具有的善意身份，从而作出支持其诉讼请求的判决。如在“X资产管理公司天津市分公司与S管材公司、天津Q特种钢铁公司合同纠纷案”[①]中，天津市第二中级人民法院认为：

> 某银行营业部与Q特种钢铁公司签订的《国内保理业务合同》系双方真实意思表示，不违反法律、行政法规的规定，应认定合法有效。某银行营业部通过签订保理合同受让债权人Q特种钢铁公司基于《工业品买卖合同》对S管材公司享有的应收账款债权后，与Q特种钢铁公司共同向债务人S管材公司发出《应收账款债权转让通知书》，S管材公司在《回执》中确认同意债权转让通知书的内容并加盖印章，随后某银行营业部向Q特种钢铁公司支付了全部保理融资款。上述相关证据足以证明某银行营业部与Q特种钢铁公司

① 天津市第二中级人民法院（2014）二中民二初字第426号民事判决书。

之间构成保理合同法律关系，该保理合同中涉及的应收账款债权也得到了基础合同（即《工业品买卖合同》）中债务人S管材公司的确认，债权转让通知亦送达债务人S管材公司。某银行营业部保理款的发放是基于S管材公司对债权转让通知的接收。保理期限届满后，S管材公司未依约履行付款义务，Q特种钢铁公司也未依约履行合同义务。根据合同约定，某银行营业部在购货方不能按照约定期限足额偿付应收账款的情况下，可以向S管材公司进行追索。因此，某银行营业部依据保理合同的约定要求Q特种钢铁公司偿还保理融资本息有相应的合同依据，本院予以支持。Q特种钢铁公司在偿还融资本息后，原告应当将相应的应收账款转回Q特种钢铁公司。关于S管材公司主张与Q特种钢铁公司签订的买卖合同已实际支付完毕，Q特种钢铁公司已不享有应收账款债权，本院认为S管材公司提供的证据不能证明其付款即为本案所涉及应收账款债务的履行，故该抗辩理由不能成立。关于S管材公司主张“应收账款转让通知书及回执”上所加盖印章是其工作人员与Q特种钢铁公司合谋串通所为的问题。本院认为，在S管材公司并不否认“回执”所加盖印章真实性的情况下，S管材公司虽称盖章是其工作人员的合谋串通行为，但并未提供相应的证据予以证明。公安机关出具的《立案告知书》，载明的立案案由均为“涉嫌骗取贷款”，并未涉及和认定本案中S管材公司的印章是其工作人员非法串通所加盖的问题，故S管材公司的该主张并不能免除其对保理合同项下相关民事责任。鉴于作为保理商的某银行营业部不仅在签订保理合同时对Q特种钢铁公司与S管材公司之间的《工业品买卖合同》及Q特种钢铁公司向S管材公司开具的增值税专用发票予以审查，而且在签订保理合同时，就与Q特种钢铁公司共同向买卖合同的应收账款债务人S管材公司发出债权转让通知书，得到债务人S管材公司对应收债款债权相关内容的及时确认，同时在征信系统中对本案所涉及的保理合同项下应收账款进行了登记公示。而S管材公司在某银行营业部进

> 行催收时，还在继续盖章确认。某银行营业部根据S管材公司对应收账款通知书的签收发放了保理融资款，是基于对S管材公司确认应收账款的信任。根据保理合同的约定，S管材公司偿还的应收账款在扣除发放给Q特种钢铁公司的保理融资本金及利息后，剩余款项返还Q特种钢铁公司，故S管材公司对于本案所涉保理合同未能得到清偿具有过错。S管材公司应当对Q特种钢铁公司不能清偿的融资本息在应收账款的范围内承担补充赔偿责任。原告要求S管材公司对保理融资款项承担连带责任，没有相应的合同依据，本院不予支持。

这样的说理，实则是从银行、保理商通知债务人相关应收账款转让的事实会对债务人产生对抗力，和银行、保理商在中国人民银行征信中心办理应收账款转让登记会对第三人产生对抗力的双重角度承认了银行已然受让系争应收账款，并在两个步骤中未得到债务人的反对为由，对债务人承认该笔应收账款产生合理信赖，而获得法院对其善意身份的认定。当债务人再以基础交易关系是虚假交易关系，或并不知情为抗辩时，举证责任将会加注在债务人之上，让债务人产生举证不能的不利后果。

三、与《民法典》规则一致的判决类型

在《民法典》颁布之后，有了新增的第七百六十三条之规定："应收账款债权人与债务人虚构应收账款作为转让标的，与保理人订立保理合同的，应收账款债务人不得以应收账款不存在为由对抗保理人，但是保理人明知虚构的除外。"对于应收账款债务人以基础交易关系不存在为由提出的抗辩，裁判实践的主流观点基本形成。

即，只要保理人不明知应收账款债权人和债务人虚构应收账款或虚构基础交易合同的实情，保理合同的效力即不受影响，且债务人不得以此为由拒绝付

款。如在“W建设公司、某银行二支行合同纠纷案”[①]中，最高人民法院明确，在付款承诺书中应收账款债务人已承诺债务真实有效，且保理银行对债权人与债务人虚构应收账款并不知情，因此债务人不得拒绝付款，具体说理如下：

> 虽然一、二审中均查明案涉《钢材购销合同》项下并无真实货物交易，但本案并无证据证明某银行上海分行在发放保理预付款时知道物资公司与W建设公司虚构应收账款债权。商业保理业务中，应收账款债务人承诺债务真实有效是商业银行发放保理预付款的重要依据。W建设公司在《付款承诺书》中承诺收到基础合同项下全部货物，并不以任何基础合同执行中争议拒绝付款。W建设公司在《付款承诺书》中的意思表示合法有效，某银行上海分行亦根据其承诺发放了保理预付款，故W建设公司应按照其承诺向某银行上海分行承担付款责任。W建设公司提出某银行上海分行存在审核瑕疵，应减轻其付款责任。物资公司与W建设公司虚构应收账款，由物资公司向某银行上海分行确认应收账款的真实性并承诺付款，该行为已构成欺诈。若以某银行上海分行未能发现W建设公司的欺诈行为为由减少W建设公司应承担的付款责任，有悖于基本的诚信原则。因此，二审判决认定某银行上海分行的审核瑕疵不应减轻W建设公司付款责任，并无不当。

但是何谓《民法典》第七百六十三条所称的应收账款债权人与债务人虚构应收账款的情形，在司法实践中仍需进行扩张解释。从法理出发，主流裁判观点常将应收账款债权人与债务人通谋虚构应收账款的情形代入《民法典》第七百六十三条的适用之中，如在“Z物资公司、某银行乌鲁木齐钢城支行合同纠纷案”[②]中，最高人民法院认为：

---

① 最高人民法院（2019）最高法民申6463号民事裁定书。

② 最高人民法院（2018）最高法民申4320号民事裁定书。

关于Z物资公司和C金属公司是否应当履行还款义务的问题。原审已查明，2013年3月12日，某银行乌鲁木齐钢城支行与C金属公司签订《国内保理业务合同》，约定将C金属公司对Z物资公司享有的150012150元应收账款债权转让给某银行乌鲁木齐钢城支行。在办理涉案保理业务之前，某银行乌鲁木齐钢城支行已经于2013年3月5日以《应收账款保理业务确认书》的形式向Z物资公司和C金属公司确认了买卖合同的真实性，并审查了双方提交的《买卖合同》、出入库单据及增值税发票等的真实性，上述事实证明某银行乌鲁木齐钢城支行足以产生合理信赖并有理由相信涉案应收账款债权真实、合法、有效。因此，即使Z物资公司和C金属公司之间的涉案买卖合同确系虚伪意思表示，双方亦不得以此对抗作为善意第三人的某银行乌鲁木齐钢城支行。而且Z物资公司在《应收账款保理业务确认书》中明确表示要向某银行乌鲁木齐钢城支行支付150012150元价款，某银行乌鲁木齐钢城支行与C金属公司亦将该债权转让的事实通知了Z物资公司，相应的债权转让行为对Z物资公司发生法律效力。此外，根据涉案《保理业务合同》第七条和第八条约定，如果Z物资公司在约定期限内不能足额向某银行乌鲁木齐钢城支行履行债务，某银行乌鲁木齐钢城支行对Z物资公司享有要求其清偿债务的求偿权，对C金属公司享有抵销权和追索权，并有权要求C金属公司回购涉案债权。因此，某银行乌鲁木齐钢城支行在要求Z物资公司向其支付150012150元应收账款的同时，可以要求C金属公司对Z物资公司不能履行的债务在融资本金、利息、罚息及有关费用的范围内承担回购责任。故原审认定Z物资公司应当依约向某银行乌鲁木齐钢城支行归还债务且C金属公司在149995458.68元融资范围内承担回购责任的基本事实并不缺乏证据证明。

此外，在实践中多数法院认为如若保理合同项下的基础交易关系确实不存在，但应收账款债务人在接到债权转让通知后仍对虚构的应收账款予以了确认，其行为虽未与应收账款债权人形成通谋，也仍然属于《民法典》第七百六十三条所称的应收账款债权人与债务人虚构应收账款的情形，则其不得在嗣后以应收账款不存在为由对抗保理人。如在“某石油化工公司、某银行博兴支行合同纠纷案”[①]中，山东省高级人民法院即认为：

关于T公司基础债权瑕疵能否对抗某银行博兴支行的问题。本案中，T公司与某石油化工公司是基于《石油产品销售合同》而发生的债权债务法律关系，现某石油化工公司不认可该合同的真实性，但其认可应收账款受让通知书回执及应收账款债权转让通知书回执上公章的真实性。本院认为，某石油化工公司在T公司与某银行博兴支行签订保理合同过程中，明知其与T公司之间油品款项已结清，但在应收账款债权转让通知书回执上盖章的行为，可以认定某石油化工公司与T公司存在共同的虚伪意思表示。当事人的虚伪意思表示在当事人之间绝对无效，但不得对抗善意第三人。若第三人知道当事人之间的虚伪意思表示的，虚伪表示的无效可以对抗第三人。本案某石油化工公司主张某银行博兴支行对案涉基础债权不存在是明知的，且是事件的操纵者。本院认为，某石油化工公司的该项主张不能成立。首先，某石油化工公司主张保理业务中所涉及的材料均是某银行博兴支行主导及协助下制件完成。本院认为，涉及的文件中的空白处由某银行博兴支行工作人员填写，并不能得出某银行博兴支行知悉基础债权虚假的结论。其次，某石油化工公司主张某银行博兴支行提供的办理保理业务中的文件漏洞众多、瑕疵严重以及存在明显不合常理的情形，也可印证某银行博兴支行没有实地核查，也未对基本的书面材料进行审查。一是对于某石油化工公司提出的货物收据和增值税专用发票之间数额不符问题。本院认为，T公司与某石油化工公司存在其他业务来往，本案T公司对应

① 最高人民法院（2020）最高法民申1128号民事裁定书。

收账款系部分转让。某银行博兴支行在办理业务时对增值税发票的真实性进行了核验，且某石油化工公司亦对T公司转让的债权进行盖章确定。故不能由此否定涉案交易和增值税发票的真实性。另发票载明的货物与合同不符，也不影响涉案保理业务的办理。二是某石油化工公司主张基础交易合同结算条款没有约定赊销的结算方式，没有按合同约定的传真方式签署，没有按结算账户信息进行结算。本院认为，合同结算条款没有约定赊销的结算方式不代表不能以赊销形式进行交易。合同约定传真签署不能否定书面签署的效力。同理，结算方式也并非不能变更。三是应收账款受让通知书及回执中发给T公司，但回执中“保理申请人公章”处却加盖了某石油化工公司的公章和法人章。本院认为，某银行博兴支行认可将某石油化工公司加盖公章处的文字表述错误打印成“保理申请人公章”，实际应为“买方/付款人公章”。此处为笔误，且不会造成某石油化工公司的错误理解。四是T公司财务报表中，并不存在应收某石油化工公司货款的记载。某银行博兴支行则主张T公司资产负债表中载明了应收账款并超出了涉案的应收账款数额。本院认为，某银行博兴支行无权对T公司财务账目进行查阅审核，但仅从资产负债表并不能认定有无涉案应收账款。另，某石油化工公司主张某银行博兴支行对债权的真实性未做任何的核实、调查工作，严重违反银行保理业务操作规程。本院认为，某银行博兴支行二审提交了其在银行保理业务中所审查的相关材料，可以认定某银行博兴支行在办理保理业务过程中，审查了基础交易合同、收货单、发票等材料，且审验了发票的真实性。即便存在审查不严或工作疏漏的情形，但不能由此认定某银行博兴支行知悉基础债权是虚假的。最后，根据东营市公安局河口分局出具的《关于合同诈骗一案的函》亦不能证明某银行博兴支行在办理保理业务过程中明知涉案基础债权虚假。综上，某银行博兴支行在本案中系善意第三人，某石油化工公司现所提交的证据并不足以证明某银行博兴支行对案涉基础债权虚假是明知的。

总体而言，保理融资业务是一种以应收账款债权的转让为核心的综合性金融服务业务，保理人开展保理融资业务，固然应当以真实、合法、有效的应收账款转让为前提，但应收账款债权得以产生的货物销售、服务提供等基础合同系存在于债权人和债务人之间，保理人并非基础合同的当事人，故基础合同无效并不当然导致保理业务合同无效。根据《民法典》的规定，双方当事人通谋所为的虚伪意思表示，在当事人之间发生绝对无效的法律后果。但在虚伪表示的当事人与第三人之间，则应视第三人是否知道或应当知道该虚伪意思表示而发生不同的法律后果：当第三人知道该当事人之间的虚伪意思表示时，虚伪表示的无效可以对抗该第三人；当第三人不知道当事人之间的虚伪意思时，该虚伪意思表示的无效不得对抗善意第三人。根据《最高人民法院关于适用〈中华人民共和国民法典〉合同编通则若干问题的解释》第四十九条第二款的规定，受让人基于债务人对债权真实存在的确认受让债权后，债务人又以该债权不存在为由拒绝向受让人履行的，人民法院不予支持。但是，受让人知道或者应当知道该债权不存在的除外。据此，在基础合同因债权人和债务人双方通谋实施的虚伪意思表示而无效的情况下，保理业务合同并不当然因此而无效。如若债务人对债权转让通知进行过真实性和数额的确认，根据诚实信用原则，在保理人要求其清偿应收账款时，其更不得以应收账款实为虚构、不存在为由对抗保理人。

第五章

债权让与限制性规定对保理合同的影响

在《民法典》颁布前，根据原《合同法》第七十九条的规定："债权人可以将合同的权利全部或者部分转让给第三人，但有下列情形之一的除外：

（一）根据合同性质不得转让；（二）按照当事人约定不得转让；（三）依照法律规定不得转让。"

对此，如若债权人与债务人在产生应收账款的基础交易合同中约定不得转让债权，但债权人仍将该笔应收账款予以保理融资，此时，债务人是否需要受保理合同中有关债权让与的约束存有争议。

《天津市高级人民法院关于审理保理合同纠纷案件若干问题的审判委员会纪要（二）》[①]中对此有所提及："债权人与债务人约定债权不得转让的，债权人不得将应收账款全部或者部分转让给保理商，但保理商善意取得应收账款债权的除外。债权人违反基础合同约定转让不得转让的应收账款，如果因此给保理商造成损失，保理商向其主张承担赔偿责任的，应予支持，但保理商在签订保理合同时知道或者应当知道基础合同禁止转让约定的除外。"

可见这些规定中，都以保理人是否为善意第三人作为标准来判断保理合同对债务人是否产生应收账款转让的效力。

一、限制让与约定对保理合同效力的影响

在国际保理实务中，商业银行或商业保理公司与债权人签订的保理合同，往往会约定遵循《国际保理通用规则》。《国际保理通用规则》第十七条第十点、第二十条和第二十五条第一点，都允许保理商操作含禁止转让条款的商务合同，只不过保理商承担的坏账赔付责任有所调整，即保理商承担

① 参见《天津市高级人民法院公报》（2015年第2辑，总第13辑）。

核准额度内赔付的责任限于买方发生破产情形。在国内保理业务中，根据原《合同法》第七十九条的规定，若基础合同限制应收账款债权等合同权利转让，在债务人没有另外书面同意解除该限制的情况下，即使操作公开型保理通知债务人，应收账款的转让也是无效的，这类争议的案件也常有发生。如在“G保理公司、某网络通信公司河北分公司债权转让合同纠纷案”[①]中，涉案基础合同即约定了禁止转让的条款，且保理商对此明知，审理该案的法院即认为在这种情况下，需要债务人明确同意后，债权转让行为才发生效力。该案一审法院认为：

> 《2013年宽带接入网PONFTTH终端采购框架合同》系Y设备公司与某网络通信公司河北分公司在自愿平等、协商一致的基础下签订的，内容不违反法律、行政法规等强制性规定，合同合法有效。在该合同中，Y设备公司作为卖方对某网络通信公司河北分公司享有应收账款的权利，后Y设备公司与G保理公司签订《国内保理合同》，将享有的上述应收账款转让给G保理公司。《合同法》第七十九条规定，债权人可以将合同的权利全部或者部分转让给第三人，但有下列情况之一的除外：（一）根据合同性质不得转让；（二）按照当事人约定不得转让；（三）依照法律规定不得转让。本案中，《框架合同》中约定卖方不得单方向第三方转让本合同项下的全部或者部分买方应付账款，否则该转让行为无效；对于卖方确需转让本合同项下买方应付账款的，双方应就该转让事项签署书面补充协议，书面补充协议经双方签字并加盖公章或合同专用章后生效。因该《框架合同》作为基础合同是《国内保理合同》成立的前提，而G保理公司与Y设备公司之间的应收账款转让是保理关系的核心。Y公司将应收账款转让给G保理公司，但未依《框架合同》的约定与某网络通信公司河北分公司协商并签署书面补充协议，更无约定的

① 河北省石家庄市中级人民法院（2018）冀01民终8772号民事判决书。

书面补充协议经过双方签字并加盖公章或合同专用章的情况下转让，由此该转让行为不符合《框架合同》的约定，应无效。故对于G保理公司要求某网络通信公司河北分公司支付应收账款1263.9万元的诉讼请求，该院不予支持。因G保理公司、Y设备公司的上述转让行为对某网络通信公司河北分公司未发生效力，且廖某艳是作为《国内保理合同》所涉Y设备公司向G保理公司的融资保理业务承诺承担连带责任，而非对所谓某网络通信公司河北分公司与G保理公司之间的上述债务承担连带保证责任，故对G保理公司要求廖某艳承担连带责任的请求，该院不予支持。

一审判决后，保理公司不服遂向二审法院提起上诉，但该案二审法院也认为：

本案二审争议的焦点问题为Y设备公司与G保理公司之间案涉债权转让对某网络通信公司河北分公司是否发生法律效力。Y设备公司与某网络通信公司河北分公司签订的《2013年宽带接入网PONFTTH终端采购框架合同》明确约定，“卖方不得单方向第三方转让本合同项下的全部或者部分买方应付账款，否则该转让行为无效，对于卖方确需转让本合同项下买方应付账款的，双方应就该转让事项签署书面补充协议，书面补充协议经双方签字并加盖公章或合同专用章后生效。”G保理公司对于上述合同约定系明知，其如欲合法受让Y设备公司对某网络通信公司河北分公司享有的案涉债权应就债权转让事宜通知某网络通信公司河北分公司并取得其同意。G保理公司为证明债权转让的相关事实提交了《应收账款转让通知书回执》，某网络通信公司河北分公司否认收到Y设备公司和G保理公司送达的《应收账款转让通知书》，同时对《应收账款转让通知书回执》上加盖的其公司内设部门印章的真实性不予认可。某网络通信公司河北分公司为证明自己的主张提交了2008年启用部门印章的通知、印模以及Y设备公司法定代表人张某民出具的《确认与承诺书》，上述证据可以证明《应收账款转让通知书回执》上加盖的某网络通信公司河北分公司内设部门印章不具有真实性，且《应收账款转让通知书回执》中没有签收人的签字，因此，G保理公司提交的证据不足以证明其受让Y设备公司对某网络通信公司河北分公司享有的案涉债权通知了某网络通信公司河北分公司并取得了同意。因Y设备公司与某网络通信公司河北分公司在合同中约定Y设备公司不得单方转让合同项下的买方应付账款，故依照《合同法》第七十九条规定，G保理公司与Y设备公司之间案涉债权转让对某网络通信公司河北分公司不发生效力。一审判决驳回G保理公司要求某网络通信公司河北分公司清偿案涉应收账款的诉讼请求，并无不当。

同样的判决意见还可见于“某银行苏州分行诉塑胶公司、科技公司等借款合同纠纷案”[①]中。2006年塑胶公司就其对科技公司的应收账款债权与银行签订《保理协议》与《综合授信协议》，并通知了科技公司。科技公司将部分应收账款汇入塑胶公司设在银行的监管账户。2008年，就逾期未付的应收账款200万余美元，银行诉请科技公司偿还，并要求塑胶公司依回购型保理条款约定承担补充清偿责任。科技公司以其与塑胶公司所签购销合同中约定的禁止转让条款进行抗辩。审理该案的江苏省高级人民法院认为：

有追索权或回购型保理实质应为以债权质押的借贷契约。我国未加入《国际保理公约》，在涉外民商事司法实践中，《国际保理通则》作为国际惯例在我国适用。根据该通则规定，国内贸易基

① 参见《某银行苏州分行诉塑胶公司、科技有限公司等借款合同纠纷案》，载《江苏省高级人民法院公报》2009年第2期。

础合同双方所约定的禁止债权转让条款，不影响国际保理合同的效力。但对于国内贸易纠纷，我国法律、行政法规和规章对保理合同无明确规定。根据《合同法》第七十九条第二项规定，债权人可以将合同的权利全部或者部分转让给第三人，但按照当事人约定不得转让的除外。本案中，科技公司与塑胶公司所签购销协议明确约定了禁止转让合同权益和义务的条款，符合《合同法》第七十九条规定的除外情形。银行作为保理商在与塑胶公司签订《保理协议》与《综合授信协议》时，对保理所涉基础交易合同条款未尽审查注意义务，故塑胶公司在未征得科技公司同意下，将其对科技公司应收账款擅自转让给银行，违反前述法律规定，即使债权人通知了债务人，对科技公司亦不发生效力。因此，应依《合同法》第七十九条规定认定债务人虽就禁止让与的应收账款对保理商享有抗辩权，但债务人实际履行中以明示行为表示同意转让的除外。科技公司虽按塑胶公司指示向银行监管账户支付了部分到期货款，但并不能以此认定科技公司同意塑胶公司将其对科技公司的应收账款债权均转让给银行，该部分付款行为可视为部分接受债权转让。鉴于科技公司与塑胶公司已结算相应货款，本案所涉主债务是基于银行与塑胶公司之间因《保理协议》与《综合授信协议》项下贸易融资业务而产生，且《保理协议》明确约定银行对贸易融资本息保留向塑胶公司追索的权利，故本案主债务即保理融资款应由塑胶公司向银行偿还。

可见，对于国内保理业务纠纷，在《民法典》颁布前，鉴于我国法律、行政法规和规章对此无明确规定，人民法院常依原《合同法》第七十九条规定，认定债务人就禁止让与的应收账款对保理商享有抗辩权，债务人实际履行中以明示行为表示同意转让的除外。

债权人与债务人约定债权不得转让的，债权人不得将应收账款全部或者部分转让给保理商，但保理商善意取得应收账款债权的除外是否存在另一个例外情形？在“G集团、某银行荆州分行金融借款合同纠纷案”[①]中，G集团就以此为理由提起上诉：

> 本案真实施工合同明确约定“债权不得转让”，某银行荆州分行未从严审查“承接工程类保理”交易背景真实性，在签订保理合同时并无善意，不能成为G集团某项目部的债权人，相关诉讼请求应予驳回。《商业银行保理业务管理暂行办法》第十四条规定，商业银行受理保理融资业务时，应当严格审核卖方和/或买方的资信、经营及财务状况，对因提供服务、承接工程或其他非销售商品原因所产生的应收账款，应当从严审查交易背景真实性和定价的合理性。《中国工商银行国内保理业务管理办法》第十八条规定，对因提供服务、承接工程或其他非销售商品原因所产生的应收账款办理保理业务的，还应对其交易的真实性、定价的合理性等从严审查。依据上述规定，某银行荆州分行在签订涉案保理合同时，不能仅凭建设公司单方提供的施工合同即认定基础交易的真实性，起码还应向G集团某项目部询证核实。一审法院已明确认定某银行荆州分行留存的施工合同虚假，G集团某项目部提供的载有“债权不得转让”的施工合同才是一份真实的合同。依据《合同法》第七十九条第二项，当事人约定债权不得转让的，债权人不得将合同的权利全部或者部分转让给第三人。参照《天津市高级人民法院关于审理保理合同纠纷案件若干问题的审判委员会纪要（二）》第四项“基础合同中债权禁止转让的约定对保理商的影响”，某银行荆州分行未尽审慎义务，不能善意取得应收账款债权，对G集团某项目部不产生应收账款转让的效力，相关的诉讼请求应予驳回。

对此，二审法院认为：

---

① 湖北省高级人民法院（2017）鄂民终3108号民事判决书。

《国内保理业务合同》约定，某建设公司将其对G集团某项目部享有的工程款债权转让给某银行荆州分行以办理保理融资业务。根据《合同法》第七十九条、第八十条之规定，债权转让未通知债务人的，对债务人不发生效力。某银行荆州分行提交了《应收账款转让通知书（回执）》《确认函》《联系函》以及相关证人证言、照片，证明其已将债权转让通知G集团某项目部。本院认为，某银行荆州分行不能证明《应收账款转让通知书（回执）》上G集团某项目部印章是该项目部有效印章。该回执上虽有陈某签字，但陈某系某建设公司工作人员，且从某银行荆州分行工作人员陈述来看，某银行荆州分行对陈某是某建设公司工作人员这一事实是明知的。某银行荆州分行主张陈某同时是G集团某项目部工作人员，但提交的证据不能证明其主张。作为专业从事金融业务的商事主体，某银行荆州分行对债权转让通知的法律意义应当非常清楚。其明知陈某为某建设公司工作人员，却仅向陈某送达债权转让通知并由陈某加盖印章，明显违反审慎义务。因此，某银行荆州分行将《应收账款转让通知书》交陈某签字盖章不能认定某银行荆州分行已向G集团某项目部送达了债权转让通知，亦不能认定某银行荆州分行有理由相信陈某有权代表G集团某项目部接收该债权转让通知。G集团出具的《确认函》无任何债权转让或保理融资内容，不能依据《确认函》认定G集团已知晓债权转让事宜。某银行荆州分行提交的照片和证人证言亦不能证明其已将债权转让通知G集团某项目部。某银行荆州分行还提交了《联系函》复印件证明其已向G集团某项目部通知了债权转让事宜。在该复印件上，某银行荆州分行工作人员手写注明该《联系函》采取邮寄方式向G集团某项目部送达，但未提交邮寄单据及签收凭证，不能证明G集团某项目部已收到该《联系函》原件。且根据《国内保理业务合同》约定，某银行荆州分行是案涉应收账款债权的受让人。由于应收账款债权债务发生于出让人与债务人之间，

> 转让债权的合意达成于转让人与受让人之间，受让人与应收账款债务人之间未发生过直接联系，因此，应收账款债务人是否知晓以及能否确认债权转让的事实，是作为认定债权转让通知法律效力的关键。某银行荆州分行作为受让人通知债权转让的，应当同时附有关债权转让的基础交易资料。即使某银行荆州分行向G集团某项目部送达了该《联系函》，但未附《国内保理业务合同》等债权转让的基础交易资料，不能认定某银行荆州分行完成了债权转让通知义务。某建设公司与G集团之间的案涉工程款因履行行政处罚决定及生效裁判文书已全部结算支付完毕，因此，一审法院判令G集团向某银行荆州分行偿还本金及利息缺乏事实及法律依据。

显然，在该案件中法院避开了讨论禁止让与约定的效力问题，仍从保理人有无完成应收账款转让通知为核心对该笔应收账款转让是否对债务人生效作出判定。但这也从侧面反映出，即使保理人为善意，只要其没有尽到通知义务，则债权让与不对债务人生效。而一旦其通知债务人，债务人即可以此为由提出抗辩，如若债务人未以此为由提出抗辩且在转让通知的确认函回执上签字，则可以认为其已经明示同意债权的转让，该问题也就迎刃而解。

因而实践中鲜有法院以保理人为善意第三人为由，作出例外的判决。在部分案件中，还可发现法院对善意的认定标准极高，保理银行审查基础交易关系中的合同文本是其应当尽到的义务，因而如果银行没能知晓基础合同关系中禁止转让债权的条款，也应当自担风险，如在“某银行与B公司债权转让合同纠纷案”[①]中，二审法院的判决理由就暗含了这层意思：

---

① 参见王锐：《国际保理合同的认定与裁判方法——基于一起典型案例的分析》，载《法律适用》2019年第2期。

> 本案所涉债权并非可任意转让之债权。本案中某银行主张所受让之债权系Y公司与B公司之间买卖合同项下应收账款，Y公司与B公司在买卖合同中约定："未经B公司书面同意，任何应收账款均不得转让。"因此本案所涉债权受合同当事人之间特别约定的限制，并非可任意转让之债权。但某银行未能提供证据证明B公司已书面同意涉案债权的转让。故根据《合同法》第七十九条的规定，在未经B公司书面同意的情况下，Y公司转让应收账款的行为为法律所禁止。同时，某银行与Y公司在涉案保理协议中也明确约定，对于Y公司转让给某银行的债权，Y公司应有权将其出售给某银行，否则，该债权不得被转让。某银行作为专业的金融机构，应依据审慎原则开展保理业务并受让债权，但其未能就Y公司与B公司所签订的合同尽到合理的审查义务，理应承担相应的不利后果。

但是，自《民法典》实施之后，由于其第五百四十五条对原《合同法》第七十九条进行了修改，在其第1款"债权人可以将债权的全部或者部分转让给第三人，但是有下列情形之一的除外：（一）根据债权性质不得转让；（二）按照当事人约定不得转让；（三）依照法律规定不得转让"的规定之外又新增第二款，明定"当事人约定非金钱债权不得转让的，不得对抗善意第三人。当事人约定金钱债权不得转让的，不得对抗第三人"。

而保理合同中由债权人转让给保理人的应收账款，正是属于《民法典》第五百四十五条新增规定中所称的金钱债权的范畴，在这一新规的加持下，实践中如再遇基础交易合同中存有限制应收账款转让的规定，也不会再影响保理合同的效力，这一裁判分歧也将成为历史。

二、未来应收账款对保理合同效力的影响

除基础交易关系中限制转让的约定外，未来应收账款对保理合同的效力

是否有影响也存有争议。由于在《民法典》颁布前，我国《商业银行保理业务管理暂行办法》第十三条第一款明确规定：商业银行不得基于未来应收账款等开展保理融资业务。因此，商业银行在操作单笔公开型保理业务时，通常会确保每次保理融资所对应的应收账款都已经完成有效的转让，即在债权人与受让方之间的对内效力，以及债权转让对债务人的对外效力都具备。如果商业银行提供的是保理池模式，则有必要与债权人在保理协议中约定附条件生效的合同条款，在保理池首笔融资时，未来应收账款债权的转让设定尚属合同成立阶段，等未来一定时期应收账款债权正式形成之时，则该部分应收账款债权的转让方宣告生效。在实际操作中，每笔新的应收账款都要确保其有单独的转让文件和通知债务人的手续。

但在《国际保理通用规则》和国际保理实践中，一直以来都承认未来应收账款债权转让的效力，即在一揽子转让型保理中，债权人可与保理商在保理协议中明确，将未来对某个特定债务人的所有应收账款债权均转让给保理商，并不再就具体应收账款债权签署任何证明转让的文件。

如在"K保理公司与顾某商业保理合同纠纷案"[①]中，上海市浦东新区人民法院就对商业保理公司在对商户一定期间通过银联POS机收款额测算的基础上，基于未来通过该POS机刷卡可能产生的账款开展保理融资业务这种新模式的合同效力予以认可。虽然监管机构不允许商业银行基于未来应收账款及权属未明的应收账款开展保理融资业务，但是商业保理与银行保理有着本质的区别，银行保理属于金融机构的金融行为，应受到严格的金融风险管控，而商业保理属于商业信用行为，经营风险应由商业保理公司自控，本案案情如下：

原告K保理公司、T保理公司诉称，2014年11月25日，原告与被告L商贸公司签订了《商业保理申请及协议书》，约定被告L商贸公司向原告转让其对POS机收单机构的应收账款，原告据此向被告L商贸公司提供预支对价款人民币25万元用于增加库存，并由原告

① 上海市浦东新区人民法院（2015）浦民六（商）初字第900号民事判决书。

从POS机收单机构每日固定还款3334元、月最低还款83333元的方式收回预支对价款。同时由被告庞某凯提供不可撤销的连带保证担保。原告依约于2014年12月2日向被告L商贸公司支付了预支对价款25万元，但被告L商贸公司自2014年12月10日起故意不按约定使用原告指定的POS机作为唯一收款工具，且拒绝按《商业保理申请及协议书》归还预支对价款和支付逾期违约金，同时，被告L商贸公司的法人在《商业保理申请及协议书》履行过程中发生变更，由签订《商业保理申请及协议书》时的庞某凯变更为解某忠，但未通知原告，上述行为已构成《商业保理申请及协议书》第八条约定之违约条件。故原告诉至法院，请求判令：（1）依法判令被告L商贸公司支付原告预支对价款231776元；（2）依法判令被告L商贸公司支付2014年12月10日起至实际清偿日止按《商业保理申请及协议书》约定的0.5%逾期违约金（暂计至2015年1月15日为45000元）；3.依法判令被告庞某凯对被告L商贸公司上述还款义务承担连带保证责任；4.依法判令本案案件受理费、财产保全费用由被告承担。

上海市浦东新区人民法院对此认为：

两原告与被告L商贸公司签订的《商业保理申请及协议书》《商业保理确认书》《应收账款转让登记协议》系当事人真实意思的表示，内容不违反法律、行政法规的强制性规定，合法有效，当事人理应恪守。现原告已按约向被告L商贸公司支付了预支对价款，但是被告L商贸公司未按约使用原告指定的POS机收款，亦未采用其他方式归还预支对价款及相应逾期违约金，显属违约，故原告有权按照《商业保理申请及协议书》要求被告L商贸公司归还预支对价款并承担违约责任。被告庞某凯主张《商业保理申请及协议书》是格式合同，其中涉及被告庞某凯的责任，合同中没有醒目的提示，原告未尽提示义务，违反合同法规定，故被告庞某凯不应承担连带

> 责任，对此本院认为，系争《商业保理申请及协议书》的性质为商业性合同，其当事人双方均为商事行为主体，应推定为具备相当的商业知识和经验，在交易的过程中能充分理解交易的真实情况，即使上述合同采用了部分格式条款，该合同的正面声明及确认一栏中亦明确约定“乙方（即被告L商贸公司——本院注）已仔细阅读背后之《商业保理协议书》，完全理解并自愿遵守全部内容”，并由被告L商贸公司当时的法定代表人庞某凯签字，应视为原告对被告庞某凯应承担担保责任已尽到了提示义务，故被告庞某凯的上述主张，本院不予支持。

此案是浦东法院2015年度发布涉自贸区十大典型案件之一，获得的评价是：本案判决基于商业保理的行为性质，对业态创新给出了支持的司法态度。但同样是以POS机上形成的应收账款及其收款权利进行保理的“K保理公司与J农业公司、陈某峰借款合同纠纷案”[①]，上海市第一中级人民法院和上海市高级人民法院却认为：

> J农业公司将其“POS机上形成的所有应收账款及其收款权利”转让给K保理公司，该应收账款所基于的交易事实及其收款权利均发生于系争《商业保理申请及协议书》缔约之后，不具有合理可期待性及确定性，故其不具可转让性，J农业公司与K保理公司间依据系争《商业保理申请及协议书》不能成立商业保理法律关系。

再结合其他案子来看，如在“Y商业保理公司与S技术公司合同纠纷案”[②]中，上海市浦东新区人民法院以“该笔将来债权具有合理可期待性及相对确定性”为由认定案涉《保理合同》合法有效，说理如下：

① 上海市高级人民法院（2016）沪民申2374号民事裁定书。

② 上海市浦东新区人民法院（2015）浦民六（商）初字第S19410号民事判决书。

> 商业保理在我国现行法律法规尚无明确规定，但鉴于该种商业模式已普遍存在于社会经济生活中，并有相应国际惯例、国际公约等规则予以规范，故在法无明文规定的情况下，可结合民法基本原理、该种商业模式之起源及发展、现行各类商业惯例，并参照相应国际规则对本案是否构成商业保理法律关系予以认定。《商务部办公厅关于做好商业保理行业管理工作的通知》表明，2012年6月商务部同意在上海浦东新区开展商业保理试点。未来应收账款的保理虽属商业银行禁止业务，但并不被商业保理所禁止。尽管如此，本案中，仍需审查系争债权是否具备可转让性。本案将来债权系L公司基于《采购合同》产生的约定金额之债，即合同标的物终验收完成所对应的600万元，L公司与原告达成该笔债权的转让合意时，《采购合同》已履行过半，故该笔将来债权具有合理可期待性及相对确定性，本院认定该未来应收账款具备可转让性，可作为商业保理业务的标的。因此，本案中，被告与L公司签订的《采购合同》、原告与L公司签订的《标准商业保理合同》均系当事人真实意思的表示，内容不违反法律、行政法规的强制性规定，合法有效，当事人理应恪守。

与此相同的裁定意见还可见于“J建设公司、J保理公司合同纠纷案”[①]，最高人民法院认为：

> J建设公司诉讼中主张《应收账款债权转让通知单》仅是对案涉项目一期附属工程施工合同在正常履行情形下未来可能产生的应付账款的预期，而实际发生金额只有1869万余元，远小于转让所称的债权。就此一节，虽然J保理公司向中国人民银行征信中心登记的应收账款转让只有棚户区改造项目（一期附属工程）《建设工程施工合

① 最高人民法院（2019）最高法民申2686号民事裁定书。

同》，但送达给J建设公司的2015（商保）0015号《应收账款债权转让通知单》载明，T建设公司将其与J建设公司签署的棚户区改造工程项目合同项下应收账款以及就该部分应收账款所享有的全部债权及债权的从属权利等相关权益转让给J保理公司，即T建设公司转让的是案涉整体工程项目施工合同的应收账款，并非仅限于案涉项目一期附属工程施工合同。J建设公司提交的《工程结算资料移交清单》、支付工程款和材料款的银行转账支票存根、《置业公司破产重整案申报债权登记表》等证据也显示，在工程施工过程中即已完工，工程价款确定时案涉项目并未区分一期主体工程、一期附属工程。故J建设公司就J保理公司受让债权只有1869万余元的主张没有合同和事实依据。

综上可见，只要应收账款产生的基础交易关系是确定的，产生应收账款是可期待的，即使应收账款于保理合同签订时未予存在，也是不影响对保理合同效力的认定的，债务人仍应以保理合同中所约定的基础交易关系下所产生的所有应收账款为限对保理人进行债务清偿。

我国《商业银行保理业务管理暂行办法》虽然禁止商业银行开展未来应收账款保理业务，但对商业保理领域未曾禁止，且实践中亦大量存在，故宜认定未来应收账款商业保理业务合法有效。所幸的是，《民法典》新增了第七百六十一条的规定，并在该条款中第一次于法律层面承认了未来应收账款叙做保理业务的合法性。结合《最高人民法院关于适用〈中华人民共和国民法典〉合同编通则若干问题的解释》第十九条第一款的规定，以转让或者设定财产权利为目的订立的合同，当事人或者真正权利人仅以让与人在订立合同时对标的物没有所有权或者处分权为由主张合同无效的，人民法院不予支持；因未取得真正权利人事后同意或者让与人事后未取得处分权导致合同不能履行，受让人主张解除合同并请求让与人承担违反合同的赔偿责任的，人民法院依法予以支持。可见，目前未来应收账款已成为适格的保理合同的客体。但值得注意的是，未来应收账款实属附期限或附条件之债，其作为保理合同标的，在缔约时仍需具有合理可期待性和相对确定性。

第六章

保理中的债权让与通知争议

通知在保理实务中有着举足轻重的地位，其是确保债务人的利益不受损失、促使债权自由流转的一大利器。在保理法律关系中，通知是指将应收账款保理（应收账款债权转让）的事实告知应收账款债务人的这一行为，由于《民法典》颁布前并无法律对保理业务中通知行为的形式与法律效果进行规定，实践中也常由此引发纠纷。

一、债权让与通知的效力

在《民法典》颁布前，我国的民事法律中，只有原《合同法》第八十条对债权转让通知的法律效力进行了规定“债权人转让权利的，应当通知债务人。未经通知，该转让对债务人不发生效力”。

而《民法典》不仅在第五百四十六条继受了这一规则：“债权人转让权利的，应当通知债务人，未经通知，该转让对债务人不发生效力。债权转让的通知不得撤销，但是经受让人同意的除外。”其又于保理合同编的第七百六十四条新增了“保理人向应收账款债务人发出应收账款转让通知的，应当表明保理人身份并附有必要凭证”这一规定。

《最高人民法院关于适用〈中华人民共和国民法典〉合同编通则若干问题的解释》第四十八条亦对通知相关的法律效果作出了细节回应，该条规定：“债务人在接到债权转让通知前已经向让与人履行，受让人请求债务人履行的，人民法院不予支持；债务人接到债权转让通知后仍然向让与人履行，受让人请求债务人履行的，人民法院应予支持。让与人未通知债务人，受让人直接起诉债务人请求履行债务，人民法院经审理确认债权转让事实的，应当认定债权转让自起诉状副本送达时对债务人发生效力。债务人主张因未通知而给其增加的费用或者造成的损失从认定的债权数额中扣除的，人民法院依法予以支持。”

从我国当下的民法规则上看，债权转让行为对债务人生效实以债务人收到债权转让通知的时间为分界点，在债务人收到债权转让通知之前，债务人可以向转让人履行义务但是在债务人收到转让通知之后，债务人只能向受让人履行义务，如若此后债务人还是向转让人履行付款义务，受让人仍有权请求债务人，要求其再次履行付款义务。而保理的核心法律关系即为债权让与，因此该规则也应在保理法律关系中得到运用。

正因法律的明确规定，目前在我国的司法实践中，对保理业务何时对应收账款债务人生效并无争议。如在“Y商贸公司、某银行贵阳分行等合同纠纷案”[①]中，最高人民法院确认：

> 《合同法》第八十条规定：“债权人转让权利的，应当通知债务人。未经通知，该转让对债务人不发生效力。债权人转让权利的通知不得撤销，但经受让人同意的除外。”该条规定采债权转让的通知主义模式，通知是债权转让对债务人生效的要件。债务人应当向谁履行债务，取决于其是否收到债权转让通知。债务人在没有收到债权转让通知前，不论其是否实际知晓债权转让的情况，债权转让对债务人均不发生法律效力，债务人仍应向原债权人履行债务。本案中，转让人某银行和受让人某资产公司杭州办就涉案债权达成转让协议，涉案债权由某银行转移至某资产公司杭州办，但某银行未向债务人Y商贸公司发出债权转让通知，故该债权转让对Y商贸公司不发生法律效力。

从该案例的裁判结果可见，我国《民法典》第五百四十六条（即原《合同法》第八十条）采债权转让的通知主义模式，通知是债权转让对债务人生效的要件。债务人应当向谁履行债务，取决于其是否收到债权转让通知。债务人在没有收到债权转让通知前，不论其是否实际知晓债权转让的情况，债

① 最高人民法院（2016）民申7号民事裁定书。

权转让对债务人均不发生法律效力，债务人仍应向原债权人履行债务。且债务人作为债权转让协议以外的第三人，并不享有该项请求权，不具有督促债权人向其通知的法律义务。

此外，《国际商事合同通则》第9.1.7条明确规定了债权转让生效时间"一项权利仅凭转让人和受让人之间的协议即可转让，而无须通知债务人。转让无须债务人同意，除非此情况下债务实质上具有人身性质。"即原则上权利转让人与权利受让人权利转让的意思表示达成一致时权利转让合同生效，是否通知债务人不影响权利转让合同的效力。我国《民法典》第五百四十六条（即原《合同法》第八十条）第一款只规定了未经通知的债权转让对债务人无效，但没有说明是否对让与方和受让方有效。因而有学者主张，"通知是债权移转的生效要件，未经通知的债权让与无效"，理由在于：债权让与合同只产生移转义务，要使债务人受到债权让与合同的约束还需要有一定的法律事实即让与通知作为履行行为，[①]如果债权变动连对债务人的效力都没有发生则不可能成立债权变动，因此债权转让通知是债权变动的必备要件，[②]由此，只有经过通知才能使受让人取得债权，否则债权仍属原债权人所有。相同的实务裁判观点可见"某银行虹口支行与某电气公司、孙某华、J电气公司、郑某芬金融借款合同纠纷、保证合同纠纷、抵押合同纠纷、质押合同纠纷案"[③]，上海市虹口区人民法院认为：

> 原告与被告H电气公司签订的《保理协议书》虽然约定被告H电气公司将其应收账款转让给原告，原告受让相关应收账款后融资给H电气公司，但从实际履行看，原告与H电气公司均未向购销合同的买方通知转让应收账款事宜，依据法律规定，应收账款的转让对购销合同的买方不发生效力，原告对H电气公司的融

① 参见申建平：《债权双重让与优先权论》，载《比较法研究》2007年第3期。

② 参见叶金强：《公信力的法律构造》，北京大学出版社2004年版，第4页。

③ 上海市虹口区人民法院（2014）虹民五（商）初字第69号民事判决书。

资行为并不是以应收账款的转让为前提，故本案《保理协议书》名为保理合同，实为借款合同。原告履行融资放款义务后，H电气公司应当按照《保理融资申请书》约定的融资到期日归还融资本息，H电气公司未按期归还融资本息，显属违约，原告按照《保理协议书》约定宣布全部融资款提前到期，并无不当。现原告要求被告H电气公司归还融资款并支付相应利息，本院予以支持。

也即，该案以未经通知暗保理中的应收账款转让对债务人不发生效力为前提，进而论证融资行为未履行应收账款转让不符合保理业务的本质特点，从而判定保理商与债权人之间并不构成保理关系，双方签订的《保理协议书》虽名为保理实为借贷，因此保理商无权向债务人主张债权实现。

但是实践中多数裁判观点与此相对，认为通知并不是债权转让的生效要件。早在《最高人民法院公报》1999年第1期“J公司诉梁某福船舶抵押债权让与合同纠纷案”中，湖南省高级人民法院二审就认为，既然对债务人而言债权转让只涉及向哪个债权人履行的问题，而其中并没有本质区别，因此债权转让并不要求征求债务人同意。《最高人民法院公报》2005年第12期“T投资管理公司与D集团债权转让合同纠纷案”中，最高人民法院也认为通知债务人并不是债权转让人和受让人之间债权转让协议生效的要件，未及时通知不影响受让人取得债权，具体如下：

关于债权转让通知义务的履行是否影响债权转让协议的效力的问题。《合同法》第八十条第一款规定：“债权人转让权利的，应当通知债务人。未经通知，该转让对债务人不发生效力。”据此，债权人未通知债务人的，则该转让对债务人不发生效力，并非影响该债权转让的效力。可见，债权转让通知义务在案件审理中仍可履行，债权转让通知义务未及时履行只是使债务人享有对抗受让人的抗辩权，它并不影响债权转让人与受让人之间债权转让协议的效力。因此，向债务人发出债权转让通知并非债权转让协议的生效要件，东方公司广州办事处没有及时向债务人和担保人发出债权转让通知并不影响其与D集团签订的《债权转让协议》的效力，也不能因此认为D集团未取得本案债权。

此外，在“某机械研究院、某银行武汉分行合同纠纷案”[①]中，湖北省高级人民法院还指出，债权转让通知除了使债权转让对债务人生效外，还具有切断原债权人作为债权人的地位的功能，具体说理如下：

为保障融资款偿还，Z集团将与某机械研究院之间案涉《委托制作合同书》和《工矿产品购销合同》项下的债权3142.8万元和3909万元转让给某银行武汉分行，并对某机械研究院发出《介绍信》和《发票签收函》通知债权转让事宜。从《介绍信》和《发票签收函》的内容来看，除了通知上述债权转让之外，同时也通过发出指令及某机械研究院在回执上签章确认的方式，指定某机械研究院履行债务的方式，即将应收账款汇入Z集团在某银行武汉分行的指定账户。该行为实际构成对原基础交易合同付款方式的变更，某机械研究院应受该变更约定所设定义务的约束。某机械研究院的该项义务相对于债权人Z集团而言则为权利，依据《合同法》第八十一条的规定，在债权转让后，该项从权利随债权一并由受让人某银行武汉分行取得，某机械研究院仅能通过向Z集团在某银行武汉分行的指定账户汇款或直接向某银行武汉分行支付的方式履行债务方能符合合同约定。同时，在债权转让的法律效力上，某机械研究院一经收到债权转让的通知，Z集团即已丧失债权人的地位，无权处置原有债权，其与某机械研究院在债权转让后任何对债权作出的新的约定或指示均对债权的受让人某银行武汉分行不产生任何权利限制。但是，某机械研究院未按照变更约定偿还债务，而是根据

① 湖北省高级人民法院（2018）鄂民终479号民事判决书。

原债权人Z集团指示将应收账款7051.8万元以银行承兑汇票支付给Z集团，根据前述认定，该行为不是对某银行武汉分行继受债权的符合合同约定的债务清偿行为，不能产生消灭债务的法律效力，对于Z集团而言则属于没有合法依据受有利益，构成不当得利。

但相对于《国际商事合同通则》而言，我国《民法典》的规定仍过于宽泛，不仅未对转让通知的主体、形式、内容、债权本身转让生效时间等问题予以细化，更遑论对债务人之外第三人的效力作出规定。

二、债权让与通知的主体

1.发出通知的主体

我国《民法典》颁布前，原《合同法》第八十条只规定了债权人应当通知债务人，但并没有明确受让人是否有权通知及受让人所为通知的效力。于是在审判实务中，有法院认为应当将通知主体严格限定为原债权人。如在“某银行与B公司债权转让合同纠纷案”[①]中，虽然江苏省高级人民法院已经认定本案所涉债权并非可任意转让之债权，但其而后又以“保理商虽多次以信函及电子邮件通知债务人债权让与事宜，但该通知并非债务人所为故不能构成有效通知”为由驳回了原告的诉讼请求，具体如下：

某银行未能举证证明Y公司向B公司发出合法有效的债权转让通知。依据合同法的规定，债权人转让权利的，应当通知债务人。未经通知，该转让对债务人不发生效力。其一，某银行主张其与Y公司于2006年2月23日共同以邮递方式向B公司发出债权转让通

① 参见王锐:《国际保理合同的认定与裁判方法——基于一起典型案例的分析》，载《法律适用》2019年第2期。

知，但其提交的债权转让通知及邮寄证明均无原件，而B公司否认收悉，故某银行主张不能成立。其二，某银行主张Y公司在开具给B公司的发票上注明了债权已转让给某银行。涉案保理协议确有约定，以Y公司名义出具的发票及其他文件应附某银行指定的粗体说明通知债权转让。但B公司当庭提交了Y公司开具的发票原件，其上并无此说明。可见，Y公司并未按其与某银行之间保理协议的约定而行事，故某银行的上述主张不能成立。其三，某银行主张发票项下业务发生后，其多次以信函及电子邮件通知B公司债权转让事宜，但既无充分证据证明，亦非债权人Y公司所为，故不能构成有效之债权转让通知。其四，某银行提出B公司曾多次向Y公司在其处开立的账户支付货款，可证明B公司知晓债权转让事宜。B公司主张其是按Y公司指令向Y公司名下支付货款，某银行提交的入账单亦显示受益人为Y公司。可见，某银行的上述主张亦不能成立。据此，某银行关于涉案债权转让通知已合法有效发出的上诉理由依据不足，本院不予支持。

又如在“李某特与热电公司债权人代位权纠纷案”[①]中，二审法院认为：若允许受让人通知，债务人须被迫对通知所涉债权转让的真实性进行判断，而将通知主体限定为转让人更有利于保护债务人，保护流转关系的稳定，具体如下：

债权的转让，是债权人对其依据与债务人签订的合同享有的债权的处分行为。《合同法》中要求债权转让应当在对债务人通知后方对其发生效力，其法律意义概要而言有三：第一，保护债务人的正当地位和权益。债权转让乃是基于债权人与受让人之间的合同而发生的，债务人一般未得参与其中。通知既便于使债务人

① 福建省厦门市中级人民法院（2014）厦民终字第2768号民事判决书。

知晓债权转让的事实从而及时变更其履行债务的对象，便于其对债务的履行；亦便于其及时向受让人提起相应之抗辩，体现了对债务人正当利益的保护；同时还赋予了债务人对抗原债权人及受让人之外的第三人履行债务请求的效力。第二，便于受让人及时受领债权，避免受让人在向债务人主张权利时受到债务人基于合同相对性提出的抗辩或第三人对该债务提出的主张，产生对抗债务人及第三人之效力。第三，完成债权人的处分行为。债权人对其基于与债务人之间的合同享有之权利的处分，未经其本人或适格之代理人作出，自不产生相应之法律后果。债权人对债权的转让包含其基于债权转让合同的负担行为和对其与债务人之间的合同权利的处分行为。负担行为在债权转让合同生效时即已实现，而由于合同的相对性原则，债权人对其与债务人的合同中享有的权利进行处分的意思表示，在债权人与债务人合同场合，则尚未达成。通知即为债权人处分意思表示的送达，处分行为至此方得完成。同时，在债权转让合同存在无效、被撤销或受让人存在违约、预期违约等情形下，债权人得通过拒绝通知以实现对其自身利益的保护。因而这一制度亦体现了对债权人利益的保护。

作为一种观念通知，债权让与通知由债权让与人作出或者由债权受让人作出，在结果上本应无差异。因此，各国立法体例上亦存在不同的做法。唯于债权转让通知由债权受让人发出之场合，由于在债务人收到的转让通知为虚假的情况下，债务人对虚假受让人的清偿并不免除其向原债权人或者真正的债权受让人的清偿义务。因此，债务人不得不负有对通知所涉债权转让的真实性进行判断的义务，并承担由此带来的风险，其履行债务的负担被迫增加。因此，将债权转让通知的主体严格限定为债权出让人，有利于维系债权流转关系的稳定，保护债务人的利益。我国合同法中虽未明确规定该通知应由债权人作出，但《合同法》第八十条第一款规定：“债权人转让权利的，应当通知债务人。未经通知，该转让对债务人不发生效力。”就文义理解，该款应指债权人在转让权利时负有通知债务人之义务。结合该条第二款之规定即：“债权人转让权利的通知不得撤销，但经受让人同意的除外。”将该通知界定为仅指债权人的通知，更可体现，转让权利的通知应由债权人作出。因此，原审法院关于权利转让的通知应由债权人作出的理解和认识，并无不当，应予维持。

在“某银行与K公司债权转让纠纷案”[①]中：

民事行为的生效须有真实的意思表示。根据本案查明的事实，J公司提供给某银行的《加工定作合同》和《商业发票》均为虚假，且实际收取了K公司的大部分货款，可见其自始即无转让债权的意思表示，仅是通过不法手段套取某银行的贷款。即便J公司与某银行之间达成转让债权的合意，根据我国合同法的规定，债权人转让权利的，应当通知债务人。未经通知，该转让对债务人不发生效力。按照文义解释原则，该法条明确债权转让由债权人通知，而不是债权受让人通知。由于载有应收账款转让声明的《商业发票》上K公司的合同专用章经鉴定不是K公司的章，某银行也没有其他证据可以证明J公司就该债权转让通知了K公司，故该债权转让对K公司不发生效力。某银行诉称不能排除K公司使用过《加工定作合同》和《商业发票》上的合同专用章，但某银行就此未能提供证据予以证明，不予采信。

即坚持应当对原《合同法》第八十条按照文义解释原则理解，结合第二款规定，认为转让通知应由债权让与人而非受让人做出。

但是最近几年，在最高人民法院审理的案件中，并没有对债权让与通知

① 本案例为作者根据工作、研究经验，为具体说明相关法律问题，编辑加工而得。

的主体做出如此严格的限定，如在“P物流公司、P能源化工公司金融借款合同纠纷案”[①]中，就是原债权人将保理合同中债权转让的情况对债务人进行了通知，而最高人民法院对此项通知也认可其效力。具体案情如下：

2014年2月25日，H公司出具《应收账款转让债权通知书》载明：H公司将4324.3万元应收账款转让给某银行青岛市北支行，某银行青岛市北支行成为应收账款债权人，P物流公司只有向某银行青岛市北支行履行付款义务方能构成对应收账款债务的有效清偿；凡涉及该应收账款的任何折扣、折让或扣减均须经某银行青岛市北支行同意后方能生效（注：应收账款到期日为空白）。P物流公司收到该通知书后向某银行青岛市北支行出具《回执》（注：无落款时间），载明：该公司确认《应收账款转让债权通知书》所述应收账款债权（包括其全部附属权利）已全部转让给某银行青岛市北支行，某银行青岛市北支行为上述应收账款债权的合法受让（购买）人，该公司确保按该通知书的要求及时、足额付款至某银行青岛市北支行的指定账户。

虽然，此案的争议焦点并非在债权转让通知是否有效，但最高人民法院对该债权转让真实性的确认，对债务人负有向保理人还款义务的认定即是从侧面反映出其对上述由原债权人向债务人发出的《应收账款转让债权通知书》有效性的认可。

应当注意的是，上述所提及《民法典》新设立的第七百六十四条已在法律层面将保理人向债务人做出债权让与通知时债务人可能承受的负担予以破除。根据第七百六十四条“保理人向应收账款债务人发出应收账款转让通知的，应当表明保理人身份并附有必要凭证”的规定，在《民法典》实施后的交易实践中，债权人和保理人都是有效的债权让与通知主体，由此所产生的

① 最高人民法院（2018）最高法民再129号民事判决书。

裁判分歧也将完结。

2. 接收通知的主体

保理人或者债权人向何人送达债权让与通知才算构成有效送达，在债务人为公司法人时，实务中存有一些争议。如在"某银行上海市浦东开发区支行与H发展公司、钢铁公司等金融借款合同纠纷案"[①]中，原告称其于2013年5月20日依约足额向被告H发展公司发放了2000万元保理融资款，并于同日将相关应收账款债权转让的事实告知了被告钢铁公司。但被告辩称，原告与被告H发展公司签订的保理合同、债权转让通知书对被告钢铁公司都没有约束力。被告钢铁公司至今未收到被告H发展公司的债权转让通知书。法院经审理查明：

> 原告于2013年5月20日向被告H发展公司发放了2000万元保理融资款。同日，原告以EMS方式向被告钢铁公司发出由原告和被告H发展公司共同署名的《应收账款债权转让通知书》，寄件单上注明的收件人为"槐某斌"，公司名称为"钢铁公司有限责任公司"，在邮件详细说明中注明"应收账款债权转让通知书"，该件于2013年5月22日签收，签收人为"杨某"。2013年10月16日，原告以相同方式向被告钢铁公司寄送《应收账款付款提示书》，注明的收件人名称、地址等均同前一份函件，该件于2013年10月19日签收，签收人为"胡某雨"。

对此，上海市浦东新区人民法院认为：

> 对于原告针对被告钢铁公司的诉请，是基于债权的转让，合同法规定，债权人转让权利的，应当通知债务人，未经通知的，该转让对债务人不发生效力。本案中，原告向被告钢铁公司账务部资金

① 上海市浦东新区人民法院（2014）浦民六（商）初字第4932号民事判决书。

> 科长寄送债权转让通知，首先，原告没有被告钢铁公司对槐某斌有授权或在此前的类似行为中曾有授权的证据，而仅以其身份推断其在如此巨额的权利处置中具有授权依据不足。其次，函件的收件人也非槐某斌本人，而应收账款确认函的存在，只能说明在该时被告钢铁集团负有债务，但不能作为被告邯郸钢铁集团确认债权转让的依据。故本院认为，仅以现有证据，尚不足以证明原告和被告H发展公司已向被告钢铁公司送达债权转让通知，原告与被告H发展公司之间的债权转让关系对被告钢铁公司不发生效力，现被告钢铁公司已提供证据证明其在本案诉讼之前已支付了货款，债务已履行完毕，且被告H发展公司作为债权人也确认收到款项，原告再要求被告钢铁公司支付货款没有事实和法律依据，本院不予支持。

可见，在债权转让通知收件人这一主体问题上，为了保护债务人的利益，法院会以较为严格的方式进行认定，如若签收人非公司抑或其法定代表人，则必须有授权依据，否则该转让通知对债务人不生效力。

三、债权让与通知的形式

《民法典》第五百四十六条（原《合同法》第八十条）未规定让与通知的形式与内容要求，实践中该如何认定对债务人已通知到位？

通说认为通知在法律性质上属于观念通知，债权让与通知的方法原则上不受限制，采用书面形式和口头形式均无不可，只是以书面方式通知的，在通知到达债务人时生效；以口头方式通知的，在债务人了解债权让与事实时生效。而《国际保理公约》则要求通知应当为书面，但不需签字确认，且可以为电报等能够形成有形实体的通信方式。目前我国银行保理商的“转让通知”通常有买方签字确认、公证送达、快递送达等三种方式。但实践中也出现了不同的形式表现，如数据电文、起诉、公告等，这些形式的通知是否能真正起到“通知”作用，构成有效通知，实践中存在不同观点。

（一）效力不被认可的通知形式

如在“Y商贸公司、某银行贵阳分行等合同纠纷案”①中，最高人民法院对口头方式进行的通知不符合银行业务实践，对“口头通知”在银行保理实践中的效力进行了认定：

> Y商贸公司称银行已通过口头方式履行了通知手续，系其单方陈述，并未提供证据证明，且该陈述与《债权转让合同》关于转让双方协商后以书面方式通知的约定相左，亦不符合银行业务实践，故本院不予采信。关于银行在二审程序中提交《债权转让合同》复印件的行为性质，其已声明向法院提交的目的仅为配合法院查明系争事实，不属于对债务人发出的债权转让通知。Y商贸公司主张银行在诉讼程序中已经发出债权转让通知且不可撤回，缺乏事实依据。综上，原判决认定银行未将债权转让事实通知债务人Y商贸公司，故Y商贸公司仍应向银行继续履行债务，并无不当。

又如在“某银行上海市青浦支行与纺织品公司、D公司、施某某、杨乙、杨甲合同纠纷案”②中，应收账款债权人申请保理业务时并未向债务人发出应收账款转让通知书，而只发出了《更改付款账户申请》，其中虽提及保理贷款业务和债权人名称，但未通知针对哪些应收账款转让以进行保理业务。上海市第二中级人民法院对此认为不具有通知作用：

> 关于《更改付款账户申请》的法律效力问题，本院认为，在

① 最高人民法院（2016）民申7号民事裁定书。

② 参见《保理合同债权转让中转让通知的效力及形式审视》，载上海市第二中级人民法院网站，https:www.shezfy.comview.html?id==92800，最后访问时间：2023年11月12日。

《更改付款账户申请》中纺织品公司称“因我公司在某银行青浦支行办理应收账款保理贷款业务”，要求变更结算账户及付款方式。虽然该申请提及某银行青浦支行，也提及应收账款保理贷款业务，但该申请未就以下事项予以明确：①未通知D公司就哪一部分应收账款进行保理贷款，债权转让标的不明；②未告知保理贷款合同（对D公司而言即债权转让合同）是否成立并生效；③未明确表明债权转让的意思，变更后的结算账户户名仍为纺织品公司。因此，虽然D公司确认收到该申请，但不能从该申请推定出纺织品公司履行了系争保理合同项下债权转让的通知义务。

（二）其他有效的通知形式

当然，依法院的论证思路，如果《更改账户通知书》中明确表明转让意思表示、转让标的、转让合同已生效的，应当可以构成有效通知。除此之外，在有影响力的报纸刊物上刊登债权转让事实、债务人以自身行为认可债权转让事实、受让人提起诉讼债务人签收诉状副本及债权转让协议等形式，各地法院认为也应当被认定为债权人或保理人已尽债权转让通知义务。

1.在有影响力的报纸刊物上刊登债权转让事实

在《最高人民法院公报》2004年第4期“何某兰与某化学工业公司、某水泥制品厂、某建材开发公司借款合同纠纷案”中，一审法院山东省高级人民法院和二审法院最高人民法院均认可了在有影响力的报纸刊物上刊登债权转让事实为有效的债权转让通知形式。一审法院认为：

对于债权转让通知的方式，目前国家法律没有强制性规定必须用什么方式通知。登报通知是一种合法的方式，更具有时间性、公开性和广泛性，与单个书面通知具有同等作用和效力。债权转让不同于债务转让，债务转让我国法律有明确的规定，即债务人转移债务的必须书面通知债权人及保证人，并征得债权人和保证人的同意，否则转让无效。而债权转让只需通知债务人及保证人即可，无须经债务人及保证人同意。本案债权转让通知是原债权人某资产管理公司济南办事处于2003年1月21日用登报通知方式通知债务人及担保人，其内容和形式均符合《合同法》第八十条之规定，亦不违反《合同法》第七十九条的规定。所以，某化学工业公司对此主张理由不成立。

最高人民法院认为：

《合同法》第八十条第一款规定，债权人转让权利的，应当通知债务人。未经通知，该转让对债务人不发生法律效力。但法律法规对通知的具体方式没有规定。本案的实际情况是，某资产管理公司济南办事处将其债权转让何某兰后，双方共同就债权转让的事实在山东法制报上登报通知债务人及担保人。山东法制报是在山东省内公开广泛发行的报纸，一审法院认为债权人在该报纸上登报通知债务人及担保人债权转让的事实，不违反法律法规的强制性规定，应认定债权人已将债权转让的事实告知债务人及担保人，并无不妥。且本案中债权转让人、债权受让人、债务人及担保人均未对债权转让的事实及效力提出异议，债务人及担保人只是对债务款项利息的数额有异议，一审法院已作审查处理。某化学工业公司在上诉请求中，没有涉及债权转让内容及效力问题的异议，即某化学工业公司对双方债权债务存在的事实是认可的。某化学工业公司通过参加本案的诉讼活动，已明知债权转让的事实，且知道履行债务的对象。本案中的债权转让并没有致使债务人错误履行债务、双重履行债务或加重债务人履行债务的负担，也没有损害某化学工业公司的利益。双方债权债务关系明确，债务人及担保人应承担相应的法律责任。某化学工业公司仅以债权人在报纸上登载债权转让通知不当为由，否认债权转让对其发生法律效力，理由不充分，本院不予支持。

2. 债务人以自身行为认可债权转让事实

在“周某山与刘某林、某房地产开发公司债权转让合同纠纷案”[①]中，江苏省徐州市中级人民法院认为债务人向受让人出具欠条，属于以自身行为认可债权转让的事实，应视为已经完成对债务人的通知，说理具体如下：

> 第一，关于涉案债权转让是否对刘某林发生效力问题。《合同法》第八十条第一款规定：“债权人转让权利的，应当通知债务人。未经通知，该转让对债务人不发生效力。”据此，债权人通知债务人的，则该转让对债务人发生效力。本案债权转让是否对刘某林发生效力，应根据本案案情以及双方提交的证据综合加以分析判断。
>
> 首先，从债权转让通知的时间上看。对于通知的时间，可以是及时通知，也可以在案件审理中通知。法律规定“在案件审理中，债务人以原债权银行转让债权未履行通知义务为由进行抗辩的，人民法院可以将原债权银行传唤到庭调查债权转让事实，并责令原债权银行告知债务人债权转让的事实”。可见，债权转让通知义务在案件审理中仍可履行，债权转让通知义务未及时履行只是使债务人享有对抗受让人的抗辩权，它并不影响债权转让人与受让人之间债权转让协议的效力。因此，向债务人发出债权转让通知并非债权转让协议的生效要件，仅是对债务人是否发生效力的生效要件。本案中，原债权人冯某在被追加为第三人前，其已作为证人出庭作证，即使刘某林不认可冯某提供的情况说明，依据上述规定，原债权人冯某到庭对其出具的情况说明进一步陈述应视为对于债权转让已履行了通知义务。
>
> 其次，从债权转让通知的形式上看。本院认为，债权转让是当事人处分自己民事权利的一种表现形式，对于债权人通知的形式，可以是书面通知，也可以是口头通知或其他形式。刘某林辩

① 江苏省徐州市中级人民法院（2013）徐民初字第0230号民事判决书。

称债权转让未经通知，该转让对其不发生效力。但债权转让通知不一定是书面形式，债务人以自身的行为认可债权转让事实的，应视为债权转让已通知。刘某林辩称债权转让未经通知，但2012年12月31日刘某林因借冯某的款向周某山出具借条，这一行为即表明其已认可债权转让事实，且借条中明确记明：原借冯某1080万元，其中含89万元利息，不仅如此，刘某林其后还向周某山出具承诺书，对还款数额及还款时间作了明确约定。上述事实证明刘某林以其自身的行为已知晓涉案债权转让的事实，本案债权转让的通知已到达刘某林，涉案债权转让对刘某林已发生效力。

3.债务人签收诉状副本及债权转让协议

在“周某宜与某工程公司、某建设公司广东分公司建设工程施工合同纠纷案”[①]中，广东省珠海市中级人民法院认为在法庭辩论终结前可通过诉讼的形式完成通知义务，债务人签收了诉状副本及债权转让协议等证据，应视为其已知悉了债权转让事实，具体说理如下：

根据《合同法》第八十条第一款“债权人转让权利的，应当通知债务人。未经通知，该转让对债务人不发生效力”的规定，债权转让事实一经通知到债务人，即对债务人发生法律效力。根据证据认定部分的分析，周某宜提供的录音资料不能证明其与冯某友、杨某志向W公司通知债权转让事宜，因此周某宜以此主张其在起诉前已经通知W公司，证据不足，本院不予采信。对于通知的形式，由于法律未作出明确的规定，本院认为，周某宜以债权人身份提起诉讼，W公司签收了周某宜的诉状副本及债权转让协议等证据，应视为W公司知悉了周某宜与冯某友、杨某志之间的债权转让事实。由于周某宜在法庭辩论终结前通过诉讼的形式完成了通知义务，因此

① 广东省珠海市中级人民法院（2014）珠中法民三终字第236号民事判决书。

该债权转让协议对W公司具有法律效力，周某宜要求W公司返还保证金并赔偿损失，有事实和法律依据，本院予以支持。

此外，天津市高级人民法院对履行债权让与通知义务的行为进行了类型化规定，其认为可以视为履行了债权让与通知义务的情形包括：（1）发出债权让与通知书（含签章）；（2）转让应收账款的对应发票上明确表明债权已转让且提供相关信息（主体、内容等）；（3）保理商与原债权债务双方共同签订债权让与协议。此观点值得借鉴参考。而对于如何认定通知已实际有效送达及通知可行的送达方式，包括债务人在应收账款转让确认书上签章或者公证送达（相反证据推翻除外）、债务人出具《应收账款债权让与通知书签收回执》并在其中签署承诺条款等。当然，债务人对债权让与的接受和承诺，应当都视作让与通知的替代形式，如若实践中出现该种情形则应视为已通知。

通过对以上的分析，本文作者认为通知的内容大致分为三个方面：一是明确该通知目的即在告知债权让与行为；二是明确债权让与的事实和效力；三是明确债权受让人（新债权人）信息。具体到保理业务中，应当通知债务人该通知的目的旨在告知就某特定债权让与的事实，并在通知中明确应收账款债权已转让，并附以保理商的信息。而在通知的形式上，不应过分限定，只要不会损害债务人的利益，除去难以被债务人知悉的方式外，其他都应予以认可。至于在通知之前或尚未为通知时，债务人已经通过除债权让与人、受让人以外的其他途径知晓债权让与事实的，是否能发生通知效果，学界仍有不同看法，此处不予展开。

四、登记可否免除通知

在审判实践中，另一个较为关注的问题点在于，已经办理登记的保理业务可否免除债权人和保理商对债务人的通知义务。在上述“某银行上海市青浦支行与纺织品公司、D公司、施某某、杨乙、杨甲合同纠纷案”[①]中，上海市第二中级人民法院还对“债权转让登记于央行登记系统是否可以免除债权转让通知义务”的问题进行了释明，认为：

> 首先，央行登记系统根据《物权法》等规范性法律文件，为应收账款质押登记而设。《物权法》第二百二十八条第一款规定：“以应收账款出质的，当事人应当订立书面合同。质权自信贷征信机构办理出质登记时设立。”其次，保理业务中债权转让登记无法律法规赋予其法律效力。唯一可参照的依据是《中国人民银行征信中心应收账款质押登记操作规则》[②]，其第三条规定：本规则所指登记，是指权利人根据法律法规规定或出于保护自身权利的需要，在统一登记系统将有关动产和权利担保信息予以记载，并通过统一登记系统进行公示的行为。”从表述看，央行登记系统对债权转让登记的定位为“公示服务”，且央行登记系统对债权转让登记并不作实质性审查，故与应收账款质押登记不同，债权转让登记于央行登记系统不发生强制性排他对抗效力。最后，合同法明确规定债权转让对债务人发生法律效力的前提是通知，法律、司法解释或相关规范性法律文件未赋权任何形式的登记以债权转让通知的法律效力。因此，即便债权转让在系争登记系统中进行了登记，也不能免除合同法确定的债权转让通知义务。

对此，各地法院几乎并无争议，都认可登记并不可代替通知对债务人所产生的效力这一结论，至于保理的登记究竟起到了何种法律效果，将在下文

① 参见《保理合同债权转让中转让通知的效力及形式审视》，载上海市第二中级人民法院网站，https://www.shezfy.com/view.html?id=92800，最后访问时间：2023年11月12日。

② 参见《中国人民银行征信中心动产融资统一登记公示系统操作规则》，载中国人民银行征信中心网站，http://www.pbccrc.org.cn/zxzx/djfw/202210/59c033cc82e244e68c743ff602f524f8.shtml，最后访问时间：2023年11月12日。

予以展开，此处也不予赘述。

五、债权转让通知回执的法律效力

保理实践中，保理人为了使自身权利可得保障，通常会要求债权人和债务人出具收到债权转让通知书的回执抑或是确认函，确认应收账款转让对债务人已生效力。但事后保理人又通常会以债务人已经在转让通知上签字确认应收账款为由对债务人提出的应收账款虚假或者应收账款付款条件不成就的抗辩进行反驳。此时，对债权转让通知回执的法律效力进行确认实属必要。实践中，因回执所写内容因案而异，法院对其效力的认定也并非一概而论。

如在“某银行天津和平支行与某资源开发公司、天津Q特种钢铁公司等合同纠纷案”①中，最高人民法院认为，涉案回执并非对应收账款付款条件已成就、非为未来应收账款的确认，不具有证明应收账款付款条件已经成就的效力：

> 某银行提交的经某资源开发公司确认的证据仅为《应收账款债权转让通知书》及回执，从上述两份证据的名称看，其直接证明的是债权转让事实已经通知债务人某资源开发公司，是否足以证明买卖合同项下货物已经实际交付或某资源开发公司认可上述债权存在，还需要结合通知书及回执的具体内容以及本案其他证据综合判断。本案的《应收账款债权转让通知书》除了通知债权转让及要求某资源开发公司向某银行付款的内容外，对应收账款的描述还有合同编号与名称、应收账款账面金额、付款期限届满日，备注栏则为空白；某资源开发公司的回执也只是表明收到债权转让通知书，现确认同意其内容。上述两份证据的文字内容中并无Q特种钢铁公司是否已

① 最高人民法院（2016）最高法民终6号民事判决书。

经履行供货义务的直接记载，也不能证明涉诉合同项下的供货义务已经履行。某银行与某资源开发公司对“应收账款”的含义存在不同理解，某银行认为《应收账款债权转让通知书》中的“应收账款”系会计制度中的概念，对买卖合同而言，只有在卖方履行了供货义务的情况下，才能记载为应收账款。某资源开发公司则认为，法律意义上的应收账款包含未来应收账款，某资源开发公司在本案中仅是对未来应收账款（即仅签订了买卖合同，但尚未供货）的确认。我国现行法律中虽有应收账款的概念，却无明确定义，某银行与某资源开发公司对“应收账款”的解释各有合理之处。本案中《应收账款债权转让通知书》及回执本身内容简单，无法准确判断涉案“应收账款”是既存的还是未来的。同时，Q特种钢铁公司与某银行此前就涉及某资源开发公司的债权所做的两笔保理业务情况并不一致，也无法对本案“应收账款”性质的判断提供佐证，因此某银行主张本案所涉应收账款真实存在证据不足，该院不予支持。

又如在“薄某涵、兰某芬、薄某栋与某银行天津和平支行与某资源开发公司、天津Q特种钢铁公司保证合同纠纷案”[①]中，一审法院天津市高级人民法院认为，《应收账款债权转让通知书》的回执只能证明债权转让事实已经通知债务人某资源开发公司，是否足以证明买卖合同项下货物已经实际交付或某资源开发公司认可上述债权存在，还需要结合通知书及回执的具体内容以及本案其他证据综合判断：

某银行与某资源开发公司对“应收账款”的含义存在不同理解，某银行认为《应收账款债权转让通知书》中的“应收账款”系会计制度中的概念，对买卖合同而言，只有在卖方履行了供货义务的情况下，才能记载为应收账款。某资源开发公司则认为，应收账

① 最高人民法院（2016）最高法民终45号民事裁定书。

款在法律意义上的分类包含了未来应收账款，某资源开发公司在本案中仅是对未来应收账款的确认。由于我国现行法律中对应收账款的概念并无明确定义，某银行与某资源开发公司对“应收账款”的解释各有合理之处，但本案中某银行向某资源开发公司出具的《应收账款债权转让通知书》除了通知债权转让及要求某资源开发公司向某银行付款的内容外，还载明了合同编号与名称、应收账款的账面金额、付款期限届满日及备注栏中的增值税发票号码。如果某资源开发公司在本案中是作为未来应收账款（即仅签订了买卖合同，但尚未供货）进行确认的，那么因其当时既不知道供货准确时间，也不知道实际供货数量，故其确认的应收账款数额应当与合同数额相等更为合理，或者即使确认的数额小于合同数额，通常也为整数，不会出现小数点以后的具体数额。但本案《应收账款债权转让通知书》中的应收账款账面金额却是精确到了小数点后一位，同时在备注栏中还记载了增值税发票号码。而增值税发票数额需要根据实际供应的货物价值开具，通常也只有在实际供货的情况下才可能出现带有小数点的货款金额。另外，某资源开发公司对备注栏中载明的大多数发票进行了认证与抵税之事实也可以证明其已经实际收到了相应的部分增值税发票。虽然某资源开发公司辩称其在《应收账款债权转让通知书》上加盖公章时，备注栏是空白的，并提交了其他几份买卖合同，意图证明本案所涉部分增值税发票是为其与Q特种钢铁公司之间的其他买卖合同开具，但某资源开发公司既不能提交自己持有的《应收账款债权转让通知书》，也无其他证据证明备注栏应为空白的事实，在《应收账款债权转让通知书》已经明确了买卖合同的具体名称，备注栏中记载了增值税发票号码，且某资源开发公司加盖印鉴确认的情况下，应当认定《应收账款债权转让通知书》中所列买卖合同与增值税发票的对应关系，某资源开发公司关于本案增值税发票系为其他买卖合同开具的主张不能成立。因此，虽然某资源开发公司提交的民事调解书以及Q特种钢铁公司的当庭陈述均表明某资源开发公司与Q特种钢铁公司一致认同嗣后未实际交付货物，但某资源开发公司与Q特种钢铁公司均不能提交充足的证据否认某资源开发公司在《应收账款债权转让通知书》及回执中，是作为既存应收账款债权予以确认的事实，故某资源开发公司应当按照《应收账款债权转让通知书》及回执的内容向某银行履行相应付款义务。

因而，从法律层面说，债务人出具的应收账款债权转让通知的确认书或者回执，只是对债权转让是否已经通知债务人的一个证明，如欲进一步证明债权债务关系真实存在、付款条件已成就，甚至是债务人放弃抗辩权等，还需结合回执中的具体条文表述而判定。如“R保理公司、Z建设工程公司与C金属材料公司、D贸易公司合同纠纷案”①中，法院即认可了债务人在回执上盖章并承诺付款的行为是对应收账款真实性的认定：

保理商并非应收账款基础关系当事人，难以完全知悉相关履行情况，债务人在应收账款转让通知书回执上盖章并承诺付款的行为使保理商有理由相信应收账款真实存在，债务人不得再以应收账款虚假、基础交易合同未实际履行或未完全履行等事由向保理商进行抗辩。本案中，Z建设工程公司云桂铁路（广西段）项目部在《回执》上盖章，确认应收账款信息并承诺最迟不晚于2017年2月1日付款，故即便本案保理项下转让的应收账款与《磐隆保理合同》项下转让的应收账款系同一笔应收账款，Z建设工程公司也不得再以应收账款第二次转让无效向R保理公司进行抗辩。至于Z建设工程公司提出的C金属材料公司未向其发送《应收账款转让通知书》、涉案应收账款转让对其不生效的主张，本院认为，尽管《回执》抬头载明“D贸易公司及R保理公司”，但结合《应

① 上海市第二中级人民法院（2018）沪02民终3074号民事判决书。

收账款转让通知书》以及《回执》内容来看，应当认定C金属材料公司与R保理公司就本案保理项下的应收账款转让事宜向Z建设工程公司发送了通知，涉案应收账款转让对Z建设工程公司发生法律效力。

笔者认为，保理人仅取得债务人对转让通知抑或是回执的签章确认或是对未来应收账款的确认均不能免除抗辩风险。单方允诺和严格主义的区别仅在于需要达到何种程度对回执进行确认时才对债务人产生确认应收账款债权无抗辩地存在的效力。而从交易安全，和对债务人抗辩权的保护，这双重法益的平衡出发，应当对产生免除抗辩效力的确认函所应具备的要件进行稍显严格且详细的规定，也即，不能将简单的对应收账款债权可能存在的确认，认定为放弃抗辩权的确认，也不能将产生单方允诺的确认条件限定得过于严格。如果采用宽松的单方允诺说，势必会对债务人的利益造成损害，毕竟实践中多数保理合同的基础交易关系均有供应商未完成供应时即开始向银行申请保理融资的情况，如果将债务人对基础交易关系的确认简单地认定为是对应收账款已经无抗辩地存在的确认，将有损债务人的利益，是对该确认行为的过度解读。而当有了对基础交易合同、交付凭证和发票进行多方位确认后，此时应当认定为供应商在基础合同项下的供货义务已完成，应收账款变为及时无抗辩的一笔债权，因而该种确认可得产生单方允诺的效力。

第七章

债务人对保理人的抗辩权和抵销权

一、债务人的抗辩权纠纷

《民法典》第五百四十八条规定，债务人接到债权转让通知后，债务人对让与人的抗辩，可以向受让人主张。权利转让并未改变原债权的内容，债务人对该转让的权利享有与对抗权利转让人完全相同的抗辩权，债务人对权利转让人享有的一切抗辩权既包括实体性抗辩权如先履行抗辩权、同时履行抗辩权等，也包括一些程序性抗辩权均适用于对抗权利受让人。如果权利转让人不能保证债务人对转让人转让的债权享有抗辩权，则债务人对因此造成的损失有权向权利转让人要求赔偿。

（一）不得抗辩之情形

审判实践中明确了以下几种债务人基于基础交易关系不得用以抗辩的情形。

1.通谋意思表示导致基础交易合同无效，不可用以抗辩

这一问题目前各地法院已逐步统一裁判结论，即：如若债权人和债务人通谋虚构应收账款骗取保理融资的，债务人不得以应收账款不存在为由对保理人进行抗辩，除非保理人明知或应当知道应收账款是虚构的。最高人民法院在“某银行乌鲁木齐钢城支行与Z物资公司、C金属公司合同纠纷案”[①]中，即明确了这一理论：

> 保理融资业务是一种以应收账款债权的转让为核心的综合性金融服务业务，商业银行开展保理融资业务，固然应当以真实、合法、有效的应收账款转让为前提，但应收账款债权得以产生的货物销售、服务提供等基础合同系存在于债权人和债务人之间，保理银行并非

① 最高人民法院（2018）最高法民申4320号民事裁定书。

基础合同的当事人，故基础合同无效并不当然导致保理业务合同无效。根据民法基本原理，双方当事人通谋所为的虚伪意思表示，在当事人之间发生绝对无效的法律后果。但在虚伪表示的当事人与第三人之间，则应视该第三人是否知道或应当知道该虚伪意思表示而发生不同的法律后果：当第三人知道该当事人之间的虚伪意思表示时，虚伪表示的无效可以对抗该第三人；当第三人不知道当事人之间的虚伪意思时，该虚伪意思表示的无效不得对抗善意第三人。

类似的裁判意见还可见于“某物流公司、某银行重庆分行合同纠纷案”，审理该案件的一审法院重庆市高级人民法院认为：

保理融资业务是一种以应收账款债权的转让为核心的综合性金融服务业务，商业银行开展保理融资业务，固然应当以真实、合法、有效的应收账款转让为前提，但应收账款债权得以产生的货物销售等基础合同关系系存在于债权人和债务人之间，保理银行并非基础合同的当事人，故基础合同无效并不当然导致保理业务合同无效。在本案中，债务人某物流公司以应收账款不真实为由向债权受让人某银行重庆分行提出抗辩，保理业务合同是否有效取决于某银行重庆分行在签订保理业务合同时是否有理由相信应收账款债权真实、合法、有效，即其对债务人某物流公司所主张的债权不真实瑕疵是否知道或应当知道。某银行重庆分行在本案中已经举证证明其在办理保理业务时已经以《应收账款转让通知书》的形式向某物流公司告知了应收账款的转让事宜，并由某物流公司盖章确认，某银行重庆分行和某物流公司在庭审中均确认某银行重庆分行审查了某商贸公司与某物流公司之间的基础合同关系即买卖合同，并且，在某银行重庆分行发放保理融资款之前，某物流公司已经于2013年8月2日开始陆续以询证函的形式确认应收账款的金额，某物流公司还于2013年8月9日至2013年12月26日陆续向某商贸公司在某银行重庆分行的保理回款专户支付共计8583272元。据此应当认定，某商贸公司、某物流公司向某银行重庆分行提交的相关文件、做出的事实行为，足以使某银行重庆分行产生合理信赖并有理由相信涉案应收账款债权真实、合法、有效，从而进行了保理融资款的审核和发放。因此，某银行重庆分行对基础交易关系已经尽到审查义务，并不存在过错或恶意，即使某商贸公司和某物流公司之间的涉案买卖合同被撤销，双方亦不得以此对抗作为善意第三人的某银行重庆分行。另外，在某商贸公司、某物流公司与贸易公司交易过程中，某商贸公司、贸易公司实施欺诈行为，使某物流公司在违背真实意思的情况下实施民事法律行为，某银行重庆分行并不知道或应当知道该欺诈行为，因此，某物流公司并不能以此对某银行重庆分行作出抗辩。

2.应收账款以票据形式转让，不可基于基础交易法律关系进行抗辩

票据具有无因性，即通过合法方式取得票据的持票人，仅凭票据的文义记载，即可向票据上的付款人主张票据权利，不受票据原因关系的影响。因而当债权人提供票据进行保理时，债务人不能以基础交易关系存在瑕疵等理由对保理人提出抗辩，如“Z保理公司与某中药公司票据纠纷案”[①]中，湖北省高级人民法院和最高人民法院对此都进行了明确认定。湖北省高级人民法院认为：

第一，针对商业承兑汇票填写错误的抗辩，该院认为，《最高人民法院关于审理票据纠纷案件若干问题的规定》第十六条规定“票据债务人依照票据法第九条、第十七条、第十八条、第二十二条和第三十一条的规定，对持票人提出下列抗辩的，人民法院应予支持：（一）欠缺法定必要记载事项或者不符合法定格式的；

① 最高人民法院（2015）民二终字第134号民事判决书。

（二）超过票据权利时效的；（三）人民法院作出的除权判决已经发生法律效力的；（四）以背书方式取得但背书不连续的；（五）其他依法不得享有票据权利的”；第四十三条规定“依照票据法第九条以及《票据管理实施办法》的规定，票据金额的中文大写与数码不一致，或者票据载明的金额、出票日期或者签发日期、收款人名称更改，或者违反规定加盖银行部门印章代替专用章，付款人或者代理付款人对此类票据付款的，应当承担责任”；《票据法》第九条规定“票据上的记载事项必须符合本法的规定。票据金额、日期、收款人名称不得更改，更改的票据无效。对票据上的其他记载事项，原记载人可以更改，更改时应当由原记载人签章证明”。根据上述规定，票据债务人基于票据填写错误的抗辩应系法定必要记载事项错误，而案涉商业承兑汇票填写错误的收款人开户行及账号不属于必要记载事项，该商业承兑汇票两项记载事项填写在栏目或格式上错误不影响票据的效力，也不影响票据权利的行使，某中药公司以商业承兑汇票收款人开户行及账号填写错误而拒付的抗辩理由不符合法律规定，该院依法不予支持。第二，针对某中药公司提出的“货款存在纠纷”、“单位拒付”的抗辩理由，该院认为，票据是流通证券，具有无因性的特点，除了直接当事人之间可以无效为由进行抗辩外，其余通过背书流转占有票据的善意当事人即为票据的权利人，可以对票据债务人行使票据上的权利，其效力原则上不受原因关系效力的影响，即某中药公司与A公司、J公司之间的货款纠纷不得对抗其他正当持票人，某中药公司在六张商业承兑汇票已经背书流转给Z保理公司后，再对Z保理公司提出“货款存在纠纷”“单位拒付”的拒付事由依法不能成立。

最高人民法院再审认为：

某中药公司认为Z保理公司的一审诉求不应予以支持，主要基于两方面的理由：一是部分案涉汇票本身存在记载错误，存在出票日期倒签的瑕疵；二是Z保理公司取得案涉汇票存在基础法律关系上的瑕疵。通过对本案证据的审查，上述两个抗辩理由均不能成立。首先，双方当事人均确认商业承兑汇票收款人的账号及开户银行存在填写颠倒的问题，但该记载错误的事项并不属于汇票的绝对应记载事项，不影响对收款人的确认和票据自身的效力。某中药公司主张案涉汇票出票时未填写出票日期，出票日期为实际出票后倒签，但其未提供充分证据予以证明。同时，虽然出票日期属于汇票的绝对应记载事项，但按照票据法的基本原理，记载的出票日期可以与实际出票日不一致而事后予以补记。只要当事人在主张票据权利时，出票日期有所记载，票据就具有完整性。故对于某中药公司的该项抗辩理由，本院不予支持。其次，本案是Z保理公司持商业承兑汇票请求人民法院判决汇票付款人某中药公司进行付款而发动，行使的是票据追索权，因此，本案的案由、主要法律关系的性质是票据纠纷，对当事人之间的权利义务关系的认定及相关责任的分配均应从票据法的角度进行衡量。票据作为支付结算的工具，必有其基础交易关系。同时，票据具有无因性，即通过合法方式取得票据的持票人，仅凭票据的文义记载，即可向票据上的付款人主张票据权利，不受票据原因关系的影响。某中药公司认为Z保理公司明知A公司、J公司对某中药公司不存在真实的应收账款，明知某中药公司与A公司、J公司之间存在抗辩事由仍受让票据，案涉《保理合同》并未实际履行，是因Z保理公司未依据《保理合同》审查从A公司、J公司处受让的债权而导致其债权无法实现，Z保理公司与A公司、J公司之间“名为保理，实为借贷”，并骗取某中药公司承兑汇票，主张Z保理公司受让票据没有支付合理对价，Z保理公司无权行使票据追索权，但某中药公司并未提供充分证据对其上述理由予以证明，Z保理公司已就其通过背书合法获得案涉汇票作出合理说明，本院在本案中不再审查票据原因关系。根据《最高人民法院关于审理票据纠纷案件若干问题的规定》第十四条的规定，“票据债务人以票据法第十条、第二十一条的规定为由，对业经背书转让票据的持票人进行抗辩的，人民法院不予支持”，某中药公司对A公司、J公司未实际供货的抗辩和关于其自身未实际使用保理款的抗辩，不能成为其拒绝向Z保理公司承担票据责任的理由。综上，Z保理公司持背书连续的票据，按照票据关系行使追索权，本院予以支持，某中药公司的上诉理由不能成立。

（二）抗辩援引之基础合同范围

根据《民法典》第五百四十八条的规定“债务人接到债权转让通知后，债务人对让与人的抗辩，可以向受让人主张”。因该法条并未对抗辩权产生的基础范围做以详明，是以在保理实践中，保理人与债务人常因基础交易合同以外的未披露给保理人的补充协议能否作为债务人抗辩权发生的基础产生争议。

如在“P物流公司、P能源化工公司金融借款合同纠纷案”[①]中，就《三方协议》（补充协议）中的付款条件能否作为抗辩事由阻却银行付款请求权这一问题，P物流公司主张，“P物流公司作为本案应收账款债权转让关系中的债务人，有权向银行主张对H公司的抗辩”。《三方协议》约定“P物流公司在收到J公司支付的货款后才有义务向H公司支付货款”，“而P物流公司至今仍未收到J公司支付的货款，所以其向H公司付款的条件并未成就，P物流公司亦享有合法抗辩权”。此外，“P物流公司并不负有向银行披露基础交易合同内容的义务”。P物流公司是否将《三方协议》的内容向银行披露，都不影响P物流公司行使抗辩权。作为保理人的银行则认为，“保理合同只涉及银行、P物流公司、H公司三方的关系，J公司与P物流公司、H公司之间的约定与本案保理业务无关”，且“《三方协议》未向银行披露，不能以该协议

① 最高人民法院（2018）最高法民再128号民事判决书。

对抗银行的付款请求权。《三方协议》签约方串通损害第三人利益应当无效。银行不知该《协议》的存在，对其不生效力”。

对此，一审法院审理认为：“P物流公司作为案涉保理合同的非签约方有理由相信银行知晓该协议的相关约定，针对本案即在J公司未将货款支付给P物流公司前，P物流公司不应承担向H公司或该公司指定的债权受让人付款的义务。”“P物流公司享有对H公司不支付货款的抗辩权，在H公司将应收账款转让给银行后，亦应及于银行”，具体如下：

> P物流公司提交的该公司与H公司、J公司签订的《三方协议》约定“办理银行保理或其他业务时，如需P物流公司承担对银行等其他主体付款义务时，应当以J公司先付款为责任承担前提，P物流公司仅在J公司付款的前提下承担对所有合同方的付款义务”，“办理银行保理业务的一方应明确告知银行或保理业务的主体其与P物流公司签订的贸易合同及本协议规定内容，如未告知，产生的责任由办理银行保理业务的一方承担”，故P物流公司作为案涉保理合同的非签约方有理由相信某银行青岛市北支行知晓该协议的相关约定，针对本案即在J公司未将货款支付给P物流公司前，P物流公司不应承担向H公司或该公司指定的债权受让人付款的义务。P物流公司向某银行青岛市北支行出具的《回执》虽载明该公司确认《应收账款转让债权通知书》所述应收账款债权（包括其全部附属权利）已全部转让给某银行青岛市北支行，某银行青岛市北支行为上述应收账款债权的合法受让（购买）人，该公司确保按通知书的要求及时、足额付款至某银行青岛市北支行的指定账户，但根据上述协议的约定该付款应以J公司将货款支付给P物流公司为前提。在J公司未付款给P物流公司之前，P物流公司享有对H公司不支付货款的抗辩权，在H公司将应收账款转让给某银行青岛市北支行后，亦应及于某银行青岛市北支行。庭审中H公司法定代表人吕某浩称该公司在办理保理业务时已将《三方协议》提交给某银行青岛

市北支行，后该公司的委托诉讼代理人又予以否认，前后矛盾。如H公司在办理保理业务时已将《三方协议》提交给某银行青岛市北支行，则在J公司将货款支付给P物流公司之前，P物流公司理所当然不应向某银行青岛市北支行承担付款责任。如H公司在办理保理业务时确未将《三方协议》提交给某银行青岛市北支行，则系隐瞒关键事实，欺骗某银行青岛市北支行以套取某银行青岛市北支行的保理预付款，H公司应承担相应的法律责任。

某银行青岛市北支行与H公司之间的保理合同系在H公司与P物流公司签订《煤炭采购合同》前签订，即保理合同签订时，H公司与P物流公司之间的煤炭购销基础关系并不存在。根据H公司、P物流公司及J公司之间先后签订的两份《煤炭采购合同》及《三方协议》《货权转让协议》的相关约定，J公司为煤炭最终买受人，其本应向P物流公司支付货款，P物流公司再向H公司支付货款，而本案中H公司竟然让某银行青岛市北支行代为向J公司支付货款，有悖常理。某银行青岛市北支行在本案中既未核实煤炭购销基础交易的真实性即H公司是否已实际将8万吨煤炭发给P物流公司或J公司，也未审查H公司向某银行青岛市北支行出具的《支付委托》载明支付J公司3000万元货款的相关基础交易资料，即发放3000万元保理预付款，没有尽到必要的审查义务，对此其自身存在重大过失。

鉴于P物流公司否认收到J公司给付的任何货款，且某银行青岛市北支行现有证据不足以证明H公司将8万吨煤炭发给了J公司，亦无证据证明J公司已将货款付给P物流公司，在此情况下让P物流公司承担付款责任显失公平，故某银行青岛市北支行诉请P物流公司支付某银行青岛市北支行4663.67万元及相应利息的主张，一审法院不予支持。

二审法院却认为“P物流公司及H公司亦均未提交证据证明银行办理涉案保理业务时知晓2014年2月17日《三方协议》内容，故2014年2月17日的《三方协议》对于P物流公司付款条件的约定系P物流公司、H公司和J公司之间的内部约定，不能以此对抗银行向P物流公司主张的付款请求权”，进行了改判：

> 第一，本案保理业务的办理基础是P物流公司与H公司之间基于《煤炭采购合同》形成的应收账款，某银行青岛市北支行作为保理商通过债权转让的方式，取得上述应收账款的相关权益，由P物流公司向某银行青岛市北支行履行应收账款的还款责任，以确保之后H公司申请的保理融资款的偿付。P物流公司在一审中对《煤炭采购合同》、H公司出具的增值税发票真实性均无异议，仅主张基于《三方协议》约定，案涉应收账款付款条件未成就，并未就案涉应收账款真实性予以否认。结合2014年2月25日H公司向P物流公司出具的《应收账款转让债权通知书》和2014年6月4日某银行青岛市北支行向P物流公司出具的《应收账款逾期通知书》均载明，H公司已经完成了案涉基础买卖合同项下的发货义务，P物流公司在上述通知书回执中签字且并未提出异议的事实。该院认定，H公司与P物流公司之间存在应收账款。第二，P物流公司及H公司均未提交证据证明某银行青岛市北支行办理案涉保理业务时知晓《三方协议》内容，并且在P物流公司出具《应收账款转让债权通知书》及《应收账款逾期通知书》的《回执》时亦未向某银行青岛市北支行提示存在《三方协议》，故《三方协议》对于P物流公司付款条件的约定系P物流公司、H公司和J公司之间的内部约定，不能对抗某银行青岛市北支行的付款请求权。因此，P物流公司应向某银行青岛市北支行偿还案涉应收账款及逾期付款利息。某银行青岛市北支行一审主张逾期付款利息按照中国人民银行同期同类贷款基准利率计算，该院亦予以支持。因本案中，某银行青岛市北支行的损失为其向H公司发放的保理预付款本金3000万元及基于该款产生的相应利息，故P物流公司应在应收账款4663.76万元及自2014年5月

> 26日起至实际支付之日止以4663.76万元为基数按照中国人民银行同期同类贷款基准利率计算的利息范围内，向某银行青岛市北支行支付保理预付款本金3000万元及该款自2014年2月26日至款项付清之日按照案涉《有追索权国内保理合同》约定利率计算的利息。另外，需要明确的是，虽然在本案中H公司和P物流公司均负有还款责任，但H公司和P物流公司向某银行青岛市北支行的实际还款总额不得超过H公司应偿还的保理本息总额。

最高人民法院再审查明，《三方协议》约定“P物流公司、H公司、J公司根据2014年2月签订的《煤炭采购合同》，现签订补充协议”。而协议中所说的合同编号对应于2014年2月15日H公司与P物流公司签订的《煤炭采购合同》，“故《三方协议》系案涉《煤炭采购合同》的补充协议”，据此关于P物流公司基于基础交易关系的抗辩事由能否阻却某银行青岛市北支行的付款请求权，最高人民法院认为：

> 根据《合同法》第八十条、第八十一条规定，债权转让对债务人生效，债权受让人有权向债务人主张基础合同项下的付款请求权。又根据第八十二条规定，债务人接到债权转让通知后，债务人对让与人的抗辩，可以向债权受让人主张。故本院对P物流公司的抗辩权构成要件具体分析如下：
>
> 1.案涉应收账款转让对P物流公司发生效力。债务人对让与人主张抗辩，是以债权转让对债务人发生效力为前提的。2013年6月20日H公司与P物流公司签订案涉《煤炭采购合同》，P物流公司并未否认该份合同的真实性。基于上述合同，H公司负有向P物流公司交付符合约定的煤炭的合同义务，而P物流公司负有付款义务。2014年2月25日，H公司向P物流公司出具《应收账款转让债权通知书》，记载了转让应收账款的发票号和发票金额并确定了应收账款金额，同时还提示P物流公司若有异议，请尽快与H公司或者某

银行青岛市北支行联系。P物流公司收到上述通知书后亦未提出异议。依据《合同法》第七十九条、第八十条规定，案涉应收账款转让对P物流公司发生效力。

2. P物流公司以《三方协议》付款条件未成就作为抗辩事由，应予以支持。某银行青岛市北支行依据案涉《煤炭采购合同》第6.1货到付款条款主张，结合其他证据材料能够认定P物流公司和H公司已经实际交货。H公司已经开具了发票，P物流公司进行了抵扣，其支付货款的条件已经成就。某银行青岛市北支行还依据案涉《货权转让协议》以及《煤炭采购合同》第三条交货方式约定的京唐港平仓交货，认为P物流公司已经收到货物，应当向某银行青岛市北支行付款。对此，P物流公司认为只有双方当事人对煤炭数量和质量进行确认之后，即P物流公司收货之后才能付款。总之，某银行青岛市北支行在本案诉讼中提出多项类似理由，其证明目的均是P物流公司已经收到货物，付款条件已经成就。但对于P物流公司付款条件是否成就的判断，应当结合2013年6月15日P物流公司、H公司、J公司签订的《三方协议》进行认定。主要理由包括：

（1）《三方协议》是否对案涉《煤炭采购合同》的付款条件作了补充约定。首先，一审庭审中，P物流公司提交了《三方协议》文本，H公司对该份协议并未提出异议，某银行青岛市北支行表示对《三方协议》并不知情，《三方协议》的约定与其无关，但并未提交证据否定三方《协议》的真实性，也未诉请否定三方《协议》的效力。在三方《协议》的效力未被否定的前提下，能够作为认定P物流公司、H公司、J公司之间关于煤炭购销权利义务关系的依据。其次，《三方协议》约定P物流公司、H公司、J公司根据2013年度签订的煤炭买卖合同而签订的补充协议，即对应于2013年6月20日H公司与P物流公司签订的《煤炭采购合同》、2013年6月20日P物流公司与J公司签订的《煤炭采购合同》。虽然上述《三方协议》作为补充协议签订的时间早于《煤炭采购合同》的签订时间，但某银行青岛市北支行并未举证证明P物流公司、H公司、J公司除了上述两份煤炭采购合同之外，在2013年期间尚有其他煤炭采购合同存在。再次，《三方协议》第五条第二项约定，J公司将货款全部支付给P物流公司之后，P物流公司按照合同约定及时支付给H公司。H公司在J公司未付款之前，不得向P物流公司追索。如上所述，《三方协议》系案涉《煤炭采购合同》的补充协议，而债权的转让具有整体性，案涉《煤炭采购合同》与《三方协议》一并构成了H公司在本案中转让的应收账款的合同基础。虽然两者在合同主体上并不完全相同，但《三方协议》关于付款条件的约定系对案涉《煤炭采购合同》第6.1货到付款条款约定的补充，并未产生新的应收账款。最后，《三方协议》第五条第四项、第六条第三项约定，办理银行保理业务的一方应明确告知银行或保理业务的主体其与P物流公司签订的贸易合同及本协议规定内容。如未告知，产生的责任由办理银行保理业务的一方承担。债权转让不能使债务人处于更为不利的境地，基础交易合同项下债务人享有的所有抗辩均得以向债权受让人主张。并且由于债权转让并不影响债权的同一性，故基础交易合同中的约定抗辩事由无论是否向保理银行披露均不影响债务人行使抗辩权。P物流公司并无向某银行青岛市北支行披露《三方协议》约定付款条件的合同义务和法定义务。某银行青岛市北支行提起本案诉讼，其负有对J公司已经付款事实的举证证明责任，但诉讼至今，其未提交证据证明这一事实已经存在，故《三方协议》第五条约定P物流公司的付款条件尚未成就。

（2）P物流公司能否以《三方协议》中约定的付款条件作为抗辩事由对抗某银行青岛市北支行。有追索权保理业务模式下，应收账款受让人向债务人主张付款请求权应依据《合同法》债权转让规则和具体保理合同内容来确定。根据《合同法》第八十二条规定，债务人基于基础交易合同项下对债权人原有的抗辩权，于受让通知后，仍可向债权受让人主张。债权转让的发生，债务人不能拒绝，但不宜因债权转让的结果而使得债务人陷于不利的地位。在发出债权转让通知之前，债权人与债务人修改基础交易合同抗辩事由对债权受让人有效；在发出转让通知后，债权人与债务人修改基础交易合同抗辩事由对债权受让人不具有效力，除非债权受让人表示同意。《三方协议》的签订时间是2013年6月15日，H公司出具《应收账款转让债权通知书》的时间是2014年2月25日，《三方协议》中约定的P物流公司享有的抗辩事由对某银行青岛市北支行有效。P物流公司并无向某银行青岛市北支行提示《三方协议》存在的合同义务和法定义务。某银行青岛市北支行在开展保理业务过程中，对于基础交易合同内容的变化，应该进行充分的风险评估，并承担由此可能产生的商业风险。二审判决认定《三方协议》对于P物流公司付款条件的约定系P物流公司、H公司、J公司之间的内部约定，不能对抗某银行青岛市北支行的付款请求权，适用法律错误，本院予以纠正。

相似的案件还可见于“某物流公司、某银行重庆分行合同纠纷案”[①]，该案一审法院认为：

某物流公司依据《补充协议》的约定抗辩案涉应收账款不具备支付条件，但某物流公司并未举证证明某银行重庆分行自始知道《补充协议》的内容，某银行重庆分行并非《补充协议》的当事人，其约定内容对某银行重庆分行不发生法律效力。故某物流公司抗辩应收账款至今不具备支付条件的意见，一审法院不予支持。

但最高人民法院在二审时发现，银行在受理保理业务展开尽职调查时被告知了《补充协议》的内容，因而对债务人可否基于《补充协议》的付款条

① 最高人民法院（2018）最高法民终31号民事判决书。

件向银行予以抗辩进行了改判：

> 《合同法》第八十二条规定，债务人接到债权转让通知后，债务人对让与人的抗辩，可以向受让人主张。关于本案某物流公司能否依《补充协议》中在贸易下游未向其付款时其有权拒付货款的约定，向某银行重庆分行提出履行抗辩。根据《商业银行保理业务管理暂行办法》有关保理融资业务管理的规定，商业银行受理保理融资业务时，应严格审核卖方和/或买方的资信、经营及财务状况，分析拟作保理融资的应收账款情况，对客户和交易等相关情况进行有效的尽职调查。就本案而言，某银行重庆分行在受理某商贸公司保理融资业务时，派员赴某物流公司就某商贸公司提供的《煤炭买卖合同》《货物运单》以及增值税发票等进行核实，并先后六次向某物流公司发出《应收账款转让询证函》，属于按照上述规定开展尽职调查的行为。但在某银行重庆分行派员赴某物流公司进行尽职调查之时，某物流公司是否告知某银行重庆分行工作人员，其与某商贸公司以及贸易下游三方之间存在《补充协议》，以及根据该《补充协议》的约定，某物流公司享有在贸易下游未向其付款时其有权拒付货款的抗辩权的事实，一审判决并未将此节事实予以审理。根据二审程序中某物流公司举示的重庆铁路公安处刑警支队的询问笔录，当时某银行重庆分行派赴某物流公司进行尽职调查的工作人员周某、江某证实，其二人在某物流公司处核实上述材料时，某物流公司向其出示了《煤炭买卖合同》以及某商贸公司、某物流公司与某旅贸公司三方的《补充协议》，周某、江某在上述协议上面签字确认。据此可以认定，某银行重庆分行在开展案涉保理融资业务尽职调查时，某物流公司已经告知其《补充协议》的内容。从上述事实可知，某银行重庆分行在开展保理融资业务前进行尽职调查时，某物流公司告知其工作人员，某物流公司就案涉的应收账款债权享有履行条件的抗辩权。

就上述两个案件看，本书作者更为认可最高人民法院在（2018）最高法民再128号民事判决书中的审判思路，在该案中最高人民法院没有从保理人是否知晓《三方协议》出发进行判定，而把审查的重点放在了《三方协议》是否为基础合同的补充协议上，对其条款产生的抗辩权的可援引性进行了判断，认为"债权的转让具有整体性，案涉《煤炭采购合同》与《三方协议》一并构成了H公司在本案中转让的应收账款的合同基础"，从保持债权的同一性出发，"基础交易合同中的约定抗辩事由无论是否向保理银行披露均不影响债务人行使抗辩权"。这一裁判思路，较之最高人民法院在（2018）最高法民终31号民事判决书中所体现的分析路径，更为适恰。法院在审理这类案件时，本不应审查保理人是否知晓某一抗辩权产生之基础，即使债权人与债务人之间存有通谋行为，也可用无效合同制度对保理人的利益进行保护，而《民法典》第五百四十八条乃是在权衡债务人与保理人在债权让与时可能产生的利益冲突后得出的价值选择，在解释适用该法条时，不应偏离"债务人不能因债权让与而受到损害"这一初衷。

（三）保理合同无效之抗辩

实务中，保理合同签订时间通常会早于基础交易合同的产生，此时债务人通常会以保理融资合同先于应收账款债权设立来对抗保理人的付款请求。对该种情况下保理合同有效性的认定上，各地法院没有分歧。如在"P物流公司、P能源化工公司金融借款合同纠纷案"[①]中，最高人民法院认为：

> P物流公司主张其与H公司签订《煤炭采购合同》的时间晚于案涉保理合同签订时间，某银行青岛市北支行针对未来应收账款办理保理业务，违反《商业银行保理业务管理暂行办法》第十三条规定。本案中，某银行青岛市北支行签订案涉《有追索权国内保理合同》的时间是2013年6月14日，《商业银行保理业务管理暂行办法》

---

① 最高人民法院（2018）最高法民再128号民事判决书。

生效时间是2014年4月3日，案涉保理业务发生在该暂行办法生效之前。P物流公司以上述暂行办法作为法律适用依据，本院不予支持。P物流公司提出本节理由，目的在于否定某银行青岛市北支行付款请求权的基础。本院认为，首先，案涉《有追索权国内保理合同》约定某银行青岛市北支行为H公司核定的保理预付款最高额度为2亿元人民币，期限为2013年6月14日起至2014年6月14日止。同时注明针对不同买方的预付款比例，买、卖方关联限额等详细信息以本合同附件1《有追索权保理业务额度清单》所确定为准。附件1中明确列举了保理业务买方清单包括某能源集团有限公司、P物流公司及某实业公司，其中P物流公司预付款比例80%，买、卖方关联限额为2000万元。可见，上述保理合同对应的基础交易合同的卖方是H公司，买方却是包括P物流公司在内的三家，该保理合同具有商业授信业务的属性，即对H公司在基础交易合同中可能产生的支付责任作出的保证，保理合同签订时间先于基础交易合同系正常的商业安排和决策。其次，对合同法律效力的判断应当以法律、行政法规作为法律依据，而不是部门规范性文件。最后，应当明确保理合同的效力和实际履行付款义务是两个不同层次的问题。对于前者，若无法律规定的效力瑕疵事由，应收账款尚未产生或部分产生并不影响保理合同的效力；对于后者，保理银行只有待应收账款实际产生并得以确定之后，才可以请求基础交易合同债务人履行付款义务。故P物流公司不能以案涉保理合同签订的时间先后作为对抗某银行青岛市北支行付款请求权的理由。

又如在“某物流公司、某银行重庆分行合同纠纷案”[①]中，最高人民法院认为：

① 最高人民法院（2018）最高法民终31号民事判决书。

关于本案中人民法院能否因保理融资合同先于应收账款债权设立，即否定保理融资合同的效力的问题。保理融资业务涉及债权转让、金融借款两种合同关系，两种合同关系并无主从之分。从相关人民法院既往的审判实践看，人民法院处理保理融资纠纷案件时，以审查真实、合法、有效的应收账款债权存在为前提，以审查应收账款债权合法有效转让为核心。原中国银行业监督管理委员会《关于加强银行保理融资业务管理的通知》第六条、《商业银行保理业务管理暂行办法》第十三条均规定，开展保理业务的商业银行不得基于不合法基础交易合同、寄售合同、代理销售合同、未来应收账款、权属不清的应收账款、因票据或其他有价证券而产生的付款请求权等开展保理融资业务。其中，未来应收账款是指依据合同项下卖方的义务未履行完毕的预期应收账款。本案中，某银行重庆分行与某商贸公司于2012年12月18日签订《国内保理业务合同》，明确约定以某商贸公司对某物流公司享有的4500万元债权为前提。该《国内保理业务合同》签订时，某商贸公司与某物流公司之间尚未建立煤炭买卖合同关系，《国内保理业务合同》所约定的应收账款债权并未成立。虽然相关规范性文件规定了保理融资业务应当以真实、合法、有效的应收账款债权为前提，但该规定的目的在于规范商业银行按规定开展保理融资业务。在现实的经济活动中，因民商事活动当事人磋商协议的周期性、协议签订与履行的时间顺序不一致性等因素，允许存在先确定实体法律关系，后签订有关协议的情形。在保理融资合同先于应收账款债权设立的情况下，如果后设立的应收账款债务人对该保理融资合同约定的债权予以确认或者追认，属于当事人对自己民事权利义务的处分，并不损害他人合法权益，也不违背公序良俗，人民法院不应以此否定保理融资合同的效力，债务人也不应以此抗辩免除相应的民事责任。

此问题与未来应收账款是否可以进行保理融资有异曲同工之妙，在最高人民法院看来只要后设立的应收账款具有可期待性且现实产生了，则其并不影响先前成立的保理合同的效力，债务人不得以此为由予以对抗保理人的请求权。如若债务人在债权让与通知时予以确认或者追认，属于当事人对自己民事权利义务的处分，此时更不应当否认保理合同的效力。债务人以此为由提出的抗辩，不应被法院支持。

（四）放弃抗辩权的认定

对于债务人在债权转让通知《回执》中确认签章的行为是否应被认定为放弃抗辩权，最高人民法院在不同的案件中给出的裁判结果并不相同。

在“某银行乌鲁木齐钢城支行诉Z物资公司、C金属公司合同纠纷案件”[①]中，最高人民法院认为债务人在《应收账款保理业务确认书》中向保理人做出的是“无异议承诺”，因而债务人“不得再就涉案债权不成立、成立时有瑕疵、无效或可撤销、债权消灭等可以对抗C金属公司的抗辩事由”向保理人提出抗辩：

> 《合同法》第八十二条规定：“债务人接到债权转让通知后，债务人对让与人的抗辩，可以向受让人主张。”第八十三条规定：“债务人接到债权转让通知时，债务人对让与人享有债权，并且债务人的债权先于转让的债权到期或者同时到期的，债务人可以向受让人主张抵销。”就当事人能否通过合同约定排除上述法律规定之适用，立法本身未设明文规定。而在本案中，Z物资公司在收到债权转让通知后，于2013年3月5日向某银行乌鲁木齐钢城支行出具《应收账款保理业务确认书》，确认其对C金属公司负有150012150元债务尚未清偿，承诺将依买卖合同的约定和应收账款债权转让通知书的指定，向收款专户进行支付，且承诺不出于任何原因对该等款项进行任何抵销、反请求或扣减。由此，Z物资公司在《应收账款保理

① 最高人民法院（2014）民二终字第271号民事判决书。

业务确认书》中的上述承诺能否发生切断抗辩的法律效果，即Z物资公司能否再就涉案债权不成立、成立时有瑕疵、无效或可撤销、债权消灭等可以对抗让与人C金属公司的抗辩事由向受让人某银行乌鲁木齐钢城支行提出抗辩，成为本案当事人争议的焦点问题之一。本院认为，首先，《合同法》第八十二条和第八十三条所规定的抗辩权和抵销权，其立法目的系保护债务人之利益不至因债权转让而受损害，根据上述规定，债权转让后债务人对抗辩权和抵销权的行使享有选择权，其既可以对原债权人主张，也可以向受让人主张。因此，即便债务人向保理银行预先承诺放弃行使抗辩权和抵销权，其所享有的实体权利并未因此而消灭，其仍然可以向原债权人主张相关的权利。因此，从当事人之间利益状态来看，债务人对受让人预先承诺放弃抵销权和抗辩权并不会导致当事人之间利益的失衡。其次，从当事人在保理融资业务中所追求的经济目的来看，债务人事先向受让人作出无异议承诺具有一定的合理性。对保理融资业务中涉及的基础交易合同的双方当事人而言，经由保理银行的垫款，能够使相关基础合同的交易得以顺利进行；对保理银行而言，其为客户垫款而受让债权，其真实意思并非终局地获得该债权，而是希望借此从客户（债权人）那里获得报酬及利息，并由债务人归还融资本金。因此，债务人事先向债权受让人作出无异议承诺的做法，有利于促进保理融资业务的顺利开展。从实践中的情况来看，无异议承诺也已经成为保理融资实务中较为通行的做法。根据本案已经查明的事实，Z物资公司在《应收账款保理业务确认书》中向某银行乌鲁木齐钢城支行作出“不出于任何原因对该等款项进行任何抵销、反请求或扣减”的承诺，是其真实意思表示，故应依法认定为合法有效。根据《应收账款保理业务确认书》中的承诺内容，Z物资公司在本案中不得再就涉案债权不成立、成立时有瑕疵、无效或可撤销、债权消灭等可以对抗C金属公司的抗辩事由向某银行乌鲁木齐钢城支行提出抗辩。故对Z物资公司在本案中向某银行乌鲁木齐钢城支行提出的案涉买卖合同系双方虚伪意思表示、应收账款债权并非真实存在等抗辩理由，本院不予采信。对Z物资公司在本案中所提交的拟证明涉案应收账款债权并非真实存在、相关当事人之间存在虚假的闭合贸易圈等相关证据，因C金属公司已经就涉案买卖合同的价款支付问题另案提起诉讼要求Z物资公司支付价款，本院业已裁定指令一审法院就双方之间的债权债务关系予以实体审理，Z物资公司可在该案中进行抗辩并由一审法院对双方之间买卖合同的效力进行实事求是的认定，本院在本案中不予审理，对某银行乌鲁木齐钢城支行和C金属公司提出的关于涉案应收账款债权合法有效的诉讼理由，本院在本案中亦不作评判。

而在“某物流公司、某银行重庆分行合同纠纷案件”[①]中，最高人民法院认为债务人签署《应收账款转让通知确认书》后，在保理人向其调查时，出示《补充协议》的行为表明其并非预先向保理人放弃抗辩权：

本案的核心问题即在于，能否在某物流公司向某银行重庆分行出具《应收账款转让通知确认书》并确认《应收账款转让询证函》中所载应收账款金额的情形下，认定某物流公司放弃了《补充协议》所约定的抗辩权，并应向某银行重庆分行履行相应的民事义务。某银行重庆分行二审中提及，本院在审理有关保理融资业务纠纷的“某银行乌鲁木齐钢城支行诉Z物资公司、C金属公司合同纠纷案件”、“某银行诉某电力燃料公司合同纠纷案件”中，在债务人收到保理银行债权转让通知并予以确认的情形下，均未支持债务人在诉讼中提出的抗辩权。本院注意到，本案与上述两件案件的关键事实并不相同：其一，在“某银行乌鲁木齐钢城支行诉Z物资公司、C金属公司合同纠纷案件”中，债务人Z物资公司在收到债权

① 最高人民法院（2018）最高法民终31号民事判决书。

转让通知后，向保理银行出具《应收账款保理业务确认书》，明确承诺“不出于任何原因对该等款项进行任何抵销、反请求或扣减”。本院基于该事实认为，从当事人之间利益状态来看，债务人对受让人预先承诺放弃抵销权和抗辩权并不会导致当事人之间利益的失衡。其二，在“某银行诉某电力燃料公司合同纠纷案件”中，债务人某电力燃料公司对于其与让与人之间的债权债务数额是明知的，但在保理银行向其调查基础交易合同的真实性时，故意对超过真实债权债务的数额予以确认；并且债务人在签署《应收账款转让通知确认书》后，仍继续向让与人支付剩余货款。本院再审该案认为，债务人就与订约有关的重要事实向保理银行提供虚假情况，系欺诈行为；在其签署《应收账款转让通知确认书》后，仍继续向让与人支付剩余货款，主观恶意明显。而本案的相关事实表明，债务人某物流公司在保理银行某银行重庆分行向其调查时，向某银行重庆分行的工作人员出示了其与某商贸公司、某旅贸公司三者签订的《补充协议》，该行为表明某物流公司不预先向保理银行放弃抗辩权或者抵销权，并且也没有证据证明某物流公司存在欺诈的情形。本案中，某物流公司签署《应收账款转让通知确认书》后，其依据与某商贸公司、某旅贸公司三者之间签订的《补充协议》约定，在收到相关货款后依约向保理汇款专户打款，属于履行《应收账款转让通知书》和《应收账款转让通知确认书》的适当行为。本院认为，保理融资纠纷案件中，债务人在保理银行开展尽职调查时，向保理银行提出抗辩权或者抵销权存在的合理事由，保理银行仍然与债权人签订保理合同并通知债务人债权转让的事实，债务人确认该债权转让并同意按照债权转让通知履行的，如债务人无预先放弃抗辩权或者抵销权以及存在欺诈等严重过错的情形，债务人仍不失抗辩权或者抵销权。上诉人某物流公司依据《补充协议》约定，抗辩在其未收到贸易下游向其支付货款的情况下，其有权拒绝某银行重庆分行要求履行的抗辩理由成立。一审判决否定了某物流公司提出的应收账款不具备支付条件的抗辩意见，属于认定事实不清，适用法律错误，本院予以纠正。

又如，在“P物流公司、P能源化工公司金融借款合同纠纷案”[①]中，最高人民法院更是认为“认定基础交易合同中债务人放弃基础交易合同项下对债权人的抗辩权，应当有基础交易合同债权人、债务人参与下达成的新的放弃上述抗辩权的合意或者债务人一方对于放弃抗辩权作出明确的意思表示”，“不能仅凭债务人在《回执》中对《应收账款转让债权通知书》中应收账款数额、还款期限以及基础交易合同、交付凭证、发票等内容的确认，而认定债务人放弃抗辩权”：

案涉应收账款《回执》能否认定P物流公司放弃了付款条件作为抗辩事由。保理业务当中，认定基础交易合同中债务人放弃基础交易合同项下对债权人的抗辩权，应当有基础交易合同债权人、债务人参与下达成的新的放弃上述抗辩权的合意或者债务人一方对于放弃抗辩权作出明确的意思表示。首先，从案涉应收账款《回执》文本上而言，并无P物流公司放弃抗辩权的内容。其次，债务人针对《应收账款转让债权通知书》出具相应的《回执》，是保理业务流程中债务人向保理商业务经营者确认已经收到《应收账款转让债权通知书》的书面凭证，法律性质上类似于观念通知。故不能仅凭债务人在《回执》中对《应收账款转让债权通知书》中应收账款数额、还款期限以及基础交易合同、交付凭证、发票等内容的确认，而认定债务人放弃抗辩权。最后，案涉《应收账款转让债权通知书》是H公司出具给P物流公司的，《回执》是P物流公司出具给某银行青岛市北支行的，上述两份证据并未在P物流公司与H公司之间形成新的意思表示，并未变更案涉《煤炭采购合同》、三方《协

① 最高人民法院（2018）最高法民再128号民事判决书。

议》对P物流公司付款条件的约定，故不能单独依据案涉应收账款《回执》认定P物流公司放弃基础交易合同的抗辩事由，某银行青岛市北支行主张P物流公司在案涉应收账款《回执》中作出放弃抗辩权的承诺，本院不予采信。同理而言，P物流公司于2014年6月5日向某银行青岛市北支行出具的对逾期付款通知的《回执》亦不能视作P物流公司放弃对基础交易合同的抗辩权。某银行青岛市北支行主张2014年6月5日P物流公司向某银行青岛市北支行出具的对逾期付款通知的《回执》表明，P物流公司已经作出了无条件付款的承诺，本院不予采信。

应予肯定的是，只要不涉及第三人的利益，不违反法律的强制性规定，就应当允许债务人对其权利进行放弃。我国《民法典》尚未规定债务人放弃抗辩权的制度，《天津市高级人民法院关于审理保理合同纠纷案件若干问题的审判委员会纪要（二）》第六条也只是在承认债务人对保理人享有抗辩权的基础上略有提及债务人放弃抗辩权的例外规定。

本书作者认为债务人对自身享有的权利有处分权，其可以向保理人做出放弃所有抗辩权的意思表示，这是债务人享有的处分自由，不应限制。但权利的放弃必须以明示的方式进行，不能进行推定。且债务人在作出意思表示时得清晰地认识到其放弃的是什么抗辩权，如若其并未对此产生明确的认知，则该意思表示存有瑕疵，不应生效。因债务人放弃抗辩权的意思表示对债务人利益存有不利影响，在存有疑义时，应当做出对债务人更为有利的限制性解释。

最后，聚焦到《最高人民法院关于适用〈中华人民共和国民法典〉合同编通则若干问题的解释》的规则上，之于保理法律关系中债务人的抗辩权，本次司法解释对债务人向保理人提出抗辩的诉讼结构进行了回应，其第四十七条规定："债权转让后，债务人向受让人主张其对让与人的抗辩的，人民法院可以追加让与人为第三人。债务转移后，新债务人主张原债务人对债权人的抗辩的，人民法院可以追加原债务人为第三人。当事人一方将合同权利义务一并转让后，对方就合同权利义务向受让人主张抗辩或者受让人就合同权利义务向对方主张抗辩的，人民法院可以追加让与人为第三人。”

二、债务人的抵销权纠纷

原《合同法》第八十三条规定：“债务人接到债权转让通知时，债务人对让与人享有债权，并且债务人的债权先于转让的债权到期或者同时到期的，债务人可以向受让人主张抵销。”《国际商事合同通则》第9.1.13条第2款也规定了债务人的抵销权“债务人可以向受让人主张他在收到通知之前对转让人主张的任何抵销权”。与原《合同法》第八十三条的规定一致。

但是，在我国《民法典》颁布后，其第五百四十九条改变了原《合同法》第八十三条的规则，把抵销权规则变更为：

“有下列情形之一的，债务人可以向受让人主张抵销：

（一）债务人接到债权转让通知时，债务人对让与人享有债权，且债务人的债权先于转让的债权到期或者同时到期；

（二）债务人的债权与转让的债权是基于同一合同产生。”

由此可见，在《民法典》的背景下，保理合同中行使抵销权有两种情形：

在第一种情形中，债务人向受让人主张抵销，两个要件缺一不可，必须同时具备：（1）债权转让通知到达债务人时，此时债权人与受让人（保理人）的债权转让协议对债务人发生法律效力，债务人负有向权利受让人履行债务的义务，因而债务人在接到债权转让通知时必须已对让与人（债权人）享有债权。（2）债务人对让与人（债权人）的债权先于转让债权或者同时届清偿期。

在第二种情形中，只要债务人负有向债权人给付应收账款的同时，债权人也因基础交易合同须向债务人履行别的债权，此时如若债权人将债务人对其的应收账款用作保理，不论债务人对债权人基于基础交易合同的债权是否在接到债权转让通知前产生，也不论两个债权清偿期先后如何，债务人均可以此债权用以抵销其所负担的对保理人的应收账款债权。

但是实践中仍有法院对《民法典》第五百四十九条的理解不到位，不予认可债务人在债权转让后对保理人提出的其基于其他法律关系对原债权人享有的抵销权。

如在“Z架业公司、某银行镇江新区支行金融借款合同纠纷案”[①]中，应收账款债务人申请再审称：保理商与原债权人签订保理业务合同后，未向其书面通知有关保理事项。原审判决应认定应收账款债务人对原债权人享有抵销权。原审中，应收账款债务人提交了（2013）镇商初字第00062号民事判决，证明其对原债权人享有400万元债权，从而可以抵销应支付给原债权人的应收账款，但是原审判决未采纳Z架业公司的主张，适用法律错误。

最高人民法院经审查认为：

> M公司为办理该保理融资，并向某银行镇江新区支行提供了由Z架业公司确认的《应收账款询证函》，该函中，Z架业公司确认M公司对《国内保理业务合同》项下转让的应收账款信息属实，并同意将该应收账款权利转让给某银行镇江新区支行。上述《国内保理业务合同》签订后，某银行镇江新区支行向M公司支付了300万元的资金，已履行了其合同义务，但该合同履行期满后，Z架业公司与M公司均未履行向某银行镇江新区支行履行付款和还款义务。根据以上事实，本院认为，本案《国内保理业务合同》为双方当事人真实意思表示，合同内容不违反法律和行政法规的禁止性规定，原审判决认定该合同有效正确。由于该合同约定的融资期限届满后，Z架业公司未将案涉应收账款支付至M公司在某银行镇江新区支行的保理账户，M公司亦未偿还借款本息。因此，某银行镇江新区支行依据上述《国内保理业务合同》中有关M公司将案涉应收账款债权及相关权利转让给某银行镇江新区支行，以及若Z架业公司在约定期限内不能足额偿付应收账款，某银行镇江新区支行有权按照合同约定向M公司追索未偿融资款的约定，在本案中一并请求Z架业

① 最高人民法院（2017）最高法民申1222号民事裁定书。

公司在本案债权转让限额内给付借款本息，以及请求M公司偿还本案借款本息，均有合同依据。原审判决依据《国内保理业务合同》以及经Z架业公司确认的《应收账款询证函》，判决Z架业公司就M公司和许某亮、钱某香不能清偿本案借款本金的部分承担赔偿责任，并无不当。某银行镇江新区支行在办理本案保理业务时，审核了案涉《工程物资（设备）采购供应合同》和增值税发票，且《国内保理业务合同》所附的《应收账款转让明细表》中涉及的内容与经Z架业公司确认的《应收账款询证函》中内容吻合。据此，原审判决认定某银行镇江新区支行在办理本案保理业务时已尽到审慎审查义务，有事实依据。Z架业公司所述其与M公司之间的债权债务关系与本案不属于同一法律关系，原审判决认定Z架业公司与某银行镇江新区支行之间无互负债务，对Z架业公司要求行使抵销权的抗辩意见未予支持，适用法律亦无不当。

在“某贸易公司、某农村商业银行静海中心支行合同纠纷案”[①]中，天津市第一中级人民法院认为涉案应收账款的权利转让给保理人后，债务人与让与人行使抵销权需经过保理人的同意，否则即不具备行使抵销权的条件，不产生法律效力。说理如下：

关于上诉人某贸易公司是否应在应收账款4000万元范围内向被上诉人某农村商业银行静海中心支行支付应收账款本金19793747.92元及罚息的问题。首先，涉案国内保理业务合同及应收账款转让通知书、应收账款转让通知确认书等文件系各方当事人真实意思表示，应属合法有效；其次，因某贸易公司已认可涉案应收账款的权利转让给某农村商业银行静海中心支行，且承诺涉及上述应收账款发生任何的变更必须事先征得受让人的书面同意，而某贸易公司向旭晟公司就涉

① 天津市第一中级人民法院（2018）津01民终2325号民事判决书。

> 案应收账款行使抵销权的行为并未征得某农村商业银行静海中心支行同意，不具备行使抵销权的约定条件，所以该行为不产生法律效力；最后，某农村商业银行静海中心支行主张的罚息系其与旭晟公司双方在保理合同中的约定，且某农村商业银行静海中心支行享有向上诉人收取涉案应收账款的权利，故某农村商业银行静海中心支行在涉案应收账款的范围内向某贸易公司主张借款本金及罚息并无不当。据此，某贸易公司应在应收账款4000万元范围内向某农村商业银行静海中心支行支付应收账款本金19793747.92元及罚息。

可见，在司法实践中，债务人想要在债权转让后对保理人主张其对原债权人享有的抵销权确实较为困难，但是《民法典》新修改的第五百四十九条，其立法意旨却有放宽债务人行使抵销权的范围之势，新增条款更是侧重于对债务人的保护，以期减少债权让与（应收账款保理）对债务人的影响。

此外，与抗辩权相似，抵销权也可由债务人主动放弃。如在“某药材公司、某小额贷款公司合同纠纷案”[①]中，法院即确认了债务人于债权转让时已经放弃抵销权为由对其在庭审中提出的抗辩不予支持。一审法院认为：

> 某药材公司提出在与Z公司之间的药品购销业务中，Z公司仍欠其2000余万元货款，即使有剩余欠Z公司的货款亦需用于抵偿上述债务的主张。《合同法》第八十二条规定：“债务人接到债权转让通知后，债务人对让与人的抗辩，可以向受让人主张。”第八十三条规定：“债务人接到债权转让通知时，债务人对让与人享有债权，并且债务人的债权先于转让的债权到期或者同时到期的，债务人可以向受让人主张抵销。”根据上述规定，债权转让后债务人对抗辩权和抵销权的行使享有选择权，其既可以对原债权人主张，也可以向受让人主张。因此，即便债务人向保理贷款方预先承诺放弃行使抗辩

① 广东省广州市中级人民法院（2018）粤01民终6379号民事判决书。

权和抵销权，其所享有的实体权利并未因此而消灭，其仍然可以向原债权人主张相关的权利，债务人对受让人预先承诺放弃抵销权和抗辩权并不会导致当事人之间利益的失衡。某药材公司在《应收账款转让通知书》中向某小额贷款公司作出“在任何情况下均不主张抵销/冲销或者任何其他类似的权利”的承诺既是其真实意思表示，就不得再就涉案债权不成立、成立时有瑕疵、无效或可撤销、债权消灭等可以对抗Z公司的抗辩事由向某小额贷款公司提出抗辩。故某药材公司逾期未向某小额贷款公司支付应收账款616万元已构成违约，应予支付并计付自2015年12月8日起至实际付款之日止的逾期付款利息。某药材公司的抗辩意见无依据，原审法院不予采纳。

二审法院维持原判，也认为：

某药材公司又以Z公司尚欠某药材公司货款为由予以抗辩。《应收账款转让通知书》已经明确约定，某药材公司在任何情况下不得主张冲销或其他类似的权利，这也是三方签订《应收账款转让通知书》的合同目的，否则任由某药材公司与Z公司自行冲抵有关债务，而不按照通知书履行，则失去了签订《应收账款转让通知书》的意义，故不论某药材公司是否对Z公司享有相应债权，只要某药材公司未向某小额贷款公司指定的账户付款，某药材公司就负有向某小额贷款公司支付款项的合同义务，而履行了通知书项下的义务也就履行了其与Z公司买卖合同项下的义务。至于某药材公司与Z公司之间的其他债权债务关系应另行处理，与某小额贷款公司无涉，某药材公司以其对Z公司享有债权为由予以抗辩，本院不予采纳。

对抵销权可否通过债务人明示表示予以放弃这一问题上，各地法院并无裁判分歧，均对其效力予以认可，且严格贯彻禁反言这一基本法理。

第八章

保理人权利竞存时的顺位争议

应收账款的融资担保方式并不限于保理一种，应收账款债权人在应收账款上为自身债务设定质押业已成为市场普遍认可的融资担保方式。2012年我国开始实行保理试点后，保理业务日渐繁荣，应收账款债权人将应收账款转让给银行或者保理公司进行融资的行为也日益增多。因而，近年来应收账款保理与应收账款质押所引发的权利竞存纠纷时常发生，同一笔应收账款多重保理、应收账款先保理后质押，抑或是先质押后保理，保理人和质权人究竟谁能得到债务人的清偿款，各地法院出现了裁判分歧。

一、应收账款的多重让与

结合保理的法律本质看，设立多个保理的本质乃是应收账款的多重让与，该问题在《民法典》颁布前的实践中常有发生，这与原《合同法》第七十九条、第八十条仅对债权转让规定了对内效力以及对债务人的生效要件，却没有规定债权转让对抗第三人的要件相关。因缺乏明确的裁判规则，各地法院对何种行为可使债权让与生效并发生对抗第三人的效力，意见不一。

1.登记不发生强制性排他对抗效力

在“某银行西关支行与某医院、某药业公司等借款合同纠纷案”[①]中，虽然该案中没有权利竞存问题，但是一审法院在该案件中对通知和登记两个行为的法律效果的认定，实则透露着对多重让与权利竞存问题的解答思路。

一审法院山西省长治市城区人民法院认为：

> 某银行西关支行与某药业公司签订的《国内保理业务合同》中涉及的应收账款债权转让是否通知某医院，该债权转让对某医

① 山西省长治市中级人民法院（2019）晋04民终375号民事判决书。

院是否发生效力的问题。《合同法》第八十条规定，债权人转让权利的，应当通知债务人。未经通知，该转让对债务人不发生效力。债权人转让权利的通知不得撤销，但经受让人同意的除外。本案某银行西关支行与某药业公司签订的《国内保理业务合同》约定由“甲方（某银行西关支行）向购货方书面通知应收账款债权转让事项，甲方（某银行西关支行）可直接将通知书递交购货方而无须乙方（某药业公司）同意”，故涉案应收账款债权转让应由某银行西关支行负责通知某医院，现某银行西关支行主张已经口头通知某医院，后者也主动向保理账户转款15万元，但某医院予以否认，辩称并未收到口头或书面通知，其向保理账户转款15万元系清偿某药业公司的债务行为。本院认为，当事人对自己提出的诉讼请求所依据的事实或者反驳对方诉讼请求所依据的事实，应当提供证据加以证明，但法律另有规定的除外。在作出判决前，当事人未能提供证据或者证据不足以证明其事实主张的，由负有举证证明责任的当事人承担不利的后果。首先，原告主张就债权转让已经口头通知某医院，但并未提供相关证据佐证；其次，某医院虽向保理账户转款15万元，但该保理账户属于某药业公司账户，某医院支付某药业公司药品款与其是否知道债权转让的事实无必然关联，不能以某医院的付款行为来推断其知道债权转让的事实；最后，虽然某银行西关支行在中国人民银行征信中心对该债权转让进行了登记，但参照《中国人民银行征信中心应收账款质押登记操作规则》附则第二十五条的规定，央行登记系统对债权转让登记的定位为“公示服务”，且央行登记系统对债权转让登记并不作实质性审查，故与应收账款质押登记不同，债权转让登记于央行登记系统不发生强制性排他对抗效力。并且合同法明确规定债权转让对债务人发生法律效力的前提是通知，法律、司法解释或相关规范性法律文件未赋权于任何形式的登记以债权转让通知的法律效力。因此，即便债权转让在中国人民银行征信中心登记系统中进行了登记，也不能免除合同法确定的债权转让通知义务。综上，原告主张债权转让已经口头通知被告某医院证据不足，本院不予支持。某银行西关支行与某药业公司之间的债权转让因未通知债务人而对债务人某医院不发生法律效力。

在该案中，法院认为债权让与通知行为可使债权转让对债务人发生法律效力，而登记并不发生强制性排他对抗效力。也即通知是对债务人的生效要件，债权让与登记则并无对抗力。但是值得注意的是，在《民法典》颁布前，《天津市高级人民法院关于审理保理合同纠纷案件若干问题的审判委员会纪要（一）》中亦明确了公示对抗的原则，保理商受让债权前要在人民银行动产融资统一登记平台查询权属情况，受让后在平台公示；一旦出现权属纠纷，办理查询或公示手续可以作为善意权利人对抗其他权利人。

2. 登记可得对抗第三人

在"某银行北京分行与某电器公司等执行异议之诉"[①]中，一审法院对登记的法律效果进行了确认，认为"已将应收账款转让事宜在中国人民银行征信中心办理了动产权属统一登记——初始登记的"，属于"向不特定人进行了公示，可据此对抗第三人"，具体说理如下：

J公司与某电器公司签订的《物业建设装饰及租赁合同》及补充协议、《建筑和租赁合同》，与某保理公司签订的《保理合同》均系各方当事人真实意思表示，合同内容不违反法律及行政法规的强制性规定，属合法有效。根据上述租赁合同，J公司已将合同项下房产交付某电器公司使用至今，某电器公司应按照合同约定向J公司支付租金，J公司据此享有对某电器公司的合法债权亦即应收账款债权。另据某保理公司与J公司签订的《保理合同》约定，保理期间自2014年8月26日至2019年8月25日，J公司将保理期间

---

① 北京市第一中级人民法院（2018）京01民终7222号民事判决书。

内与某电器公司所产生的全部应收账款无条件地转让给某保理公司。J公司、某保理公司同时共同以书面形式通知了某电器公司应收账款债权转让事宜，且在征信部门办理了应收账款转让登记，故根据《合同法》第八十条的规定，某保理公司已合法受让上述保理期间产生的应收账款，从而取代J公司成为新的债权人，有权以债权人名义依据相关租赁合同向某电器公司行使请求支付应收账款的权利。因此，某电器公司在上述期间支付的租金即应收账款回款应属某保理公司所有，对本案应收账款700万元的强制执行妨害了某保理公司依法对其享有的民事权益，应予停止。据此，该院对某保理公司要求确认其系诉争700万元应收账款权利人并停止对700万元应收账款的执行措施的诉讼请求予以支持。关于某保理公司要求某电器公司向其支付诉争700万元已到期租金的诉讼请求，因其不属本案审理范畴，该院不予处理。关于某银行北京分行的答辩意见，第一，《物业建设装饰及租赁合同》虽然于2016年11月9日到期，但由于某电器公司仍继续使用合同项下房产，J公司亦未提出异议，故依据《合同法》第二百三十六条的规定，原租赁合同继续有效，但租赁期限为不定期。据此，该院对某银行北京分行关于《保理合同》部分无效的主张不予采信。第二，某保理公司系依据J公司的指示将保理融资款发放至某融资担保公司账户，至此某保理公司已履行完毕合同项下的放款义务，至于J公司与某融资担保公司之间是否存在债权债务关系，或某融资担保公司与某保理公司之间是否存在关联关系，均与本案诉争事实无涉。第三，根据《合同法》第八十条的规定，债权人转让权利的，应当通知债务人，未经通知，该转让对债务人不发生法律效力。本案中，J公司、某保理公司共同签署了债权转让通知书，虽然邮件系某保理公司作为寄件人向某电器公司寄出，但邮件内容已明确载明J公司将债权转让给某保理公司的意思表示，且某电器公司已签收了该邮件，故涉案债权已依法转让，该院对某银行北京分行关于本案债权转让不产生通知效力的主张不予采信。第四，某保理公司已将应收账款转让事宜在中国人民银行征信中心办理了动产权属统一登记——初始登记，向不特定人进行了公示，可据此对抗第三人。

3.通知后债权让与生效，再次转让无效

在“某机械研究院、某银行武汉分行合同纠纷案”[①]中，湖北省高级人民法院认为：债务人一经收到债权转让的通知，原债权人即已丧失债权人的地位，无权处置原有债权，任何对债权作出的新的约定或指示均对债权的受让人保理商不产生任何权利限制。也即只要债务人收到债权转让的通知，原债权人即不可再行二次转让应收账款，其后续的转让行为无效。具体说理如下：

某银行武汉分行分别与Z集团、重冶制造公司、钱某生、闫某所签订的《综合授信合同》《贸易融资主协议》《保理服务合同》《保理服务合同——附属合同一》《中国民生银行保理额度通知书》《保理服务合同——融资附件》《应收账款转让登记协议》等构成了以保理融资及保障融资款偿还为目的的保理合同群，各合同形成一定分工，分别用于解决授信额度、利率、应收账款催收、追索权的行使等具体事项，并经约定确定各合同同类条款之间的效力等级。上述合同均不存在《合同法》第五十二条规定的法定无效情形，为有效合同。本案保理合同形态为有追索权明保理，根据合同设置，在授信合同项下各具体业务履行中，由Z集团向某银行武汉分行提出融资申请，某银行武汉分行审核同意向Z集团发放融资款4224万元，为保障融资款偿还，Z集团将与某机械研究院之间案涉《委托制作合同书》项下的债权5281万元转让给某银行武汉分行，并对某机械研究院发出《介绍信》和《发票签收函》通知债权转让事宜。从

---

① 湖北省高级人民法院（2018）鄂民终478号民事判决书。

《介绍信》和《发票签收函》的内容来看，除了通知上述债权转让之外，同时也通过发出指令及某机械研究院在回执上签章确认的方式，指定某机械研究院履行债务的方式，即将应收账款汇入Z集团在某银行武汉分行的指定账户。该行为实际构成对原基础交易合同付款方式的变更，某机械研究院应受该变更约定所设定义务的约束。某机械研究院的该项义务相对于债权人Z集团而言则为权利，依据《合同法》第八十一条的规定，在债权转让后，该项从权利随债权一并由受让人某银行武汉分行取得，某机械研究院仅能通过向Z集团在某银行武汉分行的指定账户汇款或直接向某银行武汉分行支付的方式履行债务方能符合合同约定。同时，在债权转让的法律效力上，某机械研究院一经收到债权转让的通知，Z集团即已丧失债权人的地位，无权处置原有债权，其与某机械研究院在债权转让后任何对债权作出的新的约定或指示均对债权的受让人某银行武汉分行不产生任何权利限制。

4.合同生效时债权让与生效，再次转让无效

在“某银行南京大行宫支行与邓某强、某建工公司债权转让合同纠纷案”[①]中，对于第二次转让行为的效力认定以及哪一个受让人应取得涉案应收账款债权，一审法院和二审法院产生了分歧。

一审法院认为应收账款的第二次转让行为应认定为“违法无效之举”：

某混凝土公司将对某建工公司的应收货款债权转让给邓某强，此债权转让在2012年12月16日某混凝土公司未能按期还款付息时已实际发生效力，且转让金额（9057559.53元）超过某混凝土公司对某建工公司的实际债权金额（3126559.22元），在此情形下，到2013年1月7日某混凝土公司签发对某建工公司的应收账款转让通

① 江苏省南京市中级人民法院（2015）宁商终字第636号民事判决书。

> 知书时，某混凝土公司实际已不再享有对某建工公司的应收账款债权。但某混凝土公司并未向原审第三人某银行南京大行宫支行如实告知这一情况，其向原审第三人某银行南京大行宫支行转让债权实际是将已转让给邓某强的债权重复处分，此重复转让债权的行为应属违法无效之举。

但而后其又假设如若两个转让都有效时，债权也应由合同设立在先的受让人取得，也即债权让与合同的成立生效即为债权转让的成立生效，原债权人即丧失对债权的处分权：

> 而原审第三人某银行南京大行宫支行作为专业金融机构，对某混凝土公司所转让债权的真实性、合法性并未在自己的能力范围内进行必要审查与核实，其对由此产生的风险责任应予承担。况且，邓某强与某混凝土公司的债权转让成立生效于原审第三人某银行南京大行宫支行与某混凝土公司债权转让之前，而某建工公司对邓某强与某混凝土公司的债权转让明确表示已及时知悉并予以认可，某混凝土公司管理人亦明确认可邓某强与某混凝土公司债权转让成立，在此情形下，即使邓某强与某混凝土公司的债权转让和某银行南京大行宫支行与某混凝土公司的债权转让均为有效转让，邓某强与某混凝土公司的债权转让亦因最先成立生效并已对某建工公司产生法律约束力且已得到某混凝土公司管理人的明确认可而应优先得到履行。基于上述分析，邓某强与某混凝土公司的债权转让合法有效，邓某强主张债权的条件已经成就，其据此向某建工公司提出付款主张，理由正当。

5. 先行送达转让通知的受让人取得债权

但上述案件的二审法院并不赞同一审法院对于第二次转让行为属于“违法无效之举”的认定，其认为再次转让行为并未违反法律、行政法规的强制性规定，当属合法有效：

> 本院认为，某混凝土公司将其对某建工公司享有的案涉债权，在让与邓某强后，再次将该债权让与某银行南京大行宫支行的行为仍属有效。理由如下：其一，债权转让人与受让人之间达成的债权协议属合同之债，我国合同法规定“债权人转让权利的，应当通知债务人。未经通知，该转让对债务人不发生效力”。由此可知，转让通知未通知债务人之前，对债务人不生效，但并不影响债权转让合同效力。本案中，某混凝土公司将案涉债权让与某银行南京大行宫支行（保理业务），不属于无权处分，案涉两个债权转让协议不违反法律、行政法规的强制性规定，当属合法有效。某银行南京大行宫支行开展保理业务系有追索权保理，其取得对价即应收账款或借款人到期还本付息，故邓某强认为某银行南京大行宫支行无偿取得应收账款的意见，缺乏事实与法律依据，本院不予采纳。一审法院认定某混凝土公司再次转让债权行为系无权处分，以及以债权转让的先后时间顺序确定争议债权归属的意见，缺乏依据，本院予以纠正。

且对于争议债权的归属问题，二审法院认为优先发出转让通知的受让人才可取得应收账款债权，而非看合同设立的先后：

> 本院认为，案涉争议债权应归属于某银行大行宫支行。理由如下：如前所述，在案涉债权转让均有效的条件下，争议债权归属于邓某强还是某银行大行宫支行，取决于各债权让与通知，谁先到达债务人某建工公司。首先，从现有证据看，2013年1月7日的受让人为某银行大行宫支行的债权转让通知，经公证以邮寄方式向债务人某建工公司送达，而受让人为邓某强的债权转让通知于2013年2月1日以邮寄方式送达，后者晚于前者。受让人为某银行大行宫

支行的债权转让通知先于受让人为邓某强的债权转让通知，到达债务人某建工公司，且某银行大行宫支行送达债权转让的通知属经公证的书证，具有较高的证明力，属优势证据，故本院应予采信。其次，某建工公司二审中虽称邓某强曾于2012年12月口头通知其债权受让事宜，以及其未收到2013年1月7日的债权转让通知，但在此前其他案件中，某建工公司曾书面向法院确认案涉争议债权属于某银行大行宫支行，并于2012年1月7日收到某银行大行宫支行为受让人的债权转让通知，该前后不一致的陈述，有悖于当事人在诉讼活动中应诚实守信，如实陈述的相关规定。根据《民事诉讼法》"人民法院对当事人的陈述，应当结合本案的其他证据，审查确定能否作为认定事实的根据"的规定，邓某强及某建工公司关于口头通知债权让与的陈述，在缺乏其他补强证据的情况下，尚不能作为认定本案待证事实的依据。据此，本院认定争议债权应归属于某银行大行宫支行，某建工公司应向其清偿债务。

6.通知并非债权让与生效要件

在"某银行三峡猇亭支行与某服装公司、曾某祥等金融借款合同纠纷案"[①]中，法院对债权转让通知效力的认定与上述案例相异，其认为债权让与的生效并不一定需要对债务人进行通知，未通知债务人只是对债务人不生效力，其债权让与本身只要合同成立生效后即可生效：

《合同法》第八十条第一款规定："债权人转让权利的，应当通知债务人。未经通知，该转让对债务人不发生效力。"据此，债权转让通知义务未及时履行只是使债务人享有对抗受让人的抗辩权。向债务人发出债权转让通知并非债权转让协议的生效要件，债权人没有及时向债务人履行通知义务并不影响债权转让人与受让人

① 湖北省宜昌市中级人民法院（2015）鄂宜昌中执异字第00056号执行裁定书。

之间债权转让协议的效力，也不能因此认为债权受让人未取得该债权。在本院冻结某服装公司对顺丰速运有限公司享有的应收账款34973101.08元之前，某服装公司已将发票号码为00910×××、00910790-00910×××、00910796-00910×××所对应的应收账款转让给了G公司用于办理保理融资，并已在中国人民银行征信中心办理了动产权属登记，其债权转让已发生法律效力。

综上，司法实践对债权让与的生效要件和对抗要件的认定不一，出现大量裁判分歧，因此，《民法典》特新设条款对此进行规定。《民法典》保理合同章第七百六十八条明确“应收账款债权人就同一应收账款订立多个保理合同，致使多个保理人主张权利的，已经登记的先于未登记的取得应收账款；均已经登记的，按照登记时间的先后顺序取得应收账款；均未登记的，由最先到达应收账款债务人的转让通知中载明的保理人取得应收账款；既未登记也未通知的，按照保理融资款或者服务报酬的比例取得应收账款”。这一规则实则是将登记作为债权让与的对抗要件，以“登记优先”作为原则，辅以“通知优先”的例外，将多重让与所可能存在的冲突情况都予以涵盖。应当说采用“登记优先主义”是较为优质的立法选择，因为通过公示制度可以大幅度提高债权转让交易的安全性，同时转让登记与质押登记都由同一个机构负责，保理商可以很方便查询拟质押登记并进行转让登记，从而大幅降低多重让与等权利冲突出现的可能。

但值得注意的是，保理合同中应收账款的权利顺位安排，与债务人接到通知后的有效清偿规则，采用的是不同的认定标准：权利顺位主要看登记，而债务人是否属于有效清偿，则主要看通知。所以容易出现债务人已经根据通知规则向通知最先到达债务人处的保理人清偿债务后，由另一个最先登记的保理人向债务人主张债务清偿的情况。

对于债务人在应收账款多重保理时，该如何有效清偿其债务，《最高人民法院关于适用〈中华人民共和国民法典〉合同编通则若干问题的解释》第五十条对此问题进行了释明。该条规定：“让与人将同一债权转让给两个以上受让人，债务人以已经向最先通知的受让人履行为由主张其不再履行债务的，人民法院应予支持。债务人明知接受履行的受让人不是最先通知的受让人，最先通知的受让人请求债务人继续履行债务或者依据债权转让协议请求让与人承担违约责任的，人民法院应予支持；最先通知的受让人请求接受履行的受让人返还其接受的财产的，人民法院不予支持，但是接受履行的受让人明知该债权在其受让前已经转让给其他受让人的除外。前款所称最先通知的受让人，是指最先到达债务人的转让通知中载明的受让人。当事人之间对通知到达时间有争议的，人民法院应当结合通知的方式等因素综合判断，而不能仅根据债务人认可的通知时间或者通知记载的时间予以认定。当事人采用邮寄、通讯电子系统等方式发出通知的，人民法院应当以邮戳时间或者通讯电子系统记载的时间等作为认定通知到达时间的依据。”

因此，根据上述司法解释的该条规定，债务人是否属于有效清偿，主要仍看哪位保理人为最先通知该债务人的受让人，债务人只得向最先通知的保理人清偿，否则不构成有效清偿，债权债务关系仍然存续。如若最先登记的保理人和最先通知的保理人不一致的，其二者之间的法律关系根据《民法典》第七百六十八条的规定在其二者之间予以处理，债务人仍应向最先通知的保理人付款，才属有效清偿。

二、质押在先，保理在后

就质押在先转让在后的应对规则，各地法院都基本倾向于认为质权人的权利应优先于保理人，但未经质权人同意的债权转让是自始无效，还是无权处分有待质权人追认，抑或是转让有效却因不敌质押登记带来的物权公示效力而导致债权受让人在清偿顺位上劣后于质权人，实务中的观点并不统一。

1. 保理下的债权转让自始无效

在“某信用担保公司与某农商村镇银行、某有色金属公司、某房地产开发公司确认合同效力纠纷案”[①]中，一审法院在确认了应收账款质权先于转让设立的前提下，对应收账款质权的法律效力予以认可，质权人对该笔应收账款债权享有优先受偿权，同时判定在质权设立后所签订的债权转让协议无效，具体如下：

以现有证据，仅能确定某有色金属公司与某房地产开发公司、某信用担保公司签订《还款三方协议》的时间为2016年3月18日，而某农商村镇银行于2015年2月11日与某有色金属公司签订权利质权合同，以某房地产开发公司2015年1月15日向某有色金属公司出具的《还款付息承诺书》为权利凭证进行质押并登记，出质权利为600万元。故《还款三方协议》不能证明某有色金属公司与某农商村镇银行签订《权利质权合同》前已将该债权转让给某信用担保公司。某有色金属公司与某房地产开发公司和某信用担保公司于2016年3月18日签订《还款三方协议》，就偿还1500万元债务时间另行约定，可见至2016年3月18日，某房地产开发公司亦尚未向某有色金属公司或某信用担保公司清偿该笔借款。故此，某有色金属公司于其债权出质时，仍享有对该债权的处分权。根据《物权法》第二百二十三条第六项的规定，债务人有权处分的应收账款可以出质。第二百二十八条第一款规定，以应收账款出质的，当事人应当订立书面合同。质权自信贷征信机构办理出质登记时设立。本案中，某有色金属公司与某房地产开发公司经结算后的债权债务关系清楚翔实确定，某有色金属公司将其所享有的该笔债权向某农商村镇银行出质，与某农商村镇银行签订了《权利质权合同》，并在中国人民银行征信中心办理了动产权属登记，已经符合物权法对权利质押的要件规定，所设立的质权一经公示，即具有对世的效力，某农商村镇银行的质权已经依法设立。该权利质押系依照《物权法》规定

① 湖南省郴州市中级人民法院（2017）湘10民终352号民事判决书。

设立，属于物权范畴，不同于合同法对债权转让法律关系的规定，不以通知债务人为要件，故此，应确认某农商村镇银行、某有色金属公司所签订的《权利质押合同》合法有效，某农商村镇银行的质权已经依法设立。

关于某农商村镇银行是否对该笔债权享有优先受偿权。根据《物权法》第二百一十九条第二款、第三款的规定，债务人不履行到期债务或者发生当事人约定的实现质权的情形，质权人可以与出质人协议以质押财产折价，也可以就拍卖、变卖质押财产所得的价款优先受偿。质押财产折价或者变卖的，应当参照市场价格。本案中，某农商村镇银行的质权标的是债权，其通过登记公示设立的质权，具有对世的效力，某农商村镇银行得就债权优先受偿。截至2015年1月1日第三人某房地产开发公司欠某有色金属公司金额达1760.8万元，某农商村镇银行得依照《权利质权合同》就该债权担保的主合同项下的债务本金、利息、逾期利息、罚息、复利、借款手续费、实现债权的费用等款项以该债权优先受偿。

关于某有色金属公司与某房地产开发公司、某信用担保公司签订的《还款三方协议》第一条至第四条是否有效。根据《物权法》第二百二十八条第二款规定，应收账款出质后，不得转让，但经出质人与质权人协商同意的除外。本案中，某有色金属公司与某房地产开发公司、某信用担保公司签订的《三方协议》和《还款三方协议》确认至2015年1月19日第三人某房地产开发公司欠某有色金属公司的债务为1760.8万元，此款与某有色金属公司、某房地产开发公司于2015年1月15日签订《还款付息承诺书》确认的欠款1760.8万元金额完全一致，故某房地产开发公司、某信用担保公司与某有色金属公司签订的《还款三方协议》所指款项与某农商村镇银行质权标的所指欠款应为同一款项。某有色金属公司在将债权向某农商村镇银行出质，并在中国人民银行征信中心登记后，未经某农商村镇银行同意，另行与他人签订协议，以该笔债权提供质押担保，造成某农商村镇银行质权与该《还款三方协议》冲突，违反了法律的强行性规定，该转让无效。某有色金属公司与某房地产开发公司、某信用担保公司签订的《还款三方协议》第一、二、三、四条均涉及某农商村镇银行所享有的质权标的转让，故该《还款三方协议》第一、二、三、四条均无效。

该案一审法院的判决意见被二审法院所维持，二审法院认为：

关于争议焦点一。2015年2月11日，某有色金属公司与某农商村镇银行签订《权利质权合同》，以某有色金属公司对某房地产开发公司1760.8万元的应收账款作价600万元出质。2015年2月17日，某农商村镇银行将该质押合同在中国人民银行征信中心进行动产权属登记。某有色金属公司以其有权处分的债权出质，与某农商村镇银行签订的《权利质权合同》不违反法律规定，合法有效。某信用担保公司认为根据某有色金属公司与某信用担保公司、某房地产开发公司签订的《三方协议》，某有色金属公司与某农商村镇银行签订《权利质权合同》前已将该债权转让给某信用担保公司。根据《三方协议》的内容，某房地产开发公司在2015年1月14日偿还了某有色金属公司的欠款利息116万元，后经结算才确认债务额1760.8万元，《三方协议》落款时间为“2015年1月5日”明显不符合常情，该《三方协议》落款的时间应为倒签，应不予采信。《三方协议》不能证明某有色金属公司与某农商村镇银行签订《权利质权合同》前已将该债权转让给某信用担保公司。某信用担保公司认为《三方协议》签订的时间可能是在2015年1月14日至2015年2月11日，但某信用担保公司未提供相关证据予以证明。对某信用担保公司该主张，本院不予支持。某信用担保公司又主张某农商村镇银行与某有色金属公司签订《权利质权合同》约定某有色金属公司以某房地产开发公司应向其偿还的1760.8万元债权作价600万元为其500万元作质押担保，损害了第三人的利益，应当认定为无效。因应收账款可能存在不能清偿的风险，为保障债权人对债权的实现，对应收账款折价质押符合质押的目的，而且质权人只在其债权数额范围内优先受偿，超过债权数额的部分归出质人所有，不存在损害第三人的利益的问题。某信用担保公司该上诉理由不成立，本院亦不予支持。

关于争议焦点二。从某有色金属公司与某房地产开发公司、某信用担保公司签订的《还款三方协议》第一、二、三、四条内容看，该协议的内容反映某有色金属公司将债权转让给某信用担保公司，某有色金属公司不再享有对某房地产开发公司的债权。根据《物权法》第二百二十八条第二款规定，应收账款出质后，不得转让，但经出质人与质权人协商同意的除外。某有色金属公司在将应收账款向某农商村镇银行出质并在中国人民银行征信中心登记后，未经某农商村镇银行同意，另行与他人签订协议，将该笔债权转让给某信用担保公司，违反了法律的强制性规定，该转让无效。某信用担保公司认为《还款三方协议》系某有色金属公司将该笔债权提供质押反担保，同一应收账款可以设立多个质权，因此不能认定《还款三方协议》无效。某信用担保公司该主张与《还款三方协议》约定的实际内容不符，本院不予支持。

可见在该案件中，法院认为在应收账款质权已经设立时，不取得应收账款质权人的同意转让该笔应收账款的，乃是违反了法律强行性规定，应当直接认定该转让无效。

2. 转让协议有效，但不能发生债权流转结果

在“某银行日照分行与日照某贸易公司、某物流公司合同纠纷案”[①]中，被告也是先将应收账款办理了质押，再签订了保理协议，对此山东省日照市中级人民法院认为：

① 山东省日照市中级人民法院（2016）鲁11民初270号民事判决书。

在本案中，被告某贸易公司将涉案两笔应收账款转让给原告之前，已将应收账款质押给案外人某银行股份有限公司日照分行并办理了质押权登记，且通知了债务人某物流公司，故应收账款债权早已被某贸易公司处分，案外人已取得应收账款质押权。此后，某贸易公司掩盖了事实真相，将应收账款转让给原告，骗取原告为其提供保理融资款。尽管某贸易公司存在虚伪的意思表示，但作为保理合同另一方的原告并无以合法形式掩盖非法目的的通谋意思表示，在原告不主张因欺诈而撤销保理协议、应收账款转让协议的前提下，涉案保理协议、债权转让协议有效，但并不能发生债权流转的结果。原告不能基于应收账款收回融资本息，被告某贸易公司亦未按照约定还本付息，故某贸易公司应向原告承担还本付息的违约责任。

可见，在此案中法院并未判决应收账款转让协议无效，只是认定其债权流转不发生效力，此外，该法院还对应收账款债务人在明知应收账款已经质押的情况下，向保理人做出确认债权让与的行为进行了认定，认为其具有主观恶意，应对保理人承担违约赔偿责任：

被告某物流公司明知应收账款已质押的事实，仍在原告向其送达的债权转让通知书、核实确认书中签字，协助某贸易公司掩盖事实真相，并向原告作出了虚假的承诺，而违反其在债权转让协议通知书中关于按时向原告付款的约定，致使原告不能基于应收账款回收融资款本息，其亦应向原告承担违约赔偿责任。关于其赔偿责任比例的问题，原告在审核融资贷款时对借款用于支付的上游合同、应收账款基础交易合同、应收账款增值税专用发票、发票备案情况以及中国人民银行征信中心所有涉及某贸易公司的动产权属登记情况进行了审查，并到应收账款债务人处现场核实，其对交易安全已尽到相当的注意义务。原告虽在某银行股份有限公司日照分行应收账款质押登记证明记载的账款价值与涉案应收账款相差无几的情况下，未向某银行股份有限公司日照分行作进一步的了解，存在一定工作失误，但被告某物流公司系故意向原告隐瞒事实，其主观恶性较大，不能仅以原告的轻过失而减轻某物流公司的违约赔偿责任。故对于本案中被告某贸易公司、李某蓬、卢某等不能清偿的融资款本息，依法由被告某物流公司向原告承担补充赔偿责任。

可见，即使法院判决保理在质押之后设立，未经质权人同意不能发生流转效果，如若债务人与债权人通谋向保理人做出对应收账款进行确认的意思表示，其也应当受到该行为的约束，承担相应的违约赔偿责任。

3. 质权具有效力上的优先性

在“某银行玉溪分行、李某艳合同纠纷案”[①]中，也是应收账款质权先于应收账款让与而存在，但该案的三个审理法院因对该质权是否有效产生了裁判分歧，因而也影响了案涉应收账款受让人是否对该应收账款享有权利的判定结论，但总体思路上是保持不变的，也即当质权有效且先于债权让与发生，质权人与债权受让人权利竞存时，根据物权公信和公示原则，质权具有效力上的优先性，质权人先于债权受让人享有应收账款项下的权利。具体说理如下，本案一审法院认为：

本案是一起李某艳起诉G公司要求其支付债权的纠纷，审理过程中，某银行玉溪分行以该笔债权系K公司之前质押给其的应收账款，李某艳与K公司的债权转让协议无效为由，申请作为有独立请求权的第三人参加本案诉讼的合同纠纷。基于本案确认事实和争议焦点，审理本案的关键在于K公司转让给李某艳的债权是否包含在其质押给玉溪支行的应收账款中。《合同法》第七十九条规定：债权人可以将合同的权利全部或者部分转让给第三人，但有下列情形之一的除外：（一）根据合同性质不得转让；（二）按照当

① 最高人民法院（2017）最高法民再409号民事判决书。

事人约定不得转让；（三）依照法律规定不得转让。我国物权法第二百二十三条规定，债权人或者第三人有权处分的下列权利可以出质：……（六）应收账款。该法第二百二十八条又规定：以应收账款出质的，当事人应当订立书面合同。质权自信贷征信机构办理出质登记时设立。同时规定：应收账款出质后，不得转让，但经出质人与质权人协商同意的除外。结合本案，虽然凯悦通公司于2014年11月2日与李某艳签订《债权转让协议》，约定将其对G公司享有的3286226.60元债权转让给李某艳，但其在该债权转让协议签订之前，已于同年6月17日与某银行玉溪分行签订《国内订单融资协议》和《质押合同》，约定将《铁矿石年度供货协议》项下的应收账款为主债权提供质押担保，并办理了应收账款质押登记手续，该质押登记成立。本案事实表明，K公司与G公司签订的四份《铁矿石买卖合同》系《铁矿石年度供货协议》的分合同，即G公司所欠K公司3286226.60元为《铁矿石年度供货协议》项下的应收账款。根据K公司与某银行玉溪分行签订的质押合同及上述合同法、物权法的有关规定，因该笔欠款质押在先，则依法不得再作为债权转让，故K公司与李某艳之间的债权转让关系不成立，G公司应依据质押合同向玉溪支行支付该笔应收账款。

如上所述，二审法院因对质权本身的效力认定与一审法院不同，因而予以改判：

二审法院认为，本案的争议焦点是G公司欠K公司的该笔款项应清偿给李某艳还是某银行玉溪分行。根据已生效的二审法院（2016）云刑终661号刑事裁定书，K公司与玉溪支行签订的《国内订单融资协议》属于经济犯罪、不属于经济合同纠纷，且其尚未收回的贷款部分已经通过刑事判决追缴的方式予以救济。同时，由于《国内订单融资协议》项下的贷款行为属于经济犯罪行为而非一般经济行为，故该融资协议的效力应归于无效。依据《担保法》第五条第一款规定“担保合同是主合同的从合同，主合同无效，担保合同无效。担保合同另有约定的，按照约定”。本案中，《质押合同》中并没有特别约定担保合同独立于主合同生效，故也应归于无效。由于刑事案件将该贷款行为认定为经济犯罪这一新的事实，二审法院认为本案所涉及的G公司欠K公司的3286226.6元款项不属于已经设定质押权的应收账款。二审法院已另行裁定撤销一审判决第一项，并驳回某银行玉溪分行的起诉。

关于白某辉和李某艳之间签订的《债权转让协议》的效力。依据《合同法》第七十九条“债权人可以将合同的权利全部或者部分转让给第三人，但有下列情形之一的除外：（一）根据合同性质不得转让；（二）按照当事人约定不得转让，（三）依照法律规定不得转让”和第八十条“债权人转让权利的，应当通知债务人。未经通知，该转让对债务人不发生效力”的规定，本案中转让的债权为欠款，G公司与K公司也未约定不得转让；也不存在法律不得转让的情形。该协议经过K公司《股东会决议》的认可，并通过公证见证下的邮寄方式将《债权转让协议》送达G公司。故该《债权转让协议》已经合法成立并生效。G公司认可的欠款金额为3286226.6元，但《债权转让协议》中约定的转让数额为328.6万元，故G公司作为债务人，收到《债权转让协议》后，即已负有按《债权转让协议》中的要求向李某艳支付328.6万元款项的义务。至于G公司主张该款项被另案划款的事实，是K公司与案外人的欠款。G公司是否支付以及如何支付均无法成为其应向李某艳支付328.6万元的免责理由。G公司的该项上诉请求没有事实和法律依据，不予支持。综上所述，李某艳要求G公司支付相应款项的上诉请求成立，予以支持。

到了再审阶段，最高人民法院又对质押合同的效力进行了再次认定，认为：

关于《质押合同》效力的问题。从案涉事实看，K公司法定代表人白某辉在贷款诈骗过程中，并无与银行工作人员相互串通的事实，银行在签订、履行相关协议过程中并无过错。依据《合同法》第五十四条第二款规定，该类合同属于可撤销合同，主张撤销该《国内订单融资协议》抑或继续履行该协议，是某银行玉溪支行的权利。现某银行玉溪支行主张继续履行该协议，可以认定该协议有效。在主合同有效的情形下，双方所签《质押合同》亦无无效之情形。二审法院关于主合同无效因而从合同《质押合同》无效的认定属于适用法律错误，本院予以纠正。关于案涉款项应否支付给某银行玉溪分行的问题。《物权法》第二百二十八条第一款规定，以应收账款出质的，当事人应当订立书面合同。质权自信贷征信机构办理出质登记时设立。本案中，质押权人某银行玉溪分行与出质人K公司在签订《质押合同》后，已依照上述法律规定办理了应收账款质押登记手续，该质权已依法设立。出质人K公司在该应收账款向某银行玉溪分行出质后，又将该应收账款转让给李某艳。产生了某银行玉溪支行的质权与李某燕的债权二者之间的权利冲突，根据物权公信和公示原则，某银行玉溪支行的质权具有效力上的优先性。至于G公司所提出的"其中的619290.14元被安宁市人民法院2015年10月13日基于（2015）安民初字第728号执行裁定书扣划给钢铁集团，该笔款项应予扣除"的问题，该部分事实与本案并非同一法律关系，当事人之间可另行通过其他程序解决。综上，某银行玉溪分行再审申请的请求与理由成立。二审判决和裁定适用法律有误，本院予以纠正。

由此可见，在本案中，虽然三个审理法院对质押合同的效力有一定的分歧，但对应收账款之上先行设立了质权而后进行让与的情况下，质权人应优先于债权受让人取得应收账款的优先受偿权，这一点是毫无疑问的。

4. 债权让与通知不抵债权质押登记的公示效力

在“王某宸、某锅炉公司债权转让合同纠纷案”[①]中，应收账款质权人仅办理了质押登记未通知债务人，但是而后签订的应收账款债权让与合同的当事人将债权让与向债务人发出通知，对此三个审理法院都支持质权优先，但是一审法院并未就通知与登记的效力予以厘清，二审法院和最高人民法院再审都对此进行了详细释明，具体如下：

一审法院山东省济南市中级人民法院认为：

> 我国《物权法》第二百二十八条规定，“以应收账款出质的，当事人应当订立书面合同。质权自信贷征信机构办理出质登记时设立。应收账款出质后，不得转让，但经出质人与质权人协商同意的除外。出质人转让应收账款所得的价款，应当向质权人提前清偿债务或者提存”。《最高人民法院关于审理买卖合同纠纷案件适用法律问题的解释》第三条规定，“当事人一方以出卖人在缔约时对标的物没有所有权或者处分权为由主张合同无效的，人民法院不予支持。出卖人因未取得所有权或者处分权致使标的物所有权不能转移，买受人要求出卖人承担违约责任或者要求解除合同并主张损害赔偿的，人民法院应予支持”。第九条规定，“出卖人就同一普通动产订立多重买卖合同，在买卖合同均有效的情况下，买受人均要求实际履行合同的，应当按照以下情形分别处理：（一）先行受领交付的买受人请求确认所有权已经转移的，人民法院应予支持；（二）均未受领交付，先行支付价款的买受人请求出卖人履行交付标的物等合同义务的，人民法院应予支持；（三）均未受领交付，也未支付价款，依法成立在先合同的买受人请求出卖人履行交付标的物等合同义务的，人民法院应予支持”。

① 最高人民法院（2016）最高法民申第568号民事裁定书；山东省高级人民法院（2015）鲁商终字第354号民事判决书。

第四十五条第一款规定，“法律或者行政法规对债权转让、股权转让等权利转让合同有规定的，依照其规定；没有规定的，人民法院可以根据合同法第一百二十四条和第一百七十四条的规定，参照适用买卖合同的有关规定”。根据各方当事人提交的证据可以证实，就C公司对某锅炉公司享有的应收账款债权，C公司分别质押给X公司和L公司，又转让给王某宸和王某林，对于质押合同及转让合同的签订时间先后，根据三份合同落款日期的标注先后分别是质押合同、为王某林的转让合同、为王某宸的转让合同，C公司虽然在本案审理中主张系转让给王某宸的合同在先，但是C公司在本案立案之前在山东省青岛市中级人民法院所立案件的审理中曾经书面向该院确认质押合同签订时间先于王某宸的转让合同，C公司主张质押合同及上述书面确认书均系其公司法定代表人对公司公章失去控制后出具的，但是对此C公司并无证据予以证实。虽然某锅炉公司曾经于2014年4月30日最后一次付款给C公司，而签订质押合同确定应收账款数额的时间与该付款的时间不符，但是C公司并无证据证实质押合同的真实签订时间确实晚于2014年5月14日，C公司无法推翻其最初在山东省青岛市中级人民法院审理中自认的事实，故原审法院认定质押合同签订时间先于另外两份转让合同。该应收账款质押已于2014年6月14日办理了质押登记，质押权依法设立。由于涉案应收账款债权上设立了质押权，致使王某宸及王某林要求某锅炉公司优先偿付款项的权利主张无法实现，造成本案现有局面的责任在于C公司，根据上述相关法律规定，王某宸、王某林可以据此要求C公司承担相应的违约责任或者要求解除合同并主张损害赔偿，但王某宸、王某林要求某锅炉公司向其偿付款项的诉讼请求均不能支持，应予驳回。

二审法院山东省高级人民法院认为：

《物权法》第一百零六条规定，无处分权人将不动产或者动产转让给受让人的，所有权人有权追回；除法律另有规定外，符合下列情形的，受让人取得该不动产或者动产的所有权：（一）受让人受让该不动产或者动产时是善意的；（二）以合理的价格转让；（三）转让的不动产或者动产依照法律规定应当登记的已经登记，不需要登记的已经交付给受让人。受让人依照前款规定取得不动产或者动产的所有权的，原所有权人有权向无处分权人请求赔偿损失。当事人善意取得其他物权的，参照前两款规定。本案中，C公司对于其所享有的某锅炉公司应收账款债权，与X公司、L公司签订质押合同以后，又分别与王某宸、王某林签订债权转让协议，并将债权转让协议分别通知了某锅炉公司，但是在某锅炉公司向王某宸或王某林支付账款之前，X公司、L公司与C公司在中国人民银行征信中心就该应收账款办理了质押登记，且本案中亦无证据证明X公司、L公司办理质押登记系出于恶意，因此，涉案应收账款债权之上依法成立质权。该质权优先于王某宸、王某林的付款请求权，王某宸、王某林要求某锅炉公司优先偿付涉案款项的主张无法实现，原审法院不予支持并无不当。

最高人民法院再审认为：

C公司在2014年4月8日已将案涉债权质押给X公司、L公司的情况下，又于2014年5月14日、15日再转让给王某宸、王某林，在某锅炉公司实际履行之前，王某宸、王某林取得的均系合同的权利，是否通知是对某锅炉公司的履行行为效力产生影响，并不导致该债权的消灭，亦不影响对X公司、L公司2014年6月14日质押登记的效力，一、二审法院判决X公司、L公司对案涉债权的权利优先于王某宸、王某林并无不当。若王某宸、王某林的合同权利不能实现，可向C公司主张相应的责任。

在此案中，法院对“通知”和“登记”的法律效力进行了释明，认为对债务人进行债权让与通知只是对其履行债务的行为产生影响，而并不直接导致该债权的消灭，因而债权质押后再进行转让并通知债务人的，原债权人在债权让与前就已经以该应收账款设立质押的，也并不因为这个在后的通知行为而使其丧失对应收账款的处分权使得应收账款质押的效力受到影响。

三、保理在先，质押在后

就转让在先质押在后的应对规则，主流观点认为转让后，未经债权受让人同意出质人将同一笔应收账款再次出质构成无权处分，但对于质权人能否取得质权，取得质权是基于受让人的追认还是善意取得，能否优先于债权受让人清偿存在不同观点。

1.债权已转让属于无权处分，质权未设立

在“某银行与某服装销售公司、李某洪金融借款合同纠纷案”[①]中，虽然保理人和质押权人都属于同一个主体，但是裁判实践对于先行办理保理业务后，再进行质押行为的效力也做出了相应的判断，认为在进行保理业务后，应收账款的债权人即转移，此时原债权人不再享有债权，其也无法再对此债权予以质押，因而质权并未设立，具体说理如下。

某银行与某服装销售公司签订的《国内保理业务合同》、与李某洪签订的《最高额保证合同》系双方真实意思表示，且内容不违反法律、行政法规的强制性规定，属有效合同。某银行已按照约定向某服装销售公司履行保理融资义务，但至今仍有26万元保理融资本金未收回，某银行有权行使追索权，要求某服装销售公司回购应收账款，支付保理融资本息。故某银行要求某服装销售公

① 本案例为作者根据工作、研究经验，为具体说明相关法律问题，编辑加工而得。

司给付回购款26万元并按约定支付利息、罚息及复利，合法有据，应予以支持。某服装销售公司给付回购款后，享有对应收账款的所有权。《最高额保证合同》中约定李某洪对某服装销售公司承担连带保证责任，故某银行要求李某洪对上述还款承担连带保证责任，合法有据，应予以支持。依据《国内保理业务合同》，某服装销售公司已将应收债权转让与某银行，故应收账款的所有权人系某银行，某银行在上述应收账款上另设立质权，缺少依据，其要求行使质权的诉讼请求不能成立。

另一裁判实践观点对此也认为：

某银行与某服装销售公司签订的《国内保理业务合同》，某银行与李某洪签订的《最高额保证合同》系各方当事人的真实意思表示，其内容不违反法律、行政法规的强制性规定，均系有效合同，各方均应当按照合同约定行使自己的权利，履行自己的义务。按照《国内保理业务合同》的约定，某服装销售公司已将涉案应收账款转让与某银行，某银行对涉案应收账款享有所有权，在此情形下，某银行主张其已在涉案应收账款上设立了质权，对涉案应收账款享有优先受偿权，于法无据。

2. 质权有效，劣后于债权受让人

在“某银行宁波慈溪支行与某建设公司、吉某波金融借款合同纠纷案”[①]中，浙江省宁波市中级人民法院虽然就此问题也没有阐述理由，但其认为“质权人应在扣除债权受让人受偿金额后的范围内优先受偿”，显然是认为质权是有效的，只是在清偿顺位上应当劣后于债权受让人，该案的具体案情如下：

① 浙江省宁波市中级人民法院（2018）浙02民初1363号民事判决书。

2016年5月20日，某建设公司与楼某苗签订债权转让合同一份，某建设公司将其对市政中心所享有的应收工程款债权中的187178550元转让给楼某苗。2016年6月8日，某建设公司出具债权转让通知一份，载明为清偿该项目内部承包人楼某苗的款项，某建设公司将对市政中心享有的债权中的187178550元转让给了楼某苗。市政中心工作人员范某在该通知上书写“请提交局财务科及各级领导审批”，签收时间是2016年6月17日。2017年6月5日，市政中心出具情况说明一份，认可收到该债权转让通知。2016年6月23日，某银行慈溪支行、市政中心、某建设公司签订应收账款质押三方合同一份，某银行慈溪支行及其负责人、某建设公司及其法定代表人在合同落款处盖章，该合同上虽也盖有市政中心的公章，但市政中心当庭不认可盖章行为，且在法定代表人一栏所盖的是陈某三的印章，而合同签订时，陈某三已非市政中心法定代表人。2017年1月22日，就涉案应收账款质押，某银行慈溪支行与某建设公司又在中国人民银行征信中心进行了变更登记，依据的质押合同，主合同金额4亿元，质押财产价值316902604元。备注栏载明，该笔应收账款为市政中心应支付某建设公司（涉案BT项目）的工程款，已签订三方协议。

对此，浙江省宁波市中级人民法院认为：

应系工程款的支付优先银行贷款的清偿。某建设公司欠付楼某苗涉案BT项目工程款，某建设公司与楼某苗签订债权转让合同，且将转让事宜通知了市政中心，故该债权转让合同合法有效。根据市政中心与某建设公司的工程审定价，楼某苗又与某建设公司进行了对账，调整某建设公司欠付款项181960454元，扣除楼某苗自认收到的款项57024000元以及41855616元，合计98879616元，楼某苗可在涉案BT项目工程回购款中优先支取83080838元。某银行慈溪支行认为某建设公司已在此前向其质押了某建设公司对市政中心的应收账款，某建设公司又将部分应收账款转让给楼某苗应属无效。但某银行慈溪支行在封闭管理协议上签字，应受该协议第五条工程款支付优先于银行贷款清偿条款的约束，故某建设公司质押给某银行慈溪支行的其对市政中心的应收账款也受该条款的约束，在质押范围上，应扣除上述欠付楼某苗工程款的部分，故对某银行慈溪支行的该项主张不予支持。

可以看到，该笔应收账款并非普通的应收账款，而是建设工程款。此时，建设工程款作为应收账款在先予转让后予质押的情况下，法院认为应以转让优先，但质权仍然有效，质权人仍可在扣除债权受让人受偿金额后的范围内优先受偿。

在《民法典》颁布前，根据《应收账款质押登记办法》第二条第一款的规定，应收账款是一种金钱债权，应收账款的转让应适用原《合同法》第八十条中关于债权转让的规定。而应收账款质押则规定在原《物权法》第二百二十三条中，应适用原《物权法》以及配套的《应收账款质押登记办法》等规定。由此，我国当时的民法规则对应收账款的转让与质押分别设置了两套制度。

正是因此，就"质押在先，保理转让在后"，学界根据原《物权法》第二百二十八条规定认为未经质权人同意应收账款不得转让的同时，部分观点根据原《合同法》的规定认为转让无效，而部分观点根据原《物权法》的概念认定转让有效，清偿顺位劣后。就"保理转让在先、质押在后"的分析上也同样存在到底适用原《合同法》还是原《物权法》的问题。

此外，原《合同法》在债权转让对抗要件上的缺失，原《物权法》在应收账款质押上对债务人效力规则上的缺位是混乱产生的又一个原因。原《合同法》第七十九条、第八十条对债权转让规定了对内效力以及对债务人的生效要件，但没有规定债权转让对抗第三人的要件，即何种法律事实发生后债权受让人可以对抗第三人。由此，同一笔应收账款既发生转让，又被设定质押的情况下，债权受让人能否对抗、如何对抗质权人，缺乏明确的裁判规则。与原《合同法》相反的是，原《物权法》第二百二十八条将登记作为应收账款质权的生效要件，并以此赋予登记以对抗第三人的效力，却未规定债务人在未接到债权质押通知时能否向受让人清偿。换言之，就同一笔应收账款有转让与质押的权利竞存时，质权人虽可以凭借质押登记的公示效力对抗债权受让人，但原《物权法》没有规定质押是否需要通知债务人以及通知债务人在法律上的效果，债权受让人也可以凭借对债务人已完成通知的事实主张债权转让行为对外已经生效。由此，原《物权法》未作出针对债务人的相应规定进一步引发了上述冲突，而《民法典》保理合同编新增的第七百六十八条配合物权编第四百一十四条的规定，初步解决了这一问题。

《民法典》第七百六十八条规定："应收账款债权人就同一应收账款订立多个保理合同，致使多个保理人主张权利的，已经登记的先于未登记的取得应收账款；均已经登记的，按照登记时间的先后顺序取得应收账款；均未登记的，由最先到达应收账款债务人的转让通知中载明的保理人取得应收账款；既未登记也未通知的，按照保理融资款或者服务报酬的比例取得应收账款。"

《民法典》第四百一十四条规定："同一财产向两个以上债权人抵押的，拍卖、变卖抵押财产所得的价款依照下列规定清偿：（一）抵押权已经登记的，按照登记的时间先后确定清偿顺序；（二）抵押权已经登记的先于未登记的受偿；（三）抵押权未登记的，按照债权比例清偿。其他可以登记的担保物权，清偿顺序参照适用前款规定。"

结合《民法典》第四百四十五条的规定："以应收账款出质的，质权自办理出质登记时设立。"因此，应收账款质权即属于《民法典》第四百一十四条第二款中所称的其他可以登记的担保物权，其清偿顺序亦应按照第四百一十四条第一款的规定为之，即应收账款质权已经登记的，按照登记的时间先后确定清偿顺序；已经登记的先于未登记的受偿；应收账款质权未登记的，按照债权比例清偿。

再结合《民法典》第七百六十八条关于应收账款保理的清偿顺序规则，可见：当应收账款又予质押又予保理时，应看其是否已予登记，先登记的应收账款质押权人抑或是保理人优先于未登记的；都予登记的，按照登记时间的先后顺序取得应收账款。至于均未登记时，应收账款质权人是否可得类推适用第七百六十八条的规则，以通知时间先后予以确定谁取得该笔应收账款，这一问题可能还会引发实践纠纷，法律并未明确。

从立法目的出发，以通知作为次优选的规定，其目的在于平衡保护应收账款债务人的合法利益，也有利于在债务人层面破除隐性担保交易。但保理毕竟非典型担保物权，如若要在应收账款质权这一明定的担保物权品类中设立通知在先的规则，在未经公示未形成担保物权时，同为债权，为何有的债权可以优先？其法理依据仍有待商榷。因此，当同一应收账款既作保理又作质押时，如若均未登记，本书作者仍认为，应以《民法典》第四百一十四条的规则为准，按照债权比例清偿，而不去考虑保理合同章第七百六十八条的通知优先规则。

然，对此，司法实践又会摩擦出何种火花，值得我们继续予以关注并期待！

案例总览

1. 浙江省杭州市西湖区人民法院（2012）杭西商初字第751号民事判决书；

2. 江苏省南京市中级人民法院（2018）苏01民终2485号民事裁定书；

3. 江西省高级人民法院（2014）赣民二终字第32号民事判决书；

4. 广东省高级人民法院（2018）粤民申6473号民事裁定书；

5. 吉林省高级人民法院（2018）吉民再111号民事判决书；

6. 江苏省高级人民法院（2016）苏民申780号民事裁定书；

7. 浙江省杭州市中级人民法院（2015）浙杭商终字第502号民事判决书；

8. 安徽省高级人民法院（2019）皖民初21号民事判决书；

9. 湖北省荆州市中级人民法院（2018）鄂10民辖终53号民事裁定书；

10. 广东省深圳市中级人民法院（2019）粤03民终7987号民事判决书；

11. 江苏省苏州市中级人民法院（2019）苏05民辖终839号民事裁定书；

12. 江苏省苏州市中级人民法院（2019）苏05民辖终837号民事裁定书；

13. 最高人民法院（2018）最高法民申1513号民事裁定书；

14. 上海市高级人民法院（2016）沪民终477号民事判决书；

15. 福建省福州市中级人民法院（2014）榕民初字第376号民事判决书；

16. 福建省高级人民法院（2016）闽民终579号民事判决书；

17. 福建省福州市中级人民法院（2013）榕民初字第1287号民事判决书；

18. 江苏省苏州市中级人民法院（2013）苏中商终字第0574号民事判决书；

19. 贵州省高级人民法院（2015）黔高民商终字第17号民事判决书；

20. 河北省高级人民法院（2014）冀民一终字第245号民事判决书；

21. 安徽省合肥市中级人民法院（2018）皖01民终1303号民事判决书；

22. 江苏省无锡市南长区人民法院（2013）南商初字第663号民事判决书；

23. 湖北省鄂州市中级人民法院（2014）鄂鄂州中民二初字第00008号民事判决书；

24. 上海金融法院（2019）沪74民终52号民事判决书；

25. 最高人民法院（2018）最高法民再102号民事判决书；

26. 天津市滨海新区人民法院（2015）滨民初字第1882号民事判决书；

27. 河南省高级人民法院（2019）豫03民初72号民事判决书；

28. 河南省高级人民法院（2019）豫民终1390号民事判决书；

29. 福建省高级人民法院（2020）闽民终360号民事判决书；

30. 北京市第二中级人民法院（2018）京02民初180号民事判决书；

31. 江苏省泰州市中级人民法院（2021）苏12民终1261号民事判决书；

32. 天津市高级人民法院（2021）津民申597号民事裁定书；

33. 北京市第三中级人民法院（2021）京03民终1980号民事判决书；

34. 上海市高级人民法院（2020）沪民申2186号民事裁定书；

35. 北京市第二中级人民法院（2018）京02民辖终887号民事裁定书；

36. 江苏省高级人民法院（2015）苏商辖终字第00216号民事裁定书；

37. 天津市高级人民法院（2016）津民辖终1号民事裁定书；

38. 天津市高级人民法院（2016）津民辖终138号民事裁定书；

39. 最高人民法院（2019）最高法民辖终355号民事裁定书；

40. 最高人民法院（2015）民二终字第283号民事裁定书；

41. 江苏省苏州市中级人民法院（2019）苏05民辖终124号民事裁定书；

42. 广东省广州市中级人民法院（2018）粤01民辖终461号民事裁定书；

42. 最高人民法院（2015）民二终字第98号民事裁定书；

44. 最高人民法院（2014）民一终字第187号民事裁定书；

45. 最高人民法院（2018）最高法民辖终373号民事裁定书；
46. 最高人民法院（2019）最高法民辖终29号民事裁定书；
47. 广东省高级人民法院（2018）粤民辖终833号民事裁定书；
48. 福建省高级人民法院（2017）闽民辖终59号民事裁定书；
49. 山东省高级人民法院（2016）鲁民辖终376号民事裁定书；
50. 最高人民法院（2016）最高法民辖终38号民事裁定书；
51. 上海金融法院（2018）沪74民辖4号民事裁定书；
52. 湖南省高级人民法院（2019）湘民再633号民事判决书；
53. 重庆市高级人民法院（2020）渝民辖终114号民事裁定书；
54. 重庆市高级人民法院（2020）渝民辖终66号民事裁定书；
55. 安徽省高级人民法院（2020）皖民申2849号民事裁定书；
56. 江西省高级人民法院（2016）赣民终325号民事判决书；
57. 最高人民法院（2017）最高法民再164号民事判决书；
59. 最高人民法院（2017）最高法民申132号民事裁定书；
59. 最高人民法院（2017）最高法民申1222号民事裁定书；
60. 最高人民法院（2014）民二终字第271号民事判决书；
61. 最高人民法院（2018）最高法民终31号民事判决书；
62. 天津市高级人民法院（2014）津高民二终字第0092号民事判决书；
63. 上海市第二中级人民法院（2018）沪02民终289号民事判决书；
64. 浙江省宁波市鄞州区人民法院（2015）甬鄞商初字第429号民事判决书；
65. 上海市高级人民法院（2016）沪民终478号民事判决书；
66. 最高人民法院（2019）最高法民终1449号民事判决书；
67. 最高人民法院（2018）最高法民申1479号民事裁定书；
68. 江苏省高级人民法院（2015）苏执字第00022号民事判决书；
69. 山东省高级人民法院（2019）鲁民终1098号民事判决书；
70. 河北省高级人民法院（2018）冀执复417号执行裁定书；
71. 最高人民法院（2019）最高法民申1518号民事裁定书；
72. 最高人民法院（2019）最高法民申6143号民事裁定书；

73.最高人民法院（2018）最高法民再192号民事判决书；

74.天津市第二中级人民法院（2018）津02民终7786号民事判决书；

75.广东省深圳市中级人民法院（2019）粤03民终19141号民事判决书；

76.上海市第二中级人民法院（2018）沪02民终3074号民事判决书；

77.湖南省高级人民法院（2016）湘民终152号民事判决书；

78.最高人民法院（2017）最高法执复1号执行裁定书；

79.江苏省高级人民法院（2016）苏民终416号民事判决书；

80.天津市高级人民法院（2015）津高民二终字第0094号民事判决书；

81.最高人民法院（2017）最高法民申227号民事裁定书；

82.最高人民法院（2017）最高法民申366号民事裁定书；

83.最高人民法院（2014）民二终字第5号民事裁定书；

84.上海市浦东新区人民法院（2016）沪0115民初17794号民事判决书；

85.天津市第二中级人民法院（2014）二中民二初字第426号民事判决书；

86.最高人民法院（2019）最高法民申6463号民事裁定书；

87.最高人民法院（2018）最高法民申4320号民事裁定书；

88.最高人民法院（2018）最高法民申730号民事裁定书；

89.最高人民法院（2020）最高法民申1128号民事裁定书；

90.河北省石家庄市中级人民法院（2018）冀01民终8772号民事判决书；

91.湖北省高级人民法院（2017）鄂民终3108号民事判决书；

92.上海市浦东新区人民法院（2015）浦民六（商）初字第900号民事判决书；

93.上海市高级人民法院（2016）沪民申2374号民事裁定书；

94.上海市浦东新区人民法院（2015）浦民六（商）初字第S19410号民事判决书；

95.最高人民法院（2019）最高法民申2686号民事裁定书；

96.最高人民法院（2016）民申7号民事裁定书；

97.上海市虹口区人民法院（2014）虹民五（商）初字第69号民事判决书；

98.湖北省高级人民法院（2018）鄂民终479号民事判决书；

99.福建省厦门市中级人民法院（2014）厦民终字第2768号民事判决书；

100.最高人民法院（2018）最高法民再129号民事判决书；

101.上海市浦东新区人民法院（2014）浦民六（商）初字第4932号民事判决书；

102.江苏省徐州市中级人民法院（2013）徐民初字第0230号民事判决书；

103.广东省珠海市中级人民法院（2014）珠中法民三终字第236号民事判决书；

104.最高人民法院（2016）最高法民终6号民事判决书；

105.最高人民法院（2016）最高法民终45号民事裁定书；

106.最高人民法院（2015）民二终字第134号民事判决书；

107.最高人民法院（2018）最高法民再128号民事判决书；

108.天津市第一中级人民法院（2018）津01民终2325号民事判决书；

109.广东省广州市中级人民法院（2018）粤01民终6379号民事判决书；

110.山西省长治市中级人民法院（2019）晋04民终375号民事判决书；

111.北京市第一中级人民法院（2018）京01民终7222号民事判决书；

112.湖北省高级人民法院（2018）鄂民终478号民事判决书；

113.江苏省南京市中级人民法院（2015）宁商终字第636号民事判决书；

114.湖北省宜昌市中级人民法院（2015）鄂宜昌中执异字第00056号执行裁定书；

115.湖南省郴州市中级人民法院（2017）湘10民终352号民事判决书；

116.山东省日照市中级人民法院（2016）鲁11民初270号民事判决书；

117.最高人民法院（2017）最高法民再409号民事判决书；

118.最高人民法院（2016）最高法民申第568号民事裁定书；

119.山东省高级人民法院（2015）鲁商终字第354号民事判决书；

120.浙江省宁波市中级人民法院（2018）浙02民初1363号民事判决书。

图书在版编目(CIP)数据

民法典保理合同审判实务 / 何颖来著. — 北京：
中国法制出版社，2023.12
ISBN 978-7-5216-4093-9

Ⅰ. ①民…　Ⅱ. ①何…　Ⅲ. ①合同纠纷－审判－案例
－中国　Ⅳ. ①D923.65

中国国家版本馆CIP数据核字（2024）第004926号

策划编辑：韩璐玮
责任编辑：孙　静　　封面设计：周黎明

民法典保理合同审判实务
MINFADIAN BAOLI HETONG SHENPAN SHIWU

著者 / 何颖来
经销 / 新华书店
印刷 / 三河市国英印务有限公司
开本 / 710毫米×1000毫米　16开　　印张 / 17.5　字数 / 258千
版次 / 2023年12月第1版　　2023年12月第1次印刷

中国法制出版社出版
书号 ISBN 978-7-5216-4093-9　　定价：68.00元

北京市西城区西便门西里甲16号西便门办公区
邮政编码：100053　　传真：010-63141600
网址：http://www.zgfzs.com　　**编辑部电话：010-63141787**
市场营销部电话：010-63141612　　**印务部电话：010-63141606**